本书是国家社科基金重点项目
“国家社科基金重点项目（19AJY028）”的研究成果

RESEARCH ON EXCHANGE RATE RISK
IN CHINA'S CAPITAL MARKET

中国资本市场汇率风险研究

何青 张策 刘尔卓 著

中国金融出版社

责任编辑：贾　真
责任校对：潘　洁
责任印制：陈晓川

图书在版编目（CIP）数据

中国资本市场汇率风险研究/何青，张策，刘尔卓著．—北京：中国金融出版社，2023.12
ISBN 978－7－5220－2060－0

Ⅰ.①中…　Ⅱ.①何…②张…③刘…　Ⅲ.①资本市场—汇率—风险管理—研究—中国　Ⅳ.①F822.1

中国国家版本馆 CIP 数据核字（2023）第 112986 号

中国资本市场汇率风险研究
ZHONGGUO ZIBEN SHICHANG HUILÜ FENGXIAN YANJIU
出版
发行　中国金融出版社
社址　北京市丰台区益泽路 2 号
市场开发部　(010)66024766，63805472，63439533（传真）
网 上 书 店　www.cfph.cn
(010)66024766，63372837（传真）
读者服务部　(010)66070833，62568380
邮编　100071
经销　新华书店
印刷　北京九州迅驰传媒文化有限公司
尺寸　169 毫米×239 毫米
印张　16
字数　250 千
版次　2023 年 12 月第 1 版
印次　2023 年 12 月第 1 次印刷
定价　52.00 元
ISBN 978－7－5220－2060－0

Contents 目录

第1章　导　论

1.1　研究背景和意义

1.1.1　研究背景

1.1.1.1　人民币汇率波动加大

自2005年我国首次明确实行以市场供求为基础、参考一篮子货币进行调节、有管理的浮动汇率制度以来，在“渐进、审慎、可控”的原则指导下，汇率市场化改革已进行了15年。中国的汇改不仅没有挫伤外贸企业的国际竞争力，还经受住了美国次贷危机、欧债危机、英国脱欧等外部冲击的考验。近年来，人民币汇率市场化机制不断得到完善，强调汇率中间价要参考前一日收盘价（2015年8月11日），明确参考一篮子货币的币种和权重（2015年12月11日），引入逆周期因子调节顺周期、非理性预期的影响。2017年第二季度《中国货币政策执行报告》指出，中国已初步建立“收盘价＋一篮子货币汇率变动＋逆周期因子”的中间价形成机制。改革后的汇率中间价形成机制不仅具有较强规则性和较高的透明度，还能够准确反映宏观经济基本面，克服市场非理性因素的影响。随着汇率市场化改革的不断推进，2015年“8·11汇改”后人民币兑美元的单边升值通道终结，人民币汇率的双向波动特征浮现。同时，从汇率波动性上看，美元兑人民币走势在“8·11汇改”后开始出现明显的“锯齿状”，波动性明显增强。

人民币汇率市场化进程的推进必然会伴随企业层面应对汇率波动风险的难

度加大。汤森路透（Thomson Reuters）在 2017 年 10 月 10 日的报告中称，“在‘8·11 汇改’后的半年内，将近 1400 家中国制造业上市公司遭受了明显的汇兑损失”；根据上市公司披露的现金流量表，2015 年汇率变动对现金的影响超过 1200 亿元，是 2014 年的 3 倍多；伴随着“8·11 汇改”的人民币贬值，南方航空在半个月内市值蒸发 1000 多亿元。究其原因，由于长期以来人民币汇率弹性降低，导致中央银行承担了过多的汇率责任，而企业层面所面临的汇率风险有限。随着人民币汇率市场化改革的日益推进，汇率弹性逐渐增强，企业层面汇率风险越来越成为一个重要议题，其不仅事关企业如何应对和化解汇率风险，还对中国外汇市场的发展路径和时机选择有直接的参考价值。

1.1.1.2 中美贸易摩擦

自 2018 年 3 月美国对从中国进口的钢铁和铝产品全面征税以来，中美之间的贸易摩擦不断发酵，所带来的不确定性持续冲击中国的相关产业。中美之间针对经贸摩擦问题进行了多轮谈判，经过多次反复之后，终于在当地时间 2020 年 1 月 15 日上午，中美在美国白宫东厅签署第一阶段经贸协议，持续超过 22 个月的中美贸易摩擦阶段性落下帷幕。美国作为全球最大的经济体，依托世界一流的教育科研环境、领先的科学技术，长时间控制了产业链的高端。美国希望保持在多个重要产业的全球领先地位，然而却面临中国产业的崛起和国际竞争力的加强。这成为导致中美经贸摩擦的重要原因。

事实上，历史上每次贸易摩擦的背后都不可避免地涉及汇率问题，中美贸易摩擦也不例外。人民币汇率问题成为美国向中国施压的重要议题。美国参照 20 世纪日美贸易冲突的经验，希望通过迫使人民币升值来恶化贸易条件，以遏制中国产业的国际竞争力。美国还将中国列入汇率操纵国，进一步在汇率问题上向中国施压。与此相反，在中国不断推进外汇市场改革的过程中，人民币汇率变得更有弹性，充分反映市场供求情况，在中美贸易摩擦的情况下，人民币出现了一定程度的贬值。

由此可见，中美贸易摩擦加剧了人民币汇率波动，同时令企业处于更加不确定性的外部环境之中，尤其是“中国制造 2025”所涉及的高科技行业的企业。随着人民币汇率波动幅度的进一步扩大，我国企业如何应对汇率风险、提升国际竞争力成为中国经济长期稳定发展的关键问题。

1.1.1.3　汇率风险化解机制缺失

企业面对汇率风险问题的加剧，最关键的是做好汇率风险的管理。然而，根据中国银行发布的2018年度《人民币国际化白皮书》，仅有18%的受访境内企业表示在汇率波动时能够说服交易对手坚持以人民币作为计价货币。人民币国际化地位的缺失使得企业难以选择人民币这种对自身有利的币种作为计价和结算的货币。客观上，中国企业必然要面临汇率风险的冲击。境外企业不接受人民币计价的原因并不仅是境内企业议价能力不足（占25%），更深层的是境外人民币来源不足（占28%）和人民币投资渠道有限（占28%）。长期以来，中国不仅管理人民币汇率波动幅度，还在资本账户上进行了诸多管制，限制了人民币的跨境流动。这些措施一方面降低了企业的汇率风险，另一方面也制约了企业化解汇率风险的能力。近两年来，中国推出了人民币计价的原油期货和铁矿石期货，以谋求大宗商品领域的人民币定价权。“陆股通”和“债券通”的正式开通，方便了国外投资者进入中国资本市场，为企业进行经营对冲奠定了基础。

在金融对冲方面，中国企业更是与发达国家有较大差距。1998年，Wharton Survey所调研的美国非金融企业中，几乎全部的企业对一年以内的汇率风险敞口进行了完全对冲，而中国的上市公司中仅有8.56%的公司购买了外汇衍生品，30%的公司有外币负债。同时，中国金融对冲的效果令人存疑，2011年后企业大幅增加外币负债，表明中国企业尚未树立“风险中性”的汇率风险管理目标，金融对冲成为对赌人民币波动的投机手段。“8·11汇改”后，中国不仅降低了美元兑人民币等多个货币对的外汇远期、外汇掉期、货币掉期的成本，还推出了外汇期权及欧元兑美元等外币对的外汇衍生工具。企业对于金融对冲的意识也在不断提升，在“8·11汇改”之后，中国人民银行发布的《中国货币政策执行报告》连续三个季度汇报这一变化。2018年12月人民币外汇掉期成交金额为12万亿元，是“8·11汇改”之前的25倍。

由此可见，企业竞争力带来的定价权、经营对冲、金融对冲以及资本管制等宏观因素都是企业化解汇率风险的机制，这些风险化解机制伴随着中国外汇市场建设、金融开放和企业外汇风险管理意识的提升，其效果也在不断发生变化。企业正确选择合适的汇率风险管理措施则需要客观评估各种风险化解机制的效果和局限。

1.1.2 研究意义

企业是新时代构建新发展格局、建设现代化经济体系、推动高质量发展的主力军。新时期，企业如何能够更好地管理汇率风险，在高水平对外开放中实现快速发展，是建设国内国际相互促进的新发展格局的关键。然而，在既定的国际货币格局和汇率制度安排下，企业在汇率风险管理中面临各种各样的现实约束，难以将汇率风险降低到合意水平，客观上迫切需要国家予以制度上的支持。尤其是2018 年6 月以来，美联储加息、中美贸易摩擦、脱欧事件、新冠疫情等外部事件接踵而至，汇率波动不确定性叠加产品需求不确定性，企业汇率风险管理的难度也在增加（胡亚冰，2020）。

习近平总书记指出，“风险治理的主要任务，是加强对各种风险源的调查研判”。[①] 本书系统归纳和总结了既有文献中有关汇率风险的理论模型和实证经验，细致剖析了中国企业汇率风险的形成机理，进而探寻汇率制度安排影响企业外币业务、市场竞争、汇率风险管理手段的机制和条件，以帮助企业更好地管理经营中面临的汇率风险，推动实施更加具有针对性的汇率制度改革措施。

在理论意义上，本书的研究从微观、中观和宏观三个维度分析了中国的汇率风险问题，拓展了汇率风险形成机理和汇率风险管理的相关研究。2008 年国际金融危机之后，随着国际经济形势动荡，如何嫁接宏观经济政策和企业微观行为成为经济和管理领域的热点问题。本书以企业汇率风险为切入点，在评估测算和系统白描的基础上，深入剖析了国际竞争、产业政策、汇率制度等对企业汇率风险的影响。在微观层面，本书丰富了汇率风险的决定因素和汇率风险管理行为的文献，进而讨论了汇率风险对于企业融资成本的影响；在宏观层面，本书细化了宏观经济政策在企业层面的传导机制。

---

① 2019 年 1 月 21 日，习近平总书记在省部级主要领导干部“坚持底线思维着力防范化解重大风险”专题研讨班上发表了重要讲话。

在实践意义上，在百年未有之大变局中，中国的新发展格局更加重视发展和安全的关系。习近平总书记指出，要做好较长时间应对外部环境变化的思想准备和工作准备。① 在不确定性的宏观时局中，本书的研究能够帮助企业分析汇率风险的来源、化解机制及国际市场竞争和宏观经济政策带来的影响，从而更有效地管理汇率风险。另外，本书从微观企业的角度重新思考了汇率制度改革的风险与成效，也为进一步推进人民币汇率形成机制改革提供了参考。习近平总书记强调，新发展格局是开放的国内国际双循环，只有在整体上降低中国企业参与国际大循环面临的汇率风险，提高企业管理汇率风险的能力，才能带动企业在高水平的对外开放中实现更好发展，促进国内国际双循环。②

1.2　研究问题和本书结构

1.2.1　研究问题

自人民币汇率市场化改革以来，汇率波动幅度加大，双向波动的特征浮现，其必然带来企业层面汇率风险的增加。然而，在汇率低波动的环境下成长起来的中国企业应对汇率风险的意识仍待提高，机制措施仍待加强。尤其是中美贸易摩擦时期，美元对人民币波动加剧，在2019年有3个交易日的日波动超过了1000个基点（BP）。更凸显了对中国资本市场的汇率风险问题的研究意义。在此背景下，本书拟研究和解决以下关键问题。

一是准确测算中国A股上市公司的汇率风险程度。中国一直处于渐进式汇率形成机制改革的过程中，如何改进传统测量方法，准确测算上市公司的汇率风险程度，更为重要的是，如何调整测算方法，服务于不同类型的汇率风险研究，是本书拟研究和解决的问题。

二是探讨影响汇率风险的决定因素。本书通过挖掘不同时期影响中国上市

---

① 2020年4月8日，中共中央政治局常务委员会召开会议，习近平总书记发表了重要讲话。

② 2020年7月21日，中共中央总书记、国家主席、中央军委主席习近平在北京主持召开企业家座谈会并发表重要讲话。原文提及的是国际市场风险，汇率风险是国际市场风险的重要组成部分。

公司实际汇率风险的决定因素，拓展分析中国特色的模式与变量是否会影响企业面对汇率冲击的响应。

三是研究宏观因素对中国企业汇率风险的影响。中国企业对宏观和政策因素更加敏感，本书研究了汇率联动、宏观政策、人民币国际化如何影响中国企业的汇率风险，讨论如何改进宏观政策服务于企业的汇率风险管理。

四是基于不确定性和信息不对称角度解释汇率风险增加融资成本的潜在机制。本书探究公司的境外经营、境外投资和衍生品使用是否差异性地影响汇率风险和不同类型融资成本的关系，同时考虑信息披露的影响。

五是评估中国不同产业在面临汇率冲击时的表现。外贸企业在经营过程中不仅会面临汇率冲击，还会遭受国外产业竞争的冲击。综合评估汇率冲击和国外产业竞争冲击的影响，才能进一步讨论其是否会影响中国正在推行的“中国制造 2025”，以及中美贸易摩擦下来自美国的产业冲击对上市公司的影响程度有多深。

1.2.2 本书结构

第一章：导论。

第二章：制度背景和国际经验。简要回顾中国汇率市场化改革的历程，以及各国汇率制度变迁中的资本市场汇率风险。从宏观制度的角度分析汇率风险的形成机理，以及各种风险化解途径的效果和局限，帮助我们客观看待中国企业面临的汇率风险问题，以及下一步应采取的化解方式。

第三章：公司汇率风险的基本事实。首先，展示了不同估计方法下公司汇率风险在时间序列上的变动趋势。其次，绘制了贷款成本、股权再融资折价和公司债收益率的时序变动。再次，对比了贷款融资规模、股权再融资规模和债券融资规模的大小。最后，用图像的形式解释了汇率风险与公司不同种类融资成本的基本关系。

第四章：中国资本市场汇率风险和传导机制研究。这一章系统地探究了企业在不同时间区间、对不同币种的汇率风险比例和影响程度，并对其决定因素和传导机制进行了分析。研究结果发现，“8·11 汇改”后汇率风险的程度加大，汇率指数风险的比例提升，受极端汇率波动的影响加剧。进一步的研究发现，汇率波动对企业价值的影响展现出显著的异质性和非线性特征，美元风险更多地体现为一种系统性风险，尤其是人民币兑美元贬值。在汇率风险的影响渠道上，“8·11 汇改”之前异质性汇率风险因素并不显著，但随着汇改的逐步推进，公司规模、杠杆水平和流动性水平是影响上市公司汇率风险程度的重要因素。在对冲工具普遍缺失的情况下，经营的稳健性是市场评估企业应对汇率风险的重要因素。然而，研究也发现对冲工具在应对极端汇率波动中有不可替代的作用，可以预见未来对冲行为的因素解释力会上升。由此可见，随着人民币汇率弹性的进一步增加，我国企业急需提高自身的汇率风险管理水平。相应地，我国应进一步加强外汇衍生品的易得性，降低对冲成本，开发针对人民币汇率指数的衍生产品。

第五章：宏观经济新闻和汇率风险。这一章估计了中国各行业上市公司的汇率风险，并检验了它们的外汇风险是否受宏观经济新闻的影响。我们利用2007—2020 年 2321 家中国上市公司的样本，使用六个替代模型来估计公司的外汇风险敞口及其在宏观经济新闻后的变化。我们发现外汇风险对宏观经济新闻有明显的反应，对 GDP 和国际贸易新闻的反应较大，在 2008 年国际金融危机、中美贸易摩擦和新冠疫情暴发期间，反应尤为强烈。在不同的货币中，企业对美元汇率风险更加敏感。在不同行业中，技术密集型行业的企业对外汇风险更加敏感。总的来说，本书的研究结果揭示了新兴市场中的跨国公司的汇率风险特征。

第六章：汇率联动性对企业汇率风险敞口的影响。中国企业观察到的汇率联动性更多是以人民币计价的外币组合的汇率联动性，实质是外币组合的风险可分散性。在中国企业大量出海的背景下，企业资产和收入的币种结构日益多元化，而汇率联动性增加意味着企业所持有外币资产组合的汇率风险更难以分散，其汇率风险敞口增加。实证结果也证实了这个推断：外币组合汇率联动性的提升增加了企业的汇率风险敞口。然而值得注意的是，这种影响受到企业收入和成本的币种错配程度的影响，而人民币在跨境贸易中所发挥的计价和结算职能会减少企业的币种错配，因此会部分削弱外币组合汇率联动性与企业货币风险敞口之间的关系。这在实证结果上的表现是新兴市场货币组合汇率联动性对企业汇率风险敞口的影响小于发达经济体货币组合汇率联动性的影响。笔者进一步探究了人民币国际化的影响，发现随着“一带一路”推广，在人民币加入 SDR 之后，在人民币升值及低波动时期，新兴市场货币组合汇率联动性对企业汇率风险敞口的影响相对更小。这再次说明，人民币在跨境贸易中所发挥的计价和结算职能有助于减小汇率联动性对中国企业汇率风险敞口的影响。

第七章：人民币国际化与中国企业的汇率风险。在有序推进人民币国际化的过程中要“统筹发展与安全”，这一章基于微观企业的视角，评估了人民币国际化的成败得失，研究发现，人民币国际化能够显著降低中国企业的汇率风险，这主要体现为对非美元货币的汇率风险，但对美元汇率风险反而伴随着人民币国际化而提升。本书的结果在控制宏观经济变量、工具变量回归及一系列其他稳健性检验下仍然成立。研究表明，在美元依然处于国际货币体系核心位置时，人民币国际化可以通过非大宗商品的计价和对冲工具的供给帮助企业缓解所面临的汇率风险，但依然要对美元汇率波动给予额外的重视。在异质性分析中发现，人民币国际化的作用在异质性强的产品、低市场话语权的企业、高国际竞争强度的行业中更为显著。本书的研究不仅在理论上丰富了人民币国际化成本和收益的讨论，延伸了宏观因素如何影响企业汇率风险的相关文献，还在实践上为新时期人民币国际化的推进提供了来自微观企业的补充视角。

第八章：汇率风险与公司的贷款成本。本章首先研究了汇率风险与公司贷款成本的基本关系，并且分析了公司境外业务收入、境外投资和衍生品使用对于汇率风险和贷款成本关系的调节效应。其次，讨论了汇率风险影响公司贷款成本的潜在机制。最后，借助利率市场化改革和汇率制度改革识别了汇率风险和贷款成本的因果关系。研究结果表明，汇率风险将增加公司的贷款成本，而公司分散境外经营风险的能力较差，衍生品误用严重将使公司在相同汇率风险下承担更高的贷款成本。汇率风险对贷款成本的影响可以基于银企关系、抵押品价值和股东债权人的利益冲突来解释。汇改后和利率市场化改革后，汇率风险将导致更高的贷款成本。银行和企业间更加密切的银企关系将使公司在相同的汇率风险下承担更高的贷款成本。因此，公司要提升境外经营布局能力和汇率风险管控能力，以降低其贷款成本；银行要注重构建银企关系，即时洞察公司汇率风险的变动，设置条款约束企业过度承担汇率风险进而损害贷款价值的行为。

第九章：汇率风险和中国产业的国际竞争。这一章在分析中美之间的产业竞争和汇率风险问题的基础上，综合评估中国企业面临来自世界的产业竞争和汇率风险情况。研究发现，在2005—2018年，中美共同的行业之中，有53.7%的行业明显地受到美国产业竞争的影响。这既包括钢铁、煤炭、化工、汽车、工业机械等可贸易品行业，也涵盖金融业、房地产业等非贸易品行业，可以说，中美之间的产业竞争体现在各个行业之中。在“中国制造2025”所涉及的计算机软件、生物工程和制药等新经济领域，中国的产业发展受美国产业竞争的影响较小，有较强的市场竞争力。对于汇率风险，人民币兑美元贬值利好国内企业发展，尤其体现在服装和配饰、化工、有色金属、移动通信设备等可贸易品领域。和日美贸易战时期相比，中国行业指数收益率对汇率的敏感性较低，尤其是非贸易品行业。除美国之外的其他国家对中国产业竞争较小，主要来自德国、荷兰、日本等发达国家。一方面，此章丰富了汇率风险的相关文献，从产业发展的角度进行了补充；另一方面，本书从汇率风险的全新角度解读中国的产业竞争，结合调研结果和出口占有率的统计分析，为中美产业竞争提供了全方位、多角度的分析结果。

1.3　创新性

第一，首次对中国上市公司的汇率风险情况进行全面的刻画和分析，填补了这一领域研究的空白。长期以来，人民币兑美元汇率弹性较低，企业层面的汇率风险有限且同质，鲜有学者对中国的汇率风险问题进行深入系统的研究。随着人民币汇率市场化改革的不断推进，企业层面的汇率风险问题日益突出。本书力求对中国上市公司的汇率风险情况进行全面的刻画和分析，填补这一领域研究的空白。

第二，理论模型建构、实地调研访谈和实证分析相结合，多维度探讨，加深了我们对所研究话题的认识和讨论。本书采用了新古典静态分析模型、实际经济周期模型等多种理论模型，采用 OLS、GARCH、结构模型等多种实证模型，还通过实地调研访谈增强文章的现实可靠性。多种方法的有机结合帮助我们从多个维度、不同视角审视企业汇率风险的问题，加深了我们对这一问题的理解。

第三，研究紧跟时代热点，在中美贸易摩擦、“中国制造 2025”、新冠疫情、金融制裁等时代背景下进行分析，服务于企业和政府决策。本书研究不是对国外文献的重复，而是对中国现实问题的思考。在微观企业层面，本书聚焦中国渐进式汇率形成机制改革和新冠疫情的影响。在产业层面，本书在中美贸易摩擦和金融制裁背景下讨论美国产业竞争对中国企业的影响及“中国制造 2025”十大领域行业受国际产业竞争的影响。在国家层面，本书追踪最新的宏观政策研究，探讨人民币汇率联动和宏观经济政策是否会加剧中国汇率风险程度。

第四，嫁接宏观政策和微观市场行为，同时服务于企业管理和政策制定。从企业角度看，大多数企业依然仅关注人民币升值或贬值，无法理解汇率形成机制市场化改革带给它们的实际影响。从政策制定者的角度看，也缺少对汇率政策微观效应的评估和分析。本书希望嫁接宏观政策和微观行为，在厘清汇率制度变化如何影响企业汇率风险的基础上，帮助企业评估和运用各种汇率风险管理手段，同时为政策制定者进行汇率形成机制改革提供一个微观层面的分析视角。

第 2 章　制度背景和国际经验

2.1　人民币汇率制度改革的简单回顾

2.1.1　1994 年汇率并轨改革

1994 年之前，中国市场存在事实上的两种汇率：外汇调剂市场汇率价格和官方汇率价格。随着外汇留成比例的提升，外汇调剂市场交易量越来越大，推动外币价格走高，与官方汇率偏差越来越大。尽管中国人民银行对汇率进行了十次小幅度调整，但仍然赶不上外汇调剂市场的人民币贬值程度。到 1993 年底，外汇调剂市场汇率交易量占到了全部外汇交易量的 80%。此外，汇率并轨改革的前两年，中国经济结束了 1989—1990 年的经济调整阶段，GDP 同比增速超过 14%，经济开始出现过热的迹象。外贸市场受此影响，迅速由贸易顺差转为贸易逆差，人民币承受着较大的贬值压力（见图 2－1）。1993 年 7 月，政府出台了一系列措施稳定金融市场，首次通过外汇储备干预人民币汇率，成功将美元兑人民币汇率稳定在 8.7 左右，直至 1994 年 1 月 1 日的汇率并轨改革（见图 2－2）。

1993 年 11 月党的十四届三中全会顺利召开，会议讨论并通过了《中共中央关于建立社会主义市场经济体制若干问题的决定》，其中明确提出，建立以市场为基础的有管理的浮动汇率制度和统一规范的外汇市场，逐步使人民币成为可兑换货币。由此拉开了中国汇率市场化机制改革的序幕，并于 1994 年 1 月 1 日成功完成官方汇率和外汇调剂市场汇率的并轨，明确了中国实行以市场供

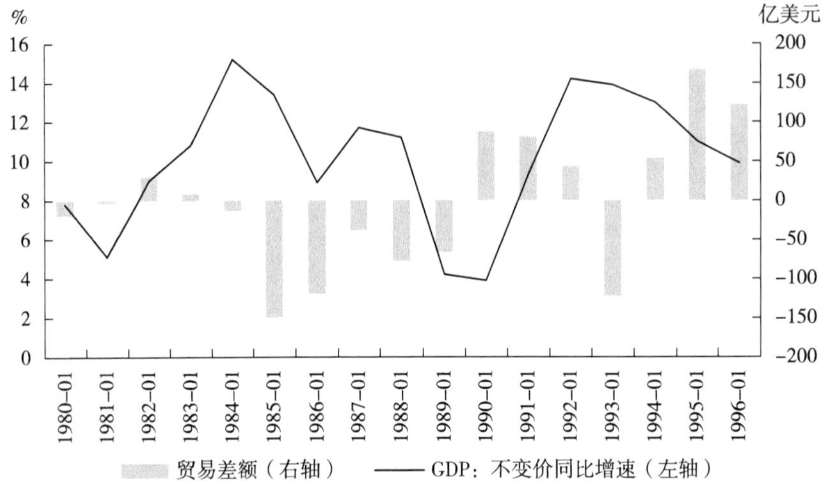

图 2－1　1994 年汇率并轨改革前后的贸易差额和 GDP 增速的变化

（资料来源：国家统计局、Wind 金融数据终端）

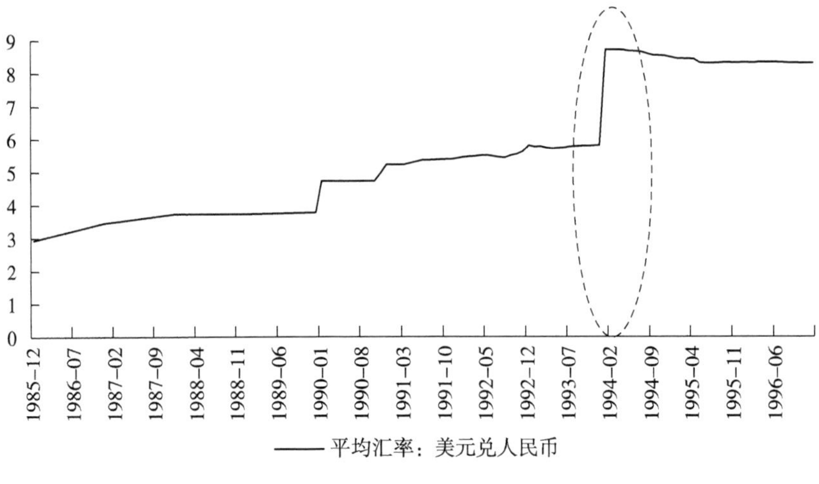

图 2－2　1994 年汇率并轨改革前后的汇率变化

（资料来源：中国人民银行）

求为基础的、单一的、有管理的浮动汇率制度，确立了中国汇率市场化改革的目标。其中："单一的"表明中国至此不再存在双重汇率，有管理的浮动汇率制度则是指国际货币基金组织（IMF）出版的《汇兑安排与汇兑限制年报》中一种汇率制度。此外，还取消外汇留成和上缴比例，实行银行结售汇制度，建立全国统一的、规范的银行间外汇交易市场。

此次汇改之后，人民币兑美元中间价主要由上一日银行间外汇交易市场的加权平均价获得，可以有上下 0.15% 的交易波动幅度。总体来说，此次汇改之后基本上形成了中国汇率市场的制度，以及未来汇率形成机制改革的目标与方向。

自 1994 年汇率并轨以来，人民币汇率进入了升值通道（见图 2－3），直到 2015 年的“8·11 汇改”，时间长达 21 年。对外贸易也扭转成为贸易顺差并延续至今日，并仍有可能延续到 21 世纪第三个十年。汇改取得如此成效，除了其本身符合当时的中国国情，循序渐进地开展以外，出口退税政策和强制结售汇政策也是关键的配套举措。此后，中国还对外汇市场进行了一系列小的改革，到 1996 年底我国实现人民币经常项目的完全可兑换。

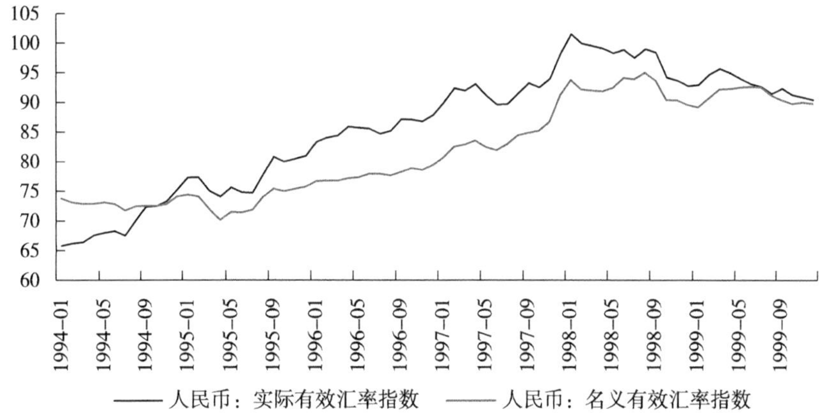

图 2－3　1994 年汇率并轨改革后的人民币汇率指数的变化

（资料来源：国际清算银行）

2.1.2　1997 年亚洲金融危机期间的人民币汇率

1997 年 7 月 2 日，就在中国香港回归的第二天，泰国宣布放弃联系汇率制度，泰铢大幅贬值。危机迅速蔓延到东亚和东南亚地区乃至整个新兴市场国家。1997 年底，江泽民总书记在马来西亚参加东盟非正式会议时首次郑重承诺人民币不贬值。中国依据承诺维持 1 美元兑换 8.27 元人民币，直到 2005 年“7·21 汇改”前。当时，亚洲金融危机冲击中国的对外贸易和投资部门。1998 年的国企改革增加了全社会的就业压力，百年一遇的大洪水致 2.23 亿人受灾。1998 年中国的 GDP 增速为 7.8%（见图 2-4），并没有达到“两会”时制定的 8% 的经济增长目标，并且中国经济在 1998—2002 年陷入了通货紧缩的困局之中。中国在审时度势评估国内外经济形势的基础上，提出了汇率稳定的承诺和举措，在亚洲经济的稳定和复苏中发挥了中流砥柱的作用。时任世界银行行长史蒂芬森给予评价：中国的“承诺人民币不贬值”体现了中国负责任的大国担当。

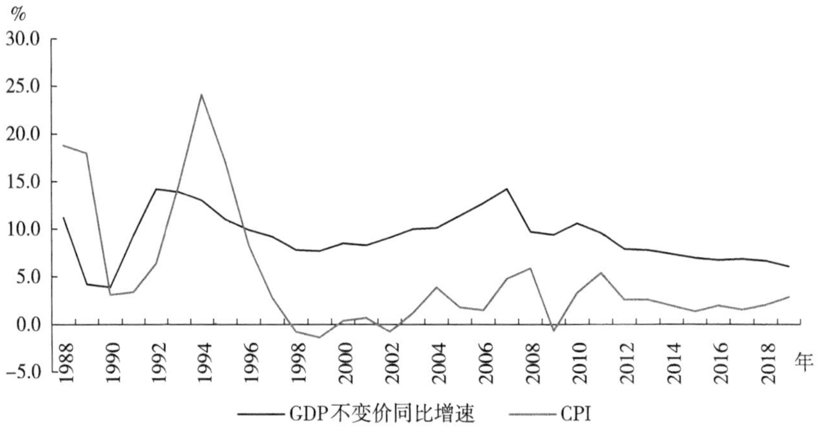

图 2-4　1988 年以来中国的 GDP 增速和 CPI 的变动情况

（资料来源：国家统计局、Wind 金融数据终端）

虽然在汇率价格上中国承诺不贬值，但在汇率管理上中国实际上加大了对经常项目购汇真实性的审查，打击利用虚假贸易的渠道换汇炒汇。中国加大了海关督查的力度，也加大了对违法违规的外汇收支行为的打击力度。在一系列措施下，中国的贸易顺差缩水近 50%。同时，加大了对资本项下的人民币流动的管理。凭借良好的国际声誉和严格的汇兑审核，中国在亚洲金融危机期间独善其身，是东亚、东南亚国家中外汇储备没有下降反而上升的唯一一个国家。中国在 2001 年“9·11”事件后成功逆转预期，由人民币贬值到人民币升值，宣布中国在亚洲金融危机时期实行的汇率制度获得胜利（见图 2-5）。

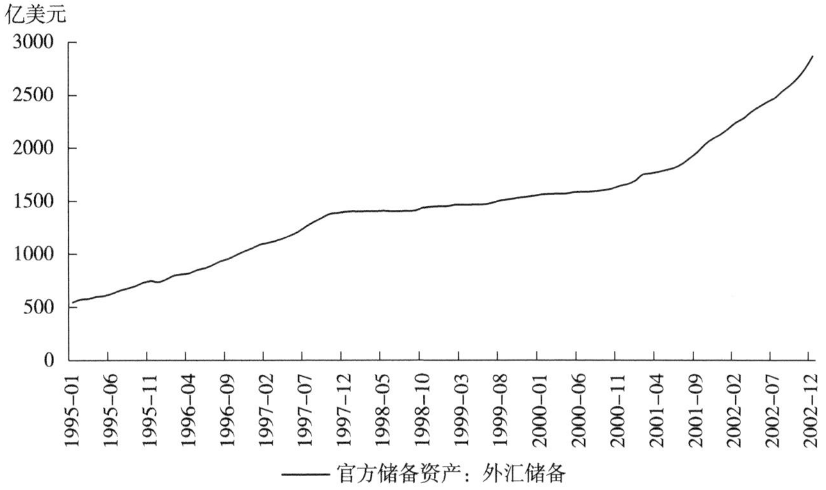

图 2－5　亚洲金融危机时期中国的外汇储备情况

（资料来源：中国人民银行、国家外汇管理局）

从 1994 年汇率并轨改革到 2005 年的“7·21 汇改”期间，中国宣称人民币实行“有管理的浮动汇率制度”。具体体现为：（1）外汇交易统一在全国外汇交易中心，按照市场价格进行买卖；（2）设定一定的汇率波动幅度，当超过这个幅度时，中国人民银行采用市场化的手段利用外汇储备干预外汇市场；（3）市场交易价格以前一日的市场交易价格为基准，由中国人民银行在当日开盘前公布；（4）拥有外汇经营牌照的银行可以依照中国人民银行规定的浮动标准，自行设定汇率牌价。但是，实际上人民币兑美元的波动幅度仍然较低，根据事实汇率制度安排，人民币汇率被归为固定盯住汇率的范围之中。因此，1994 年汇率并轨改革最大的贡献在于实行了单一的汇率制度，整顿了外汇市场，确立了汇率制度变革的目标和方向。但在国际社会的认知和评价中，中国此时的汇率制度仍为单一的、盯住美元的固定汇率制度。

2.1.3　2005 年 7 月 21 日的汇改

1997—2001 年，中国政府维持人民币汇率稳定在 8.27 ~ 8.28，其间美元对其他主要货币的升值幅度超过 20%，人民币汇率被普遍认为高估。尤其是在

2001 年“9·11”事件之后，美元迅速贬值。至 2005 年 6 月，美元指数较“9·11”事件前已经下跌了 23%（见图 2-6），并且此时中国经济受益于加入世界贸易组织（WTO）的制度红利，每年 GDP 增速超过 10%，而人民币兑美元依然维持稳定，人民币逐渐积累了强烈的升值预期。在“主动、可控、渐进”的原则指导安排下，2003 年，党的十三届六中全会中，中国政府确立了汇率制度改革的进程和目标，决定先进行国内金融改革，再推进汇率市场改革。从 2002 年开始，外汇市场管理从“宽进严出”逐步转为“双向流动管理”，放开了企业购汇和持汇限制，加大了对投机性热钱流入的管理。同时，加快帮助国有银行充实资本，股改上市。2005 年，中国经济发展势头迅猛，国际环境温和，物价水平稳定，前期的准备工作也获得了初步成效，汇改的时间窗口到来。

图 2-6　1994 年以来美元指数变动情况

（资料来源：美联储、Wind 金融数据终端）

2005 年 7 月 21 日晚，中国人民银行宣布结束亚洲金融危机期间人民币单一盯住美元的汇率政策，实行以市场供求为基础、参考一篮子货币调节、有管理的浮动汇率制度。其主要内容包含三个方面：（1）一次性人民币兑美元升值 2% 至 1 美元兑换 8.11 元人民币。（2）从制度上确立不再盯住美元的单一汇率，而是转为参考一篮子货币进行调节。参考一篮子货币并不是盯住一篮子货币，还需要根据市场供需来调节。时任中国人民银行行长周小川阐述了一篮子货币的选取和权重确定所应参考的四项基本原则：以着重考虑商品和服务贸易的权重作为篮子货币选取及权重确定的基础；适当考虑外债来源的币种结构；适当考虑外商直接投资的因素；适当考虑经常项目中一些无偿转移类项目的收支。以此推导，美元、欧元、日元、韩元是人民币参考的一篮子货币的重要币种，这也与目前的中国外汇交易中心（CFETS）汇率指数相类似。(3) 改革中间价的形成机制。中国人民银行确定每个工作日银行间外汇市场的收盘价为下一个工作日的中间价。当时，人民币中间价参考的货币主要包括美元、欧元、日元、港元和英镑。为配合中间价制度的改革，2006 年 1 月 3 日在银行间外汇市场引入了做市商制度，中国外汇交易中心在每天银行间外汇市场开盘前向外汇市场做市商询价。

2005 年的“7·21 汇改”告别了单一盯住美元的固定汇率制度，汇率形成机制更加市场化，成为爬行盯住美元事实汇率制度。虽然汇改的效果与欧美等发达国家叫嚣的人民币升值 20% 有较大差距，但这次汇改也成功地堵住了“中国操纵货币”的国际声音，避免了美国将中国纳入货币操纵国名单。短期来看，渐进式的改革也存在一些副作用。从 2005 年开始，由于人民币单边升值预期明朗，投机性热钱不断涌入，推动了国内资产价格的泡沫，市场流动性过剩导致通货膨胀预期的自我形成。中国人民银行通过发行中央银行票据、提高存款准备金率和加强跨境资本流动管理等多项举措应对人民币升值预期带来的资本流动。从长期来看，“7·21 汇改”的成效显著。人民币渐进升值的过程为外贸企业调整自身的生产经营模式、开辟新的市场、学习和实践汇率风险管理提供了时间窗口，中国的对外贸易并没有因为人民币升值而备受打压，反而持续向好。国际收支情况和外汇供求情况在对外贸易的火热情况下也没有出现危机，反而有所改善（见图 2-7）。

2.1.4 2008 年国际金融危机期间的汇率制度

2005 年的“7·21 汇改”后，中国经济持续向好，发展的势头更加强烈，2007 年全年中国 GDP 增长 14.2%，CPI 上涨 4.8%。2007 年底，中央经济工作会议指出，当时宏观调控的主要任务是防止经济增长由偏快转为过热、防止价

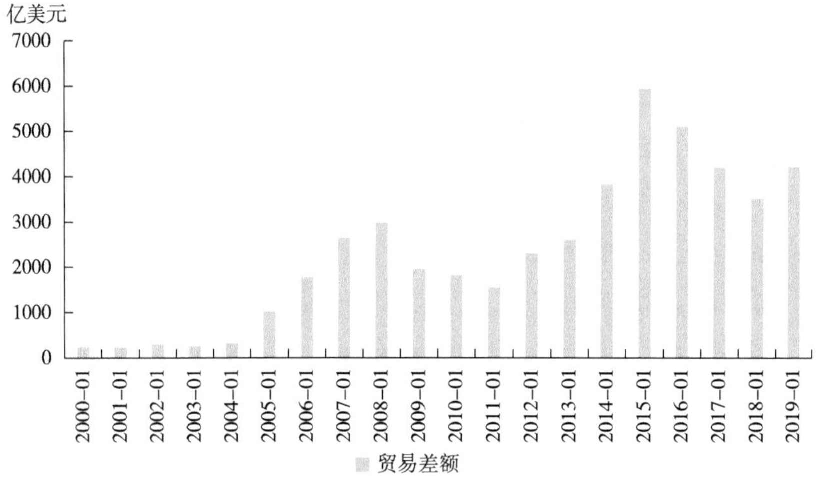

图 2－7　21 世纪以来中国的对外贸易差额

（资料来源：国家统计局、Wind 金融数据终端）

格由结构性上涨演变为明显通货膨胀。因此，2008 年 9 月之前，连续 6 次调高存款准备金率至 17.5%。2008 年 9 月 15 日，随着雷曼兄弟破产，美国次贷危机发酵成为国际性金融危机，世界经济迅速进入衰退阶段。受 2008 年国际金融危机波及，俄罗斯、韩国、巴西等新兴市场国家出现了严重的资本外流和货币贬值。我国面临的国际经济环境急转直下，开始出现经济下行压力。此时，中国将宏观经济调控目标改为保持经济平稳较快发展、控制物价过快上涨。2008 年 12 月的中央经济工作会议进一步将 2009 年的宏观调控目标设定为保增长、扩内需、调结构。为了配合经济发展和宏观调控，中国将人民币兑美元中间价维持在 6.82～6.84（见图 2－8），实行盯住美元的固定汇率制度。维持人民币兑美元汇率稳定的坚实依靠就是中国的外汇储备。由于中国的贸易顺差和资本管制，中国的外汇储备持续增加，位列全世界第一，并没有像欧洲等发达国家和韩国等新兴市场国家那样普遍出现美元流动性不足，由此证明，中国有底气、有实力维持人民币的汇率稳定。在中国强有力的财政、货币刺激和经济改革红利下，中国率先从国际金融危机的泥潭之中走出，2009 年便实现了 GDP 同比增长 9.2% 的高增长。国内经济的企稳也缓解了外汇市场的压力，使中国在 2008 年国际金融危机期间实行的固定汇率制度，在 2009 年后就不再存在贬值的压力，维持汇率稳定的压力逐渐降低（见图2－9）。

图2－8　2005年“7·21汇改”以来的人民币兑美元中间价变动

（资料来源：中国人民银行）

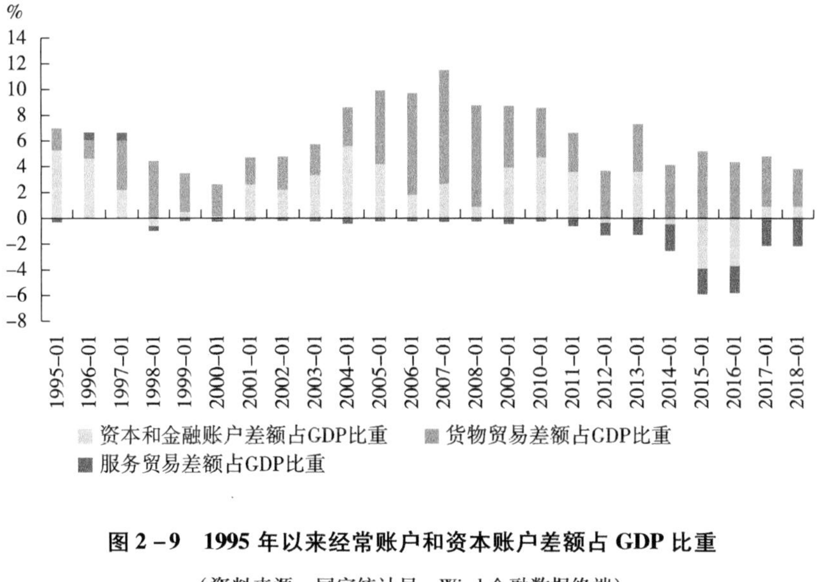

图2－9　1995年以来经常账户和资本账户差额占GDP比重

（资料来源：国家统计局、Wind金融数据终端）

2.1.5　2010年6月19日重启汇改

2010年6月19日，中国人民银行发布公告，决定进一步推进人民币汇率形成机制改革，增强人民币汇率弹性。这表明国际金融危机时期的非常规汇率制度安排结束，中国将继续沿着市场化的道路进行汇率制度改革。此次重启汇改之后，人民币兑美元汇率开始波动，但汇率改革仍沿着“7·21汇改”的制度进行。此次重启汇改并没有额外的汇改措施，仅仅宣示开始而无实质性的改革措施。

2011年欧债危机由边缘国家逐步蔓延到核心国家。8月4日，国际评级机构下调了美债评级，全球避险情绪高涨，外部环境的不稳定并不适合进行汇改。2012年，国内经济的不稳定和国外经济的好转，平衡了国内外的环境，表现在银行结售汇上为结汇意愿回落、购汇意愿增强，整个外汇市场处于供需较为平衡的时期（见图2-10），成为汇改推进的良好时间窗口。2012年4月16日，中国人民银行宣布将银行间外汇市场即期人民币兑美元交易价浮动幅度由5‰扩大至1%，将外汇指定银行为客户提供的人民币兑美元现汇买卖差价幅度由1%扩大至2%。同时，为了配合交易波动幅度的扩大，中国人民银行在外汇操作上也降低了干预频率和幅度，取消了对银行收付实现制头寸余额的下限管理。

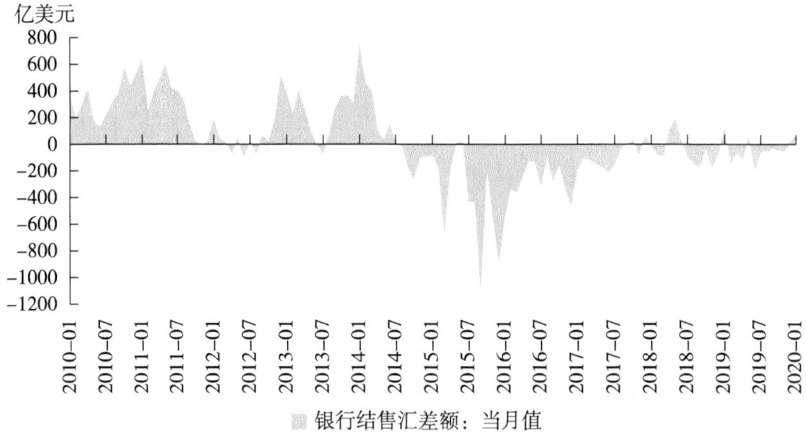

图2-10　2010年以来银行结售汇差额

（资料来源：中国人民银行、国家外汇管理局）

2004年2月，香港的商业银行开始试办个人人民币业务，包括存款、汇款、兑换和信用卡业务，开始了离岸人民币市场发展的最初尝试。2010 年 7 月 19 日，中国人民银行和香港金融管理局签署了以放松离岸人民币市场管制为核心的合作谅解备忘录，这标志着香港离岸人民币市场初步形成。随着人民币离岸市场的成熟与完善，越来越多的人民币即期和远期交易在离岸市场上完成，形成了人民币离岸汇价。由于香港人民币离岸市场的业务占据 72.4% 的人民币离岸业务，因此它成为最重要的人民币离岸市场。离岸汇率与在岸汇率相比，不受中国人民银行的直接干预管理，没有每日的波动幅度限制，是更为市场化的汇率。另外，在交易的品种上，在岸汇率主要是即期外汇，离岸汇率是外汇掉期和外汇远期的重要参考汇率。如图 2－11 和图 2－12 所示，香港离岸人民币存款总额及经营人民币业务认可机构的变化反映了离岸人民币市场的迅速发展。

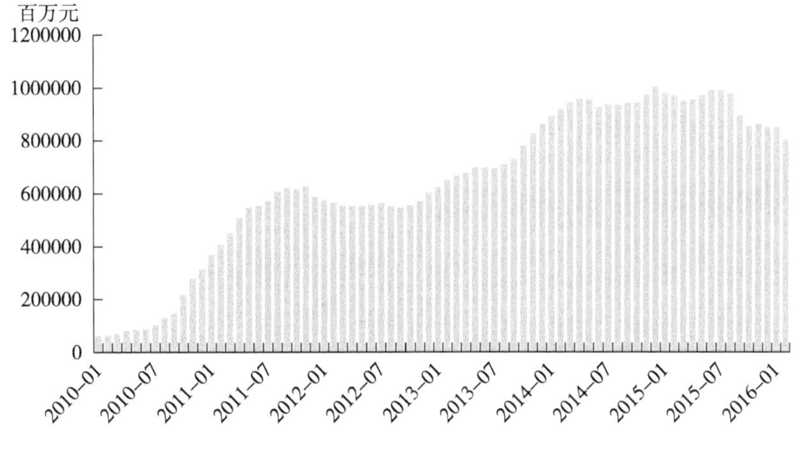

图 2－11　香港离岸市场人民币存款总额

（资料来源：香港金融管理局、Wind 金融数据终端）

2014 年，国内外环境的稳定使银行结售汇保持平衡，尤其是在岸人民币与离岸人民币汇差较小，汇改面临另一个良好的时间窗口期。2014 年 3 月 17 日，中国人民银行宣布将银行间外汇市场即期人民币兑美元交易价浮动幅度由 1% 扩大到 2%，将外汇指定银行为客户提供的人民币兑美元现汇买卖差价幅度由 2% 扩大到 3%。进一步地，国家外汇管理局宣布取消对客户美元挂牌买卖价差限制。波动幅度的扩大是汇改的重要措施，增强了汇率制度的市场灵活性，使

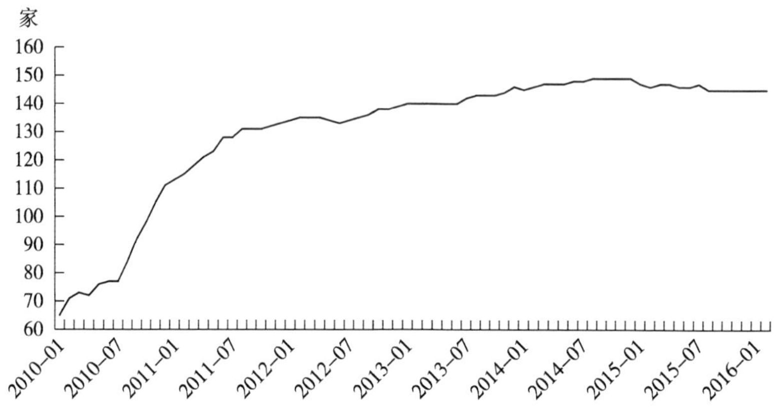

图 2-12　香港离岸市场经营人民币业务的认可机构数

（资料来源：香港金融管理局、Wind 金融数据终端）

之更能体现市场供求，消化外部冲击对中国经济的影响。波动幅度的扩大为人民币的双向波动奠定了制度基础，宏观经济变动和微观资本流动对汇率的影响更加全面和有效，外汇市场发展也凸显了微观主体预期对汇率波动的影响。

2.1.6　2015 年 8 月 11 日的汇改

2015 年，国际经济形势复杂，欧洲还没有从欧债危机的阴影之中走出来，日本还在经历负利率和货币贬值，但美国经济已经处于复苏的起点，市场预期美联储年内加息的概率不断提升，全球主要经济体的货币政策处于极端分化的情形。欧洲、日本的货币宽松和美国的加息步伐同步，使得新兴经济体的外部环境极度恶劣，新兴经济体即使放任货币贬值也不得不面对资本外流和经济放缓的事实。在“8·11 汇改”之前，中国处于客观严峻的国际形势之下。从中国的国内情况来看，经济金融风险在积聚。2014 年下半年，地方融资平台风险加剧，国务院出台《国务院关于加强地方政府性债务管理的意见》（43 号文）规范地方政府融资平台，防范了风险的集中爆发。在经济放缓和财政乏力的情形下，2015 年上半年，中国的各项宏观经济指标持续低于预期，中国经济的下行压力在 2015 年集中凸显。在这种国内宏观经济形势下，人民币积累了一定的贬值预期，并且中国香港和中国内地之间的虚假贸易规模[①]达到峰值。然而，在这种情况下，人民币兑美元的中间价几乎维持不变，甚至略有升值。可以说人民币的贬值压力已经酝酿了很久（见图2－13）。

人民币兑美元之所以可以维持稳定，中间价起到了重要作用。然而离岸市场的人民币却在逐渐贬值，中间价与人民币贬值预期和离岸人民币走势出现严重背离。这不仅影响中间价在决定人民币汇率水平中的基准性地位，影响中国汇率市场化改革的目标，甚至可能在国外风险事件爆发时冲击中国的汇率制度，引发金融危机。与此同时，2015 年也是政府决心改革并且成效显著的一年，中国对境外投资者投资中国的银行间债券市场、商品期货市场提供了途径，中国的资本账户开放程度在提升。这意味着人民币的可兑换进程加快。在当时的国际形势之下，资本流动的规模和敏感性都在提升，对人民币汇率弹性提出了更高的要求。

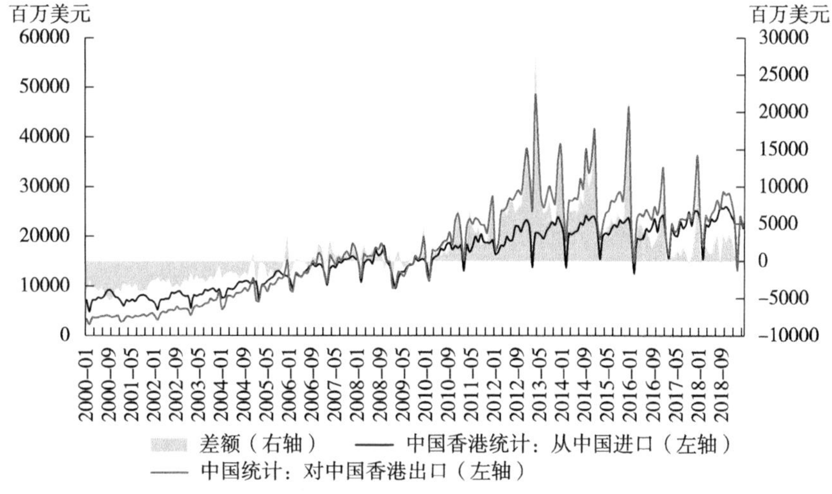

图2－13 虚假贸易在2010—2015年的估计值

（资料来源：国家统计局，Wind金融数据终端）

2015 年 8 月 11 日，中国人民银行宣布完善人民币汇率中间价形成机制，

① 中国内地统计的对中国香港出口额小于中国香港统计的从中国内地进口额、说明有人利用监管漏洞从事虚假贸易。

不再以上一交易日的收盘价作为今日的开盘价，而是由做市商在每日开盘前向中国外汇交易中心提供中间价报价。该报价参考上日银行间外汇市场收盘汇率，综合考虑上一日收盘至今日开盘期间外汇供求情况以及国际主要货币汇率变化，后期还添加了逆周期因子。当日，人民币兑美元一次性贬值约2%，缩小了离岸在岸人民币的价差。此次汇改并不是渐进地完成离岸在岸的点差矫正，而是一次性地贬值。虽然中央银行的出发点是消除套利，但在市场上被视为是一种对人民币贬值趋势的确认，触发了第二代货币危机模型讨论的自我实现的贬值。从整体来看，此次汇改之后，人民币真正迈入双向浮动的汇率区间，IMF 的事实汇率制度也将人民币从爬行盯住美元归为更加市场化的类爬行机制。

此后，2015 年 12 月，中国外汇交易中心公布 CFETS 人民币汇率指数，同时还公布了参考 BIS 和 SDR 人民币汇率指数。2016 年 12 月，中国外汇交易中心将 CFETS 的货币篮子从 13 种货币拓展到 24 种货币。2017 年 5 月 26 日，引入逆周期因子。中国人民银行在 2017 年第二季度《中国货币政策执行报告》中进一步声明，逆周期因子的引入不会改变外汇供求的趋势和方向，只是适当对冲了外汇供求中的非理性因素，在尊重市场的前提下促进市场行为更加理性。2019 年 12 月，中国外汇交易中心决定调整 CFETS 人民币汇率指数货币篮子的权重以及 BIS 货币篮子人民币汇率指数的货币篮子和权重。“8 · 11 汇改”及其后续一系列改革措施，丰富和完善了中国特色的以市场供求为基础、参考一篮子货币进行调节、有管理的浮动汇率制度。人民币双边波动弹性增强，汇率能够更及时、准确地反映市场供求和预期的变化。

2.1.7 人民币汇率形成机制改革评价和思考

在人民币汇率形成机制的选择上，第一种是选择固定汇率或者自由浮动汇率，第二种是选择两者的中间状态。中国目前以市场供求为基础，参考一篮子货币进行调节，有管理的浮动汇率制度便属于中间状态。相对于浮动汇率制度和固定汇率制度，中间制度的选择将这两种制度的优点结合在一起，可以同时兼顾平衡市场供求、参考一篮子货币、维持人民币汇率基本稳定、保证中央银行在危急时刻的干预效率等多个目标。但是，它在结合优点的同时也糅合了两种汇率制度的缺点，当贬值预期浮现并不断加剧的时候，多个目标的冲突会使得政府的调控进入两难的选择，需要高额的外汇储备和强大的政府信誉支持，而且一旦处理不好，还会面临外汇储备的流失和政府信誉的下降。所以，对于中央银行是否要引导人民币汇率走向浮动汇率制度，是否需要一贬到底来寻找人民币的合意汇率水平，这一问题曾引起过一些争吵。但需要客观提及的是，没有一种汇率制度适合所有国家或者某个国家的所有时期。选择什么样的汇率制度，主要参考中央银行的汇率政策目标、本国的宏观经济情况及世界经济和政治形势。现阶段，中国逐步走向浮动汇率制度是最优的人民币汇率形成机制变革。

首先，从中央银行的汇率政策目标来看。随着中国汇率制度改革的推行和资本账户的逐步开放，人民币汇率将在未来一段时间对宏观经济产生显著的冲击。第一，人民币贬值和波动的增加将会给中国经济增长带来压力，增加中国宏观经济的不稳定因素。第二，跨境资本流动的活跃性增强，短期内存在资本外流的持续性压力。第三，人民币计价资产受汇率波动冲击的影响加剧，需要防范出现系统性的金融风险。第四，资本开放使中国受国际政策冲击的影响加剧。因此，在接下来的一段时间内，尤其是在人民币汇率形成机制不断完善、资本账户逐渐开放、中国国内经济改革稳步推进的过程中，人民币汇率政策目标应该主要实现三点：第一，避免人民币汇率大幅波动，保证金融体系稳定。人民币汇率的稳定可为中国在复杂的国际环境下营造良好的经济发展环境，避免汇率大幅波动带来人民币计价资产的价值波动，从而避免引发中国金融体系的系统性风险。第二，稳定人民币汇率预期，提高政府的公信力。人民币汇率预期的稳定是人民币汇率稳定和资本流动正常的重要保障，中央银行要提升自身的话语权和公信力，在重大危机面前保证自身传递的信号作用能稳定市场。第三，引导汇率回归均衡水平，为国内经济改革和人民币国际化创造空间。积极探寻人民币的均衡汇率水平，在稳定外部价格体系的同时增加政策工具的力度和有效性，为国内的经济改革和人民币国际化战略推行创造空间。在这种政策目标之下，将人民币汇率逐步平稳地过渡到浮动汇率制度是最优选择。

其次，从本国的宏观经济情况来看。中国经济仍然保持中高速增长，物价水平比较稳定，整体来看，中国经济虽然下行风险仍在，但是“断崖式”下跌不太可能出现。这客观上需要有强势的人民币，一方面可以提升中国的居民消费福利，另一方面可以服务于中国人民币国际化战略和上海国际金融中心建设的战略目标。换个角度看，虽然中国的经济形势总体向好，但是经济金融风险在不断积聚，处理不好可能会发生系统性金融风险。中国在“三去一降一补”的关键时期，地方政府债务存在通货紧缩风险，内部风险的提升需要人民币的客观稳定来维持外部市场的平衡，同时需要人民币适当贬值来为经济改革提供更多的政策空间。随着资本账户的逐步开放，资本流动也成为越来越不可忽视的关键因素。而中国的金融机构从没有经历过国际市场的风吹雨打，金融监管系统和相关基础设施有待完善。此时，汇率制度不宜快速走向浮动，需要一定的时间来让居民、金融机构和政府不断地提升自己的风险承受能力和风险管理水平，通过不断的压力测试来确保未来浮动汇率制度下的稳健经营。

最后，从世界经济与政治形势来看。2016 年进入了世界政治波动的元年，“黑天鹅事件”频发，未来的政治走向存在非常大的不确定性。英国脱欧和特朗普当选美国总统是两个代表性事件，在经济上对整个发达经济体产生了负面影响，使全球经济波动增加。同时，针锋相对的政治改革观点也提升了全球市场的风险偏好，投机性资本在全球流动加剧。地缘政治危机出现，资本市场上投资者的避险情绪加大，稳定并且有一定升值预期的币种受到追捧。所以，现阶段中国应该理智看待汇率制度的改革，需要在现行制度下引导市场预期，维持人民币在双向波动下稳定小幅升值，不宜过快进行下一步的汇率制度改革和资本账户的快速开放。

2.2 各国汇率制度改革过程中的汇率风险

2.2.1 发达国家

1944 年 7 月，44 国政府在布雷顿森林会议上确立了以怀特方案为基础的布雷顿森林协定，该协定规定：美元与黄金挂钩，其他国家货币与美元挂钩。作为第二次世界大战战败国的德国，毫无疑问地加入了布雷顿森林体系，德国马克兑美元的比例被固定在4:1。但是，德国在第二次世界大战后的经济恢复和崛起超过大多数人的预料。1950年德国的实际GDP是美国的14.2%，这一比例在1960年是23.1%（见图2-14），德国成为当时资本主义国家中经济增长最快的。德国的经济发展离不开“德国制造”的贡献，国际贸易是德国经济增长的重要引擎。随着德国贸易的发展，顺差不断累积，德国马克的升值预期和压力不断发酵。在布雷顿森林体系下，为了维持德国马克兑美元的固定汇率，德国政府不断在外汇市场上买入美元卖出德国马克，导致德国境内的流动性泛滥。为遏制通货膨胀，德国中央银行提高了利率水平，但资本流入更加剧了国内通货膨胀压力。汇率风险导致国内通货膨胀压力高企，冲击了社会稳定，影响了德国企业的生产和国际销售，最终导致20世纪60年代后半段经济增速下滑。制度因素的弊端导致汇率风险在德国不断发酵，在国家无法化解和承担的情况下，最终完全由企业和居民承担，这影响了企业的日常经营和居民的日常生活，最终导致经济增长速度下滑。

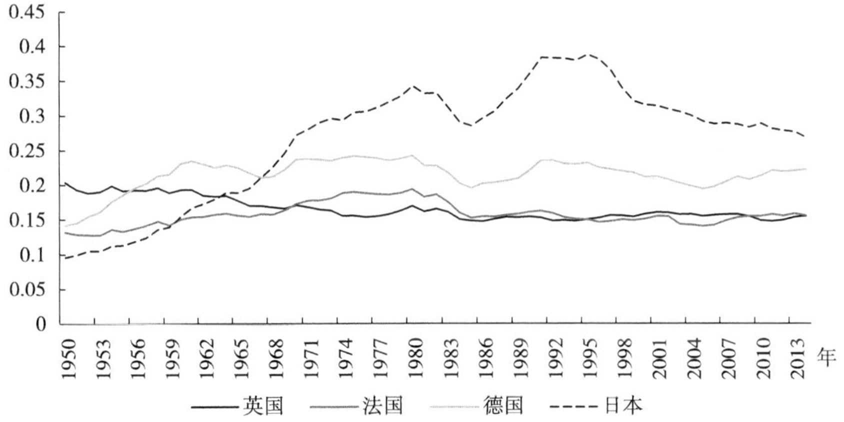

图2-14 各国相对于美国GDP的比重

（资料来源．Ponn World Table 9.0）

1960年和1968年两次美元危机的爆发冲击了美元信用和布雷顿森林体系。随着1971年第三次美元危机的爆发，布雷顿森林体系已经名存实亡。事实上，在20世纪60年代末，大家已经预期到布雷顿森林体系的瓦解只是时间问题，此时如何管理汇率风险成为企业、政府和学术界激烈讨论的问题。1973年布雷顿森林体系崩溃，美国跨国企业面临汇率风险的直接影响。由于跨国企业在世界各地设立子公司，汇率变化对合并后的财务报表产生直接影响，公司的估值和发展前景与汇率变动直接挂钩，而没有统一的会计核算方法使得各家公司使用不同的原则披露财务报表。公司价值的频繁变动给公司的日常经营和市值管理都带来了巨大困难。20世纪70年代，石油战争的爆发对资本主义国家产生了重大冲击，美国通过与沙特阿拉伯结为盟友，与其他石油输出国组织（OPEC）国家合作，将美元确立为石油的唯一定价货币。美元在石油和其他大宗商品定价上的垄断地位降低了美国跨国企业在国际经营中的汇率风险，加之美国财务会计准则对不同币种会计核算的规定，美国企业的汇率风险得到明显缓解。

会计制度的更正只是从会计汇率风险的角度，而从经济汇率风险的角度，美国企业面临的汇率风险仍然较大。从1960年开始，日本经济增长开始引起世界的瞩目，其接连超过苏联和德国，成为仅次于美国的世界第二大经济体。日本和德国都是国际贸易中的强者，面临强大的市场竞争，美国企业苦不堪言，尤其是此时汇率波动对相对价格的变化影响巨大，汇率风险严重影响了美国企业的国际竞争力。Williamson（2001）曾对比了汽车行业在美国、日本和德国的情况，在德国和日本国内，本国生产的汽车占据较大份额，而美国国内的市场份额被日本和德国的车企占据。由于德国和日本在对美贸易逆差中占据巨大份额，尤其是日本占到贸易逆差的50%，美国各大利益集团对政府干预汇率的诉求越来越高。1985年9月，美国、日本、德国、英国和法国达成《广场协议》，联合干预外汇市场，推动美元有节奏地贬值。美国企业在贸易战中得以喘息，并逐渐开始注重汇率风险的管理，外汇衍生品也在这一时期发展壮大。

1990年10月，英国加入欧洲货币体系（EMS）。在EMS内，各国货币互相盯住，每一种货币只能在一定的范围内波动。1992年2月《马斯特里赫特条约》签订，欧洲汇率体系的安排显现雏形。然而，两德统一之后德国实行扩张性财政政策，面临可能上浮的通货膨胀压力，不接受其他国家要求降低利率操作，反而提高利率水平抑制通货膨胀。与此同时，英国的国内经济低迷，存在陷入衰退的可能。在欧洲货币体系的安排下，各国的经济实力和利益状况难以协调一致，索罗斯等国际投机者预见到欧洲货币体系的内在不稳定性，不断扩大头寸规模准备做空英镑。1992 年 9 月，他们开始抛售英镑，英国政府尝试用外汇储备进行干预，但仍无法将汇率维持在规定范围内。9 月 15 日，英国宣布英镑退出欧洲货币体系。退出欧洲货币体系之前，英镑汇率并没有反映市场的供求和预期。英国跨国公司在面临经济增长预期不确定情况下，管理汇率风险的难度极大，经营损失严重，股价大跌。在该事件之后，英国公司学习美国的汇率风险管理经验，很快地降低了自身的汇率风险。从中可以体会到，宏观经济稳定和符合国情的汇率制度是微观企业管理汇率风险的重要保障。

2.2.2 新兴市场国家

墨西哥在经历 1982 年的债务危机之后开始实行盯住美元的固定汇率制度，旨在维持价格稳定并保持适度的通货膨胀。该政策在控制通货膨胀方面效果显著，使该国的通货膨胀率由 1987 年的 159.2% 下降到 1994 年的 7.1% 。但是，盯住美元的汇率政策在使国内经济稳定的同时却造成墨西哥比索高估，经常项目逆差扩大。为了吸引资本，墨西哥采取了高利率政策，使国际资本大量涌入。快进快出的投机性资本占比高，增加了墨西哥国家金融体系的脆弱性。在 1994 年美联储的加息周期中，以短期资本为主的墨西哥开始面临资本外流压力。伴随着国内政治矛盾的爆发，总统候选人遇刺身亡，1994 年 12 月 20—22 日墨西哥比索兑美元汇率贬值 42.2% ，墨西哥国内企业近十年的经营毁于一旦。盯住汇率制度在本币高估的情况下，由政府强行干预汇率失败而导致的金融危机，是新兴市场国家中非常典型的案例。

很多国家在货币危机之后一蹶不振，难以恢复往日荣光，韩国则是成功从危机中恢复的一个案例。1980 年 2 月 27 日，韩国中央银行决定将盯住美元的汇率制度转为盯住一篮子货币，货币篮子由“SDR + 主要贸易伙伴货币”构成，设定每日的汇率波动幅度，采用“浮动 + 区间”的汇率安排。在 1997 年亚洲金融危机期间，韩元汇率高估也遭受了索罗斯等国际买家的冲击，于是汇率贬值，股市暴跌，以美元计价的韩国经济下跌40%以上。韩国政府充分总结经验，认为本国的经济体存在一定脆弱性，汇率制度放大了经济中的不稳定因素。亚洲金融危机之后，韩元成为完全浮动的货币，政府开始专注于治理本国的金融稳定并逐渐积累外汇储备。2008 年国际金融危机期间，凭借弹性汇率制度和充足的外汇储备，韩元大幅贬值但没有出现资本流动的冲击。2010 年韩国经济增长便恢复到 7.3%，韩国和中国一道成为最早走出危机的新兴市场国家。

2.3 本章小结

中国制度背景的特殊性对研究中国资本市场汇率风险提出了更高的要求，国际经验也为相关问题的讨论提供了广阔的视角和思路。其具体包括以下几个方面。

第一，中国“主动、可控、渐进”的汇率制度改革为本书的研究带来了新的挑战。除智利等少数国家外，国外的汇改常常采用的是“一次性到位”的措施，汇率制度的变革对汇率风险的影响集中且较为短暂。中国渐进式的汇率形成机制改革，其制度的频繁、微小变化对本书的研究设计和稳健性讨论提出了更高的要求。笔者考虑采用日度数据来解决制度频繁变革下的样本量问题，同时采用 GARCH 模型化解日度数据波动性聚集的特征。同时，利用汇改进行时间区间划分的方法，讨论汇改对中国资本市场汇率风险的影响。

第二，中国处于从盯住美元向盯住一篮子货币转型时期所面临的汇率变量的定义和选择问题。中国自 2005 年“7·21 汇改”便实行了“参考一篮子货币进行调节”的汇率制度，但事实汇率制度仍是爬行盯住美元的固定汇率制度。2015 年“8·11 汇改”后，12 月中国外汇交易中心详述了 CFETS 人民币汇率指数的币种和权重，事实汇率制度也由爬行盯住进一步变化成为类爬行（限定于一篮子货币波动幅度）的汇率制度。处于转型期间的中国汇率风险不仅包括美元、欧元等双边汇率，还有汇率制度的综合影响。为了平衡双边汇率尤其是美元兑人民币汇率的影响及汇率制度的影响，本书综合讨论双边汇率和汇率指数的汇率风险情况。

第三，中央银行承担了过多的汇率责任，汇改的时间窗口选择也存在内生性。中国汇改遵循“主动、可控、渐进”的原则，意味着在汇率风险爆发的时期常常出于“可控”原则的审视而干预汇率市场，使得中央银行实际上承担了过度的汇率责任，而企业则对汇率风险不敏感；同时，“可控”原则也使得中央银行进行汇改的时间选择存在内生性，一般选择宏观经济稳定、汇率预期稳定的时期，唯一的例外是2015年的“8·11汇改”。为了克服这些因素的干扰，本书尝试将宏观因素纳入分析框架之中，并在样本选择的时候进行稳健性分析，剔除汇改时间点前后的样本。

第四，宏观经济稳定和制度变革影响企业汇率风险。国际汇率变动和企业发展的经验告诉我们，宏观经济稳定和变化会深刻影响当地企业的汇率风险。其包括并不仅限于汇率制度变革、金融危机、通货膨胀、利率政策、资本管制、贸易顺差和贸易冲突、金融市场波动等。宏观经济和市场因素作为纯外生冲击难以在微观分析中给予足够的重视，本书一方面将宏观因子纳入汇率风险的度量之中；另一方面考虑独立于宏观经济动态变化的截面数据，利用事件研究的方法分析汇率冲击和企业汇率风险。

第五，跨国市场竞争和汇率风险管理相伴相随，不可分割。日美贸易战时期的历史告诉我们，当企业面临来自国外的强大市场竞争时，汇率风险不仅仅是单个企业的事情，也与其他国家的同行业密切相关。在日本、德国企业贸易条件占优的情况下，美国企业来自经济层面的汇率风险压力很大，而这些经济汇率风险无法利用外汇衍生工具等金融对冲手段进行化解。本章综合分析跨国市场竞争和汇率风险，讨论中美贸易摩擦的背景下中国企业面临的美国市场竞争和汇率风险的多种压力。

第六，企业并不是化解汇率风险的唯一主体，宏观经济的因素非常重要。20世纪70年代布雷顿森林体系瓦解之后，美元依然占据国际货币体系的核心位置，这一方面是由于美国具有强大的政治军事经济实力，另一方面是由于其占据了石油、大宗商品的定价权。产业链上游的产品单一由美元计价和结算，再加之美元的网络效应，使得整个产业链的所有环节为了降低汇率风险均采用美元计价和结算。本书在讨论汇率风险的化解措施时，也会讨论人民币国际化等因素对于企业汇率风险管理的重要意义。

第3章　公司汇率风险的基本事实

本章将基于基本描述性统计和图形分析，展示近几年人民币汇率的走势、公司汇率风险的变动趋势。本部分将描述公司的相对融资规模和公司融资成本的时序变动。最后，本书将基于图形间的基本关系阐述汇率风险和公司不同种类融资成本的关系。

3.1　人民币汇率变动趋势

自2005年7月21日第一次汇率制度改革开始，人民币由原来的固定汇率制度转为浮动汇率制度，开始市场化波动。自2005年开始，人民币汇率制度改革经历了两个阶段。

第一个阶段是从2005年7月21日至2015年8月11日。其间的2005年7月21日至2008年7月，人民币汇率由过去单一盯住美元汇率开始转为盯住一篮子货币，并且在即期外汇市场先后引入了银行间外汇市场的做市商制度和询价交易方式并扩大了即期外汇市场人民币对美元汇率的日波动幅度限制。中国人民银行和国家外汇管理局意在通过这些措施促进市场化人民币汇率的形成。从2008年7月至2010年6月19日，为了降低国际金融危机对人民币汇率的冲击，人民币短期恢复了单一盯住美元的汇率制度。2010年6月19日后，中央银行再次恢复盯住一篮子货币的汇率形成机制，并且于2012年将即期外汇市场人民币对美元的日内波动幅度限制由0.5%调整为1%。

如图3－1所示，人民币在此期间相对四种主要的SDR货币（美元、欧元、英镑和日元）的汇率自2005年7月21日开始呈单边升值趋势，其中英镑的升值幅度最为显著，日元的升值幅度相对较小。2008年前后至2010年6月19日，人民币对美元汇率几乎保持不变。这期间，在人民币实际盯住美元的前提下，人民币相对其他三种货币的汇率波动幅度也相对较小，人民币相对主要SDR货币的汇率基本保持稳定。2010年至2015年8月11日，人民币对四种主要SDR货币继续之前的升值趋势，其间人民币对日元的升值幅度相对较大。

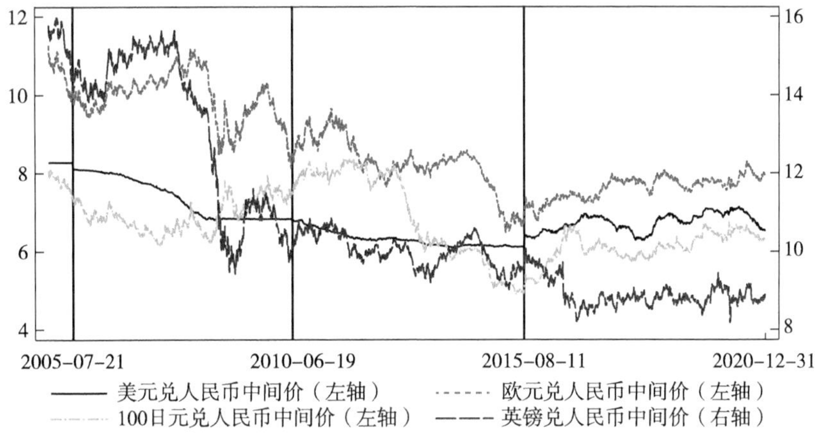

图3-1 人民币相对四种SDR货币汇率变动趋势（直接标价法，2005—2020年）

（资料来源：Wind数据库）

如图3-2所示，自2005年7月21日至2008年前后，人民币相对四种主要新兴市场国家货币（马来西亚林吉特、南非兰特、卢布和泰铢）也呈现升值趋势。在2008年国际金融危机至2010年6月19日，人民币相对四种新兴市场国家货币的汇率基本保持稳定。这体现了这个期间人民币实质性盯住美元的汇率制度特点。2010年至2015年，人民币重新盯住一篮子货币之后，其相对四种新兴市场国家货币重新恢复升值趋势。在此期间，人民币对南非兰特和俄罗斯卢布表现出较大的升值幅度。

如图3-3所示，为了更好地度量人民币汇率相对一篮子货币的变动趋势，我们使用全部人民币汇率指数的24种货币，参考中国外汇交易中心（CFETS）构建方法，构建了综合人民币汇率指数。人民币汇率指数最早由CFETS在2015年构建，它最初是由13种发达国家和发展中国家货币兑人民币汇率的中

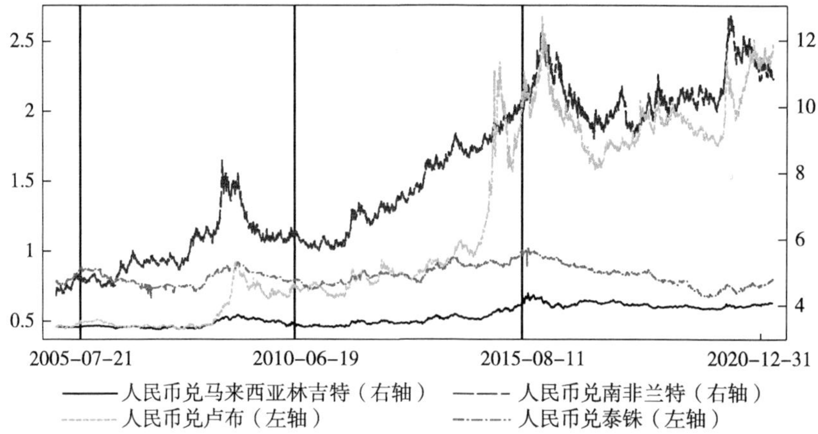

图 3-2　人民币相对四种新兴市场国家货币汇率变动趋势（间接标价法，2005—2020 年）

（资料来源：Wind 数据库）

间价，经双边贸易额加权平均而得。2017 年，CFETS 在原来 13 种货币的基础上新加入了 11 种货币，组成了由 24 种货币经双边贸易额加权平均而得的人民币汇率指数。我们选用了 24 种货币构建的汇率指数的优势在于：其一，更全面地反映了人民币相对一篮子货币的汇率变动情况；其二，2015 年和 2017 年构建的两个人民币汇率指数中的主要货币权重差异较小，两个指数理论上不会出现较大的差异。

图 3-3　综合、发达国家、新兴市场国家货币人民币汇率指数（2005—2020 年）

（资料来源：根据 Wind 原始数据测算得到）

之后，我们使用14种发达国家货币和10种新兴市场国家货币分别构建了发达国家货币人民币汇率指数和新兴市场国家货币人民币汇率指数。在2005—2020年，三个指数的波动趋势基本一致。综合人民币汇率指数和发达国家人民币汇率指数基本重合，这体现了发达国家货币在人民币汇率指数中权重较大的特点（14种发达国家货币权重共计占人民币汇率指数权重的80.49%）。我们发现，人民币汇率指数在2005—2008年主要呈上升趋势，而在2008—2010年呈小幅下降趋势。新兴市场国家人民币汇率指数在2005—2010年与发达国家货币汇率指数和综合人民币汇率指数基本重合。在2010年之后，新兴市场国家货币指数开始与其他两种人民币指数逐步呈现较大幅度的偏离，这体现了新兴市场国家货币币值不稳定的特点。

第二个阶段是从2015年8月11日至2020年底。为了提升人民币中间价定价机制的透明度，降低中央银行对人民币汇率中间价的干预，自2015年8月11日开始，中央银行要求主要外汇做市商参考前一天中国外汇交易中心的收盘价，综合考虑一篮子货币汇率变动，提供外汇报价。外汇报价的加权平均值将被确立为人民币汇率的中间价。改革后，人民币汇率中间价更加准确地反映了外汇市场上人民币的供需状况，更多体现了经济基本面的运行状况。

受“8·11汇改”的影响，2015年8月11日至2020年，人民币汇率结束了之前的单边升值趋势，开始双向波动。2017年5月，为了延缓人民币汇率的连续贬值趋势，中央银行决定在人民币汇率中间价的形成过程中加入逆周期因子。2018年1月，人民币兑美元汇率重回升值趋势，中央银行将逆周期因子调为中性。然而，2018年8月，人民币汇率再次出现持续贬值趋势。中央银行重启逆周期因子。2020年10月，随着外汇市场趋于稳定，逆周期因子再次淡出使用。

如图3-1所示，这一阶段中，人民币相对美元呈现先贬值之后双向波动的变动趋势，人民币相对日元、欧元和英镑的变动趋势与相对美元的变动趋势大致类似。人民币相对主要发达国家货币的变动趋势基本保持一致。

如图3-2所示，“8·11汇改”后，人民币汇率相对新兴市场国家货币的变动趋势出现了一定的差异。其中，人民币汇率相对马来西亚林吉特和泰铢的汇率变动趋势呈现贬值为主且波动较小的特征。同时，人民币汇率相对俄罗斯卢布和南非兰特而言则出现了升贬值共存、双向波动且波动幅度较大的特征。这部分体现了俄罗斯和南非在此期间经济基本面出现较大幅度变动的特征。

如图3－3所示，“8·11汇改”之后，综合人民币汇率指数、发达国家货币人民币汇率指数和新兴市场国家货币人民币汇率指数仍然保持相对一致的升贬值趋势。综合人民币汇率指数和发达国家货币人民币汇率指数的差异较小，而新兴市场国家货币人民币汇率指数却与其他两种指数有较大差异，呈现出更加剧烈的升贬值波动。这反映了新兴市场国家经济基本面不稳定，金融体系脆弱，以至于汇率出现剧烈波动。

综合以上，我们构建的三种汇率指数基本反映了第一次汇率制度改革后人民币汇率变动幅度增大、单边升值的运行趋势。同时，人民币汇率指数也较好地反映了第二次汇率制度改革后，人民币汇率双边变动频繁、波动剧烈、市场化程度上升的基本特征。人民币汇率指数较好地度量了企业面临的一篮子货币的汇率风险。发达国家货币汇率指数和发展中国家汇率指数也较好地反映了人民币相对部分发达国家货币和发展中国家货币汇率的变动趋势。我们构建的人民币汇率指数真实有效地反映了人民币的整体运行趋势。

3.2 公司汇率风险变动趋势

公司价值受汇率变动影响不但取决于汇率的变动大小，而且取决于公司价值相对汇率变动的敏感性，即汇率风险。如第2章所述，经典文献中分别在不同的数据频率下估计了公司层面的汇率风险。为了比较不同估计频率下公司汇率风险的时序变动差异，我们在图3－4中列出了2013—2017年月度数据滚动估计下（以48个月为滚动估计的窗口）综合汇率风险的估计结果和周度数据估计下（以48个周为滚动估计的窗口）综合汇率风险的估计结果。整体来看，周频率估计得到的公司汇率风险相对稳定，而月频率下滚动估计所得的汇率风险相对波动剧烈。然而，两种估计方法下得到的汇率风险的变动趋势基本一致，二者差值基本在0.50以内。这说明，虽然汇率风险的大小与估计方法有关，但是估计方法并不会改变汇率风险的变动方向和走势。

进而我们发现，在2013—2017年，公司的综合汇率风险呈现显著的上升趋势。2015年“8·11汇改”后，公司层面的汇率风险也出现了显著的上升。这说明在汇改前人民币汇率呈单边升值趋势，趋势基本可预期，公司层面的汇率风险相对较小。然而汇改后，人民币汇率呈现以贬值趋势为主的双向波动走势，趋势难以预期，公司层面的汇率风险显著上升。同时，我们发现，在2016年底到2017年，公司层面的汇率风险较之前小幅下降。这可能与中国人民银行在此期间引入了“逆周期因子”有关，它有效对冲了人民币汇率单边贬值的压力。

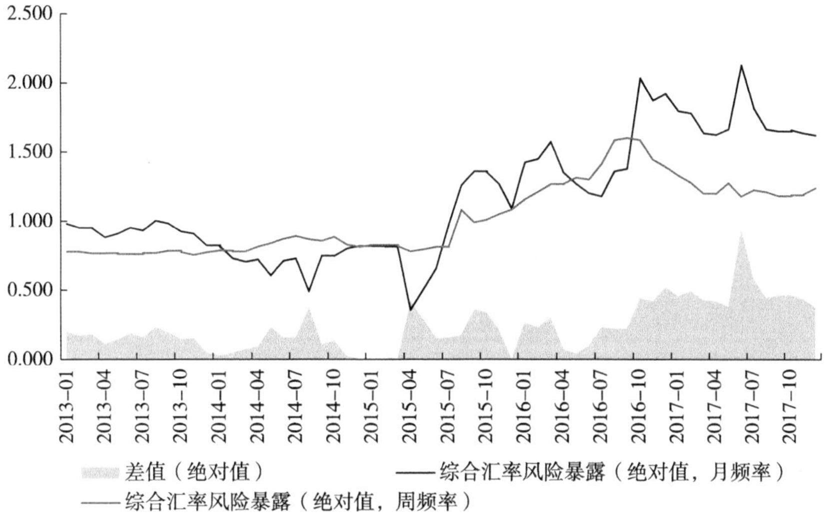

图3-4 不同估计频率下综合汇率风险时序变动比较（2013—2017年）

（资料来源：根据Wind和CSMAR原始数据测算得到）

我们进一步分别比较了不同种类汇率风险的差异。如图3-5所示，我们分别基于综合人民币汇率指数、发达国家货币汇率指数和新兴市场国家货币汇率指数估计了综合汇率风险、发达国家汇率风险和新兴市场国家汇率风险。我们发现，月度数据下，三种汇率风险的运行趋势基本一致，综合汇率风险和发达国家汇率风险的运行趋势高度重合。新兴市场国家汇率风险较其他两种汇率风险略有差异。这说明，不同货币指数计算所得的汇率风险走势基本一致，但不同种类的汇率风险也有一定的异质性，这反映了公司价值相对不同货币篮子的敏感性是有差异的。

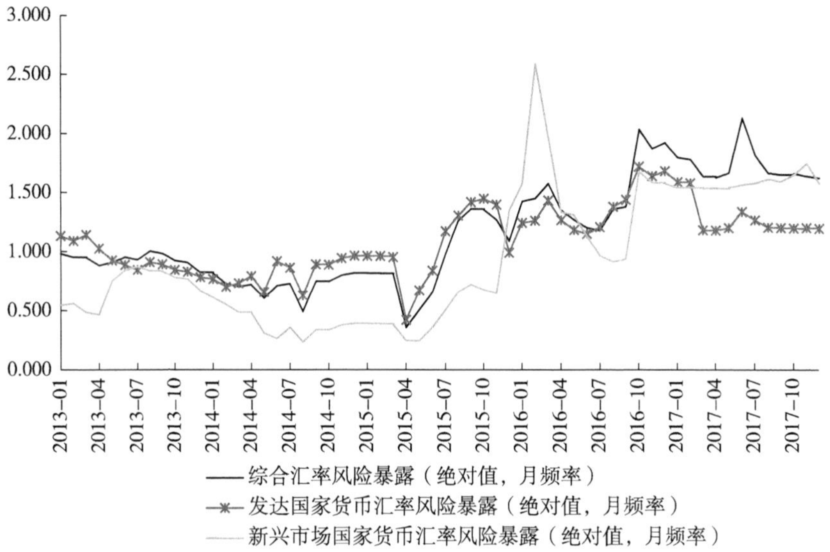

图 3－5　月度数据滚动估计下的综合汇率风险、发达国家货币汇率风险、新兴市场国家货币汇率风险（2013—2017 年）

（资料来源：根据 Wind 和 CSMAR 原始数据测算得到）

为了进一步验证周频率数据下估计的汇率风险变动趋势是否一致，在图 3－6 中，本书进一步绘制了周频率数据估计所得的综合汇率风险、发达国家货币汇率风险和新兴市场国家货币汇率风险。由此发现周频率估计下三种汇率风险的变动趋势仍然保持一致。新兴市场汇率风险仍然较另外两种汇率风险表现出更大幅度的波动。同时，在 2015 年“8・11 汇改”后，公司层面的汇率风险较之前出现了显著的上升。并且在 2017 年“逆周期因子”实施后，公司层面的汇率风险小幅下降。这进一步说明估计频率和汇率指数的选择不是影响公司汇率风险的主要因素。

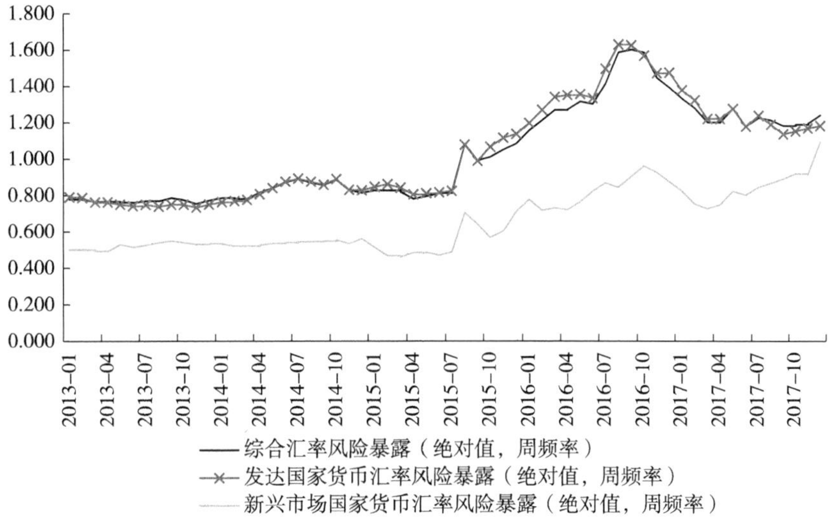

图3-6 周度数据估计下的综合汇率风险、发达国家货币汇率风险、新兴市场国家货币汇率风险（2013—2017年）

（资料来源：根据Wind和CSMAR原始数据测算得到）

根据Francis和Hunter（2012），正、负向汇率风险代表了公司的境外经营、投资和负债状况。汇率风险为正值的公司为净进口或主要承担境外债务的公司（以下简称净进口公司），人民币汇率相对一篮子货币升值将改善这类公司的贸易条件，增加它们的价值；汇率风险为负值的公司为净出口或拥有境外资产的公司（以下简称净出口公司），人民币汇率相对一篮子货币贬值将改善这类公司的贸易条件，增加这类公司的价值。如图3-7所示，本书分别绘制了周频率下估计的正向和负向汇率风险在各年度的均值。本书发现，同一年份内正向和负向汇率风险关于水平轴大致对称，沿纵轴呈现相反方向上的运动。这体现了同一年内，正、负向汇率风险的绝对水平同时增加或减少，这与人民币汇率的变动方向无关。同时，本书绘制了不同年份汇率风险为正的公司数目占全部公司数目的比例。本书发现，不同年份内汇率风险为正和为负的公司比例大致相当，这说明不同年份内“净进口公司”数目与“净出口公司”的数目大致相当。

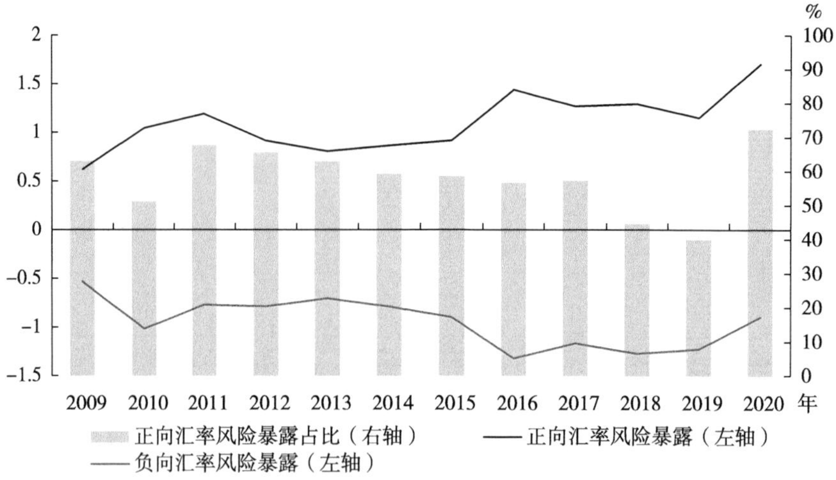

图 3－7　周度数据估计下的正向和负向汇率风险及正向汇率风险占比（2009—2020 年）

（资料来源：根据 Wind 和 CSMAR 原始数据测算得到）

3.3　汇率风险的显著性讨论

既有文献对汇率风险的显著性讨论较少。一方面，部分公司采用经营性对冲和金融性对冲两种方式，降低了公司层面的汇率风险的显著性，使公司价值相对汇率变动并不敏感，这被称为“汇率风险之谜”；另一方面，现有文献普遍认为，相较于汇率风险的显著性，汇率风险的数值更加重要。也就是说，虽然较大的汇率风险在统计意义上很少出现，但一旦出现，它对于公司价值的影响是巨大的。

涉及中国数据的文献中，仅有 He 等（2021a）讨论了中国公司的汇率风险。这篇文献计算的汇率风险是以日为单位的，且没有使用滚动估计。本书讨论的是在周度数据和月度数据下计算的汇率风险的显著比例，并且采用了滚动估计的方式。这里我们分别以 48 个月和 48 个周为窗口进行滚动估计。

如表 3－1 所示，月度数据滚动估计下，2009—2019 年，平均有 75.9% 的综合汇率风险在 10% 的显著性水平上显著，平均有 68.0% 的综合汇率风险在

5%的显著性水平下显著。而且，在此期间的绝大多数年份下，50%的综合汇率风险在10%的显著性水平下显著，有接近50%的综合汇率风险在5%的显著性水平下显著。这说明，全部公司在样本区间内至少有近一半的时间为公司价值显著暴露于汇率风险中。

表3-1 月度数据不同显著性水平下汇率风险显著比例（2009—2019年）

年份	综合（10%）	综合（5%）	发达国家货币（10%）	发达国家货币（5%）	新兴市场国家货币（10%）	新兴市场国家货币（5%）
2009	0.836	0.756	0.788	0.690	0.920	0.870
2010	0.808	0.722	0.745	0.642	0.930	0.883
2011	0.892	0.834	0.857	0.792	0.943	0.909
2012	0.940	0.912	0.924	0.889	0.961	0.931
2013	0.981	0.971	0.977	0.965	0.981	0.966
2014	0.899	0.865	0.897	0.858	0.890	0.861
2015	0.502	0.368	0.550	0.417	0.366	0.239
2016	0.593	0.475	0.650	0.541	0.313	0.204
2017	0.725	0.625	0.758	0.665	0.415	0.279
2018	0.714	0.618	0.753	0.665	0.463	0.340
2019	0.454	0.334	0.588	0.476	0.579	0.458
均值	0.759	0.680	0.772	0.691	0.706	0.631

资料来源：根据Wind和CSMAR原始数据测算得到。

另外，月度数据滚动估计下，2009—2019年，平均有77.2%的发达国家货币汇率风险在10%的显著性水平下显著，平均有69.1%的发达国家货币汇率风险在5%的显著性水平下显著。2009—2019年，平均有70.6%的新兴市场国家货币汇率风险在10%的显著性水平下显著，平均有63.1%的新兴市场国家货币汇率风险在5%的显著性水平下显著。根据He等（2021a）的数据结果，仅有20%的汇率风险在5%的显著性水平下显著。这说明，采用月频率数据滚动估计公司层面的汇率风险是对汇率风险估计的一种改进。

当然，为了保证汇率风险的显著性水平不会受数据频率的影响，在表3-2中，我们展示了以48个周为估计窗口，不同种类汇率风险的显著比例。

如表3-2所示，周度数据滚动估计下，2006—2020年，平均有55.5%的综合汇率风险在10%的显著性水平上显著，平均有44.7%的综合汇率风险在5%的显著性水平下显著。而且，在此期间的绝大多数年份下，50%的综合汇率风险在10%显著性水平下显著，有接近50%的综合汇率风险在5%显著性水平下显著。

表3－2 周度数据不同显著性水平下汇率风险显著比例（2006—2020年）

年份	综合（10%）	综合（5%）	发达国家货币（10%）	发达国家货币（5%）	新兴市场国家货币（10%）	新兴市场国家货币（5%）
2006	0.679	0.589	0.668	0.580	0.569	0.405
2007	0.532	0.420	0.532	0.421	0.464	0.290
2008	0.533	0.424	0.496	0.383	0.570	0.413
2009	0.520	0.405	0.512	0.399	0.415	0.247
2010	0.559	0.449	0.558	0.447	0.445	0.273
2011	0.572	0.468	0.570	0.465	0.447	0.279
2012	0.548	0.437	0.552	0.442	0.414	0.244
2013	0.523	0.411	0.515	0.401	0.431	0.261
2014	0.565	0.457	0.565	0.455	0.456	0.288
2015	0.542	0.435	0.566	0.463	0.438	0.266
2016	0.568	0.458	0.580	0.474	0.505	0.339
2017	0.546	0.434	0.543	0.432	0.448	0.277
2018	0.550	0.442	0.548	0.439	0.434	0.258
2019	0.517	0.404	0.518	0.404	0.391	0.219
2020	0.572	0.470	0.574	0.473	0.461	0.298
均值	0.555	0.447	0.553	0.445	0.459	0.290

资料来源：根据Wind和CSMAR原始数据测算得到。

另外，在周度数据滚动估计下，2006—2020年，平均有55.3%的发达国家货币汇率风险在10%的显著性水平下显著，平均有44.5%的发达国家货币汇率风险在5%的显著性水平下显著。2006—2020年，平均有45.9%的新兴市场国家货币汇率风险在10%的显著性水平下显著，平均有29.0%的新兴市场国家货币汇率风险在5%的显著性水平下显著。以上事实说明，不同频率下估计得到的中国公司的汇率风险的显著性比例相对较高，统计意义上的显著性基本不会干扰本书的进一步研究和分析。

第4章　中国资本市场汇率风险和传导机制研究

随着汇率市场化改革的推进，人民币汇率呈现出较强的双向波动特征，汇率风险成为企业日常经营和资本市场投资中不可忽略的风险点。本书对中国上市公司的汇率风险情况进行了全面刻画和分析，对比研究了“8·11汇改”前后上市公司的汇率风险情况及其决定因素。研究发现，“8·11汇改”后中国上市公司汇率风险程度加大，汇率指数风险比例提升，受极端汇率波动的影响加剧。进一步的研究表明，我国的汇率风险呈现明显的非线性特征，美元风险更多地体现为一种系统性风险。“8·11汇改”之前，企业异质性因素的解释能力较弱，随着汇改的逐步推进，公司规模、杠杆水平和流动性水平成为影响汇率风险的主要因素。本书对于厘清汇率风险的传导机制、防范和化解汇率风险有重要意义。

4.1　引言

自我国2005年实行汇率制度改革以来，人民币汇率形成机制不断市场化，人民币对世界主要货币的波动幅度逐渐扩大，形成了以市场供求为基础、参考一篮子货币进行调节，有管理的浮动汇率制度。2015年“8·11汇改”进一步完善了人民币汇率的中间价形成机制，人民币兑美元也由单一预期驱动迈入双向波动的汇率特征。然而，伴随着人民币汇率弹性的增强，人民币汇率波动对金融体系稳定性的影响日益显著。特别是自2018年6月以来，随着美联储加息，中美之间贸易冲突升级，人民币汇率波动加大，并呈现出较强的贬值趋势，中国股票市场也出现了较大的震荡。时任中国人民银行党委书记、中国银行保险监督管理委员会主席郭树清在接受《金融时报》记者采访时表示，人民币汇率经过去年以来的调整，已进入双向波动的合理区间，经济基本面决定了其不存在大幅贬值的可能。可一个不争的事实是，人民币汇率变动对资本市场价格的影响越来越明显。① 人民币汇率的剧烈波动，将会给我国金融市场带来巨大的风险。由此可见，如何防范和化解汇率风险是当前亟待解决的重大问题。回答这一问题的关键在于深入了解我国资本市场的汇率风险特征，厘清汇率风险的动态传导机制，这对政策制定者至关重要。

所谓汇率风险（exchange rate exposure），即企业在经营活动或投资活动中由于汇率不可预期的变动（汇率风险）而影响企业价值的程度。随着全球经济一体化，各国之间的经济联系日益密切，跨国企业的增长和产业链的全球分工扩大了企业所面临的汇率风险，汇率波动日益成为公司经营不确定性的重要来源。同时，由于竞争的加剧，一家企业即使没有海外收入和外汇业务，也会因同行业其他公司的汇率风险而作出经营策略的调整，从而产生汇率风险（Hodder，1982）。针对这一问题，国外学者进行了大量的研究。一方面，有学者构建理论框架探讨了汇率风险对企业经营行为的动态影响和作用机制（Bartram等，2010；Salomao和Varela，2018）；另一方面，有学者通过实证分析，度量企业汇率风险程度，并剖析了汇率风险影响企业生产和经营的传导渠道，拓展和丰富了该领域研究的实践意义（Wei和Starks，2013；Hutson和Laing，2014）。

然而，鲜有学者对中国的汇率风险问题进行深入系统的研究，究其原因，是长期以来人民币兑美元汇率弹性较低，企业的汇率风险有限且同质。随着人民币汇率市场化改革的推进，汇率弹性逐渐增强，外汇风险管理工具不断丰富，企业的汇率风险问题日益突出且异质性逐步扩大，汇率变动对资产价格的

① 以2018年6月14日至7月4日的人民币贬值时期为例，华纺股份7天6板带领纺织、电子、建材等行业股逆市上涨，而中国国航、南方航空等航空公司普遍下跌超过20%，保利地产、华夏幸福等地产股下跌超过15%。

影响也越来越明显。研究企业对汇率风险的敏感程度和应对措施不仅具有重要的实践意义，也为相关理论的完善和中国金融政策的制定提供了重要依据。

利用2005年7月21日汇改以来所有A股上市公司的数据，本书系统地探究了企业在不同时间区间对不同币种的汇率风险比例和影响程度，并对其决定因素和传导机制进行了分析。研究结果表明：第一，“8·11汇改”后汇率风险的程度加大，汇率指数风险比例提升，受极端汇率波动的影响加剧。第二，汇率波动对企业价值的影响展现出显著的异质性和非线性特征，美元风险更多地体现为一种系统性风险，尤其是人民币兑美元贬值。第三，从汇率风险的影响机制来看，“8·11汇改”之前异质性的风险因素并不显著，随着汇改的逐步推进，公司规模、杠杆水平和流动性水平成为影响上市公司汇率风险程度的重要因素。

本章的结构如下：第二部分是对文献的回顾和讨论，主要内容包括汇率风险与公司价值的关系，以及汇率风险的度量；第三部分是研究设计，系统地探讨汇率风险的测度方法和汇率风险的潜在决定因素；第四部分是对汇率风险进行描述统计分析，以及对相关决定因素的实证分析和稳健性检验；第五部分是进一步的分析与讨论，具体包括增添宏观因子和事件研究分析；第六部分是对本章的总结和讨论。

4.2 文献回顾和讨论

4.2.1 汇率风险与公司价值

随着布雷顿森林体系的瓦解，外汇市场的波动明显加剧，汇率风险日益成为影响企业经营现金流和企业价值的重要因素（Bartov等，1996）。汇率波动对企业价值的影响程度（汇率风险）日益成为学术界关注的重点问题。已有的文献主要从企业的经营活动和对冲行为两个角度探讨汇率波动和企业价值之间的关系。

首先，汇率风险水平与企业的经营行为有关。拥有大量外币业务如海外收入和外币债务的企业，其现金流与汇率波动密切相关，因而企业价值更容易受到汇率波动的影响（Jorion，1990；He 和 Ng，1998；Dominguez 和 Tessar，2006；Wei 和 Starks，2013；Hutson 和 Laing，2014）。Froot 等（1993）进一步指出，存在投资不足问题（underinvestment problem）的公司，其公司价值更容易受到汇率波动的影响。杠杆率高的企业或者发展前景较好的企业会面临更大的投资不足问题，使得企业更容易受到汇率变动的冲击。① 企业经营稳健性也与汇率风险密切相关。企业的短期流动性贮藏和较低的财务杠杆率降低了陷入财务困境的可能，从而缓解了现金流波动对汇率变动的敏感性（Nance 等，1993；Hustson 和 Stevenson，2010；Wei 和 Starks，2013）。

其次，企业的对冲行为影响了汇率风险水平。外汇衍生品是对冲汇率风险的有效工具，能够降低企业的汇率风险（Geczy 等，1997；Bodnar 等，1998）。因而，企业从事对冲行为的动机是重要解释因素。Pantzalis 等（2001）研究发现，汇率风险更高的企业更有动机进行对冲，降低其实际面临的汇率风险。高杠杆的企业为了避免自身受到汇率波动的影响过大，更有激励从事外汇对冲（He 和 Ng，1998）。短期流动性较高的企业则缺乏对冲汇率风险的动机（Froot 等，1993）。同时，企业从事对冲行为的成本和对冲工具的可获得性也是重要解释因素。Nance 等（1993）指出，对冲成本存在规模经济效益，企业规模越大从事对冲行为的成本越低，越有动力去从事对冲行为，从而降低汇率风险程度。Wei 和 Starks（2013）认为，陷入财务困境的企业更难进入金融市场来通过各种对冲措施管理汇率风险，使得其在面对汇率波动的时候更加脆弱。

无论是企业经营、对冲工具使用，还是行业因素，都是从微观传导机制方面分析汇率波动如何影响公司价值。此外，还有一些学者从宏观制度因素的角度进行讨论。例如：Chaieb 和 Mazzotta（2013）证明了宏观经济变动会驱动汇率风险的动态变化；Lin（2011）发现，1997 年亚洲金融危机和 2008 年国际金

① 汇率波动会影响企业的现金流，导致企业短期现金流波动加大，从而更有可能放弃净现值（Net Present Value，NPV）为正的投资机会，面临投资不足问题。杠杆率高的企业由于应对现金流波动的成本更高，发展前景好的公司放弃投资机会的损失更大，因而其面临更严重的投资不足问题，汇率波动对企业价值的影响更为显著（Froot 等，1993；Campello 等，2010）。

融危机期间，亚洲新兴市场国家的汇率风险明显增加；Krapl（2019）认为，欧元的引入提高了发达国家货币的可分散性，从而降低了汇率风险。

相比于国外的研究，中国企业的汇率风险可能更容易受到我国特有的制度因素和现实条件的影响。在2005年“7·21汇改”之后，人民币汇率波动幅度加大，但仍然保持对美元的相对稳定（王芳，2013），这在一定程度上影响了企业的风险程度。在2015年“8·11汇改”之后，中央银行逐渐退出相机抉择式的外汇干预，也将外汇市场调控的“锚”转向汇率指数（何青等，2018）。企业也会逐渐从单一美元对冲到更加注重经营对冲等多元化的解决方案，体现在汇率风险的决定因素上则是汇率指数的风险中有更多的企业特质的影响因素。

最后，我国企业汇率风险水平也可能与人民币相关的对冲工具市场供给不足和汇率风险管理意识的缺失有关。随着我国企业海外业务的不断增加，海外收入和海外借债成为影响企业业绩的重要因素。然而，现有的衍生金融工具，不管从交易的品种，还是从交易的成本来看，都难以满足企业对冲汇率风险的需求。[①] 汇率风险管理意识的缺失，一方面体现在日常经营中，负债进行海外扩张却不重视融资币种结构（如中国的采矿业）；另一方面体现在财务经营中，一些中国企业甚至利用对冲工具进行投机操作（如中信泰富），使对冲行为没有收到应有的成效。

4.2.2 汇率风险的实证度量

在最初的文献中，Adler和Dumas（1984）直接用股票收益率对汇率变动进行回归，其回归系数就是汇率风险。这种方法开创了实际汇率风险度量的先河，但在这个方法中没有纳入市场收益率变量作为控制变量，估计结果可能会受系统性风险的影响。应用最多的汇率风险的实证度量方法由Jorion（1990）提出。该方法控制市场收益率下的股票收益率对汇率变动的回归系数。利用这种实证方法，学者发现，仅有小部分的上市公司存在汇率风险问题。例如：

---

① 2019年3月，时任中国人民银行行长易纲在中国发展高层论坛上表示，要创造条件，提供足够对冲工具，使各类投资者都能够有效对冲和管理风险。

Jorion（1990）对287家美国跨国企业分析，仅发现了5.2%的企业存在显著的汇率风险；He和Ng（1998）对171家海外收入占比超过10%的日本跨国企业分析，仅发现了26.3%的企业存在显著的汇率风险。这些研究的模型常常假定汇率变动对企业价值的影响是线性的。然而，越来越多的研究发现，企业的滞后决策、对冲操作和违约等行为，使得本币在升值和贬值及正常波动和极端波动等不同情形下，汇率变动对企业价值的影响存在显著差异，即汇率风险存在了非线性特征（Ware和Winter，1988；Knetter，1994；Christophe，1997；Bartram，2004）。[①] 众多学者在进行非线性汇率风险的实证度量后发现，上市公司的汇率风险程度明显提升（Koutmos和Martin，2003；Bartram，2004；Priestley和Odegaard，2007；Boudt等，2016）。例如，在考虑波动幅度的非线性和本币升贬值的非线性后，Bartram（2004）发现欧洲货币单位的风险从10.5%上升到42.4%，存在一个明显的跃升。

除了实证模型的设定，汇率变量的选择也是文献中分歧较大的地方。以贸易为权重的汇率指数作为汇率的代理变量可以平衡各个不同币种对汇率风险的影响，为多数重要文献所采用（Jorion，1990；He和Ng，1998；Hutson和Laing，2014）。然而，大部分企业的经营业务受特定币种变动的影响，使用汇率指数可能会平滑特定货币的影响，从而降低企业面临的汇率风险。Williamson（2001）利用汽车行业的数据证明了这一观点。很多学者也在实证研究中表明，现阶段与美元相关的汇率风险是汇率风险的重要来源，因此在汇率变量的选择中主要使用与美元的双边汇率（Booth和Rotenberg，1990；Khoo，1994；Griffin和Stulz，2001）。对于美国跨国公司的研究，则选择美元与英镑、欧元、德国马克、日元的双边汇率进行研究，如Miller和Reuer（1998）、Priestley和Odegaard（2007）等。

① 例如，Christophe（1997）认为，企业的滞后行动（hysteretic behavior）带来了非线性的竞争效应（competitive effect），在本国货币贬值的时候，新的竞争者会纷纷进入市场。随着货币开始升值，由于前期投入的大量沉没成本，企业并不会选择离开这个市场，而是忍受汇率波动的损失继续在市场中发展。沉没成本的考虑也与货币升值的幅度密切相关，货币升值太多会促使企业放弃市场。

4.3 研究设计

4.3.1 汇率风险的测算

参考已有的文献，我们用控制市场收益率下个股收益率对汇率变动的敏感性来度量企业的汇率风险程度（He 和 Ng，1998；Bartram，2004；Hutson 和 Laing，2014）。其具体定义如下：

$$R_{it} = \alpha_i + \beta_i R_{Mt} + \gamma_i R_{st} + \varepsilon_{it} \tag{4-1}$$

式（4-1）中，R_{it}是个股 i 在 t 期的对数收益率与无风险利率之差；R_{Mt}是 t 期市场对数收益率与无风险利率之差；R_{st}是汇率的对数变动率，我们将所有的汇率转换成一单位人民币代表多少外币的形式，R_{st}为正值表示人民币升值；个股收益率对汇率变动的反应系数γ_i就是汇率风险程度，符号为正号表明人民币升值带来股价上涨，符号为负号代表人民币贬值带来股价上涨。为了更好地捕捉股票市场和外汇市场中波动率聚集的特征，用 GARCH（1，1）的模型对方差进行估计（Koutmos 和 Martin，2003）。① 参考之前的研究文献，无风险利率选择的是中国人民银行公布的 3 个月整存整取的基准利率，市场指数选择的是沪深 300 指数，汇率的数据是人民币汇率中间价和汇率指数。所有的数据为日数据，来源是锐思数据库和中国人民银行。

如上所述，由于企业滞后决策、对冲行为等因素导致企业汇率风险存在非线性特征，即本币在升值和贬值及正常波动和极端波动等不同情形下，汇率变动对企业价值的影响存在显著差异。线性汇率风险的估计可能会低估企业实际面临的汇率风险。本书进一步从波动幅度的非线性和本币升贬值的非线性两个角度来测算企业的汇率风险程度。

首先，参考 Bartram（2004）的研究方法，我们采用汇率波动的三次方来

---

① 与 Koutmos 和 Martin（2003）一致，本书对于 GARCH 模型的估计方法基于 Berndt 等（1974）。GARCH 模型对数据样本提出了较高的要求，在给定时间区间中，将缺少 20% 及以上交易日数据的样本剔除。例如，两年一共有 481 个交易日，本书只计算存在 384 个及以上交易日数据的上市公司。

研究对于日常汇率变动和极端汇率变动的不同风险特征，具体模型设定如下。

$$R_{it} = \alpha_i + \beta_i R_{Mt} + \gamma_i R_{st}^3 + \varepsilon_{it} \tag{4-2}$$

式（4－2）中，R_{st}^3是一个汇率变动的三次方项。三次方非线性形式的选择并不意味着汇率波动和企业价值的关系就是三次方的形式，这样的设定只是为了刻画汇率变动对企业价值的凸性特征，即随着汇率波动的增大，一单位汇率波动对企业价值的影响也在增大。

其次，对于货币升值和贬值的非对称性特征，本书采用符号差异检验（sign bias test）进行研究，用式（4－1）的回归残差对汇率变动的符号及其大小进行回归，具体的方式如下：

$$\frac{\varepsilon_{it}}{\sigma_{it}} = \mu_i + \tau_i \mathrm{Sign}_t + \varphi_i \mathrm{Sign}_t R_{st} + \omega_i (1 - \mathrm{Sign}_t) R_{st} + \theta_i \tag{4-3}$$

式（4－3）中，Sign_t是一个符号变量，若R_{st}为负值，则Sign_t取值为1，否则，其取值为0；τ_i、φ_i和ω_i一起展示了正向和负向汇率变动对企业价值的差异性影响。与式（4－2）的检验不同，三次方的形式虽然刻画了汇率波动对企业价值影响的凸性特征，但还是会受制于特定的函数形式。符号差异检验是在线性汇率风险模型的基础上进一步扩展，更具备一般性。τ_i刻画了升值和贬值的非对称性的影响，φ_i和ω_i的显著表明了残差中仍然有可以被汇率波动（分为贬值和升值）解释的成分，也一定程度上体现了其影响的凸性特征。

最后，为了进一步对比，我们采用式（4－4）进行回归，然后利用其残差对式（4－3）进行估计。式（4－4）与式（4－1）相比少了汇率变动的变量。通过对比分析，我们可以得出市场指数变动中涵盖了多少汇率波动的影响（Bartram，2004）。[①] 式（4－4）具体如下：

$$R_{it} = \alpha_i + \beta_i R_{Mt} + \varepsilon_{it} \tag{4-4}$$

4.3.2 汇率风险的决定因素

为了探讨汇率风险的传导机制，采用式（4－5）研究汇率风险的决定因

① 在这里，Bartram（2004）试图回答：估计汇率风险程度的方程中，是否应该涵盖市场指数收益率。不可否认的是，市场指数收益率中包含了汇率波动带来的系统性风险因素，但对于企业而言，汇率风险更重要的现实意义在于其异质性的影响。

素。汇率风险程度 γ_i 可正可负，因此利用绝对值的方法来一般化地度量上市公司汇率风险的程度（Bartram 等，2010；Wei 和 Starks，2013）。其具体的回归模型如下：

$$|\gamma_i| = a_1 + a_2 \text{size}_i + a_3 \text{ForSales}_i + a_4 \text{ForLib}_i + a_5 \text{Leverage}_i + a_6 \text{QR}_i + a_7 \text{DE}_i + a_8 \text{BM}_i + \text{IndDummys} + \varepsilon_i \quad (4-5)$$

解释变量的选择参考前人的研究，主要包括企业规模（size_i）、海外收入占比（ForSales_i）、非人民币借款占比（ForLib_i）、资产负债率（Leverage_i）、速动比率（QR_i）、长期负债率（DE_i）和账面市值比（BM_i）。根据上一节的文献讨论，结合中国实际，预计的变量回归结果见表4－1。

表4－1 汇率风险决定因素的理论解释和回归预期

变量名称	理论解释（正）	理论解释（负）	中国实际	理论预期	中国预期
企业资产规模		对冲的规模经济；更注重多元化经营		负	负
海外收入占比	直接产生外汇风险敞口	外币成本高于外币收入	投机操作导致过度对冲	不确定	不确定
非人民币借款占比	直接产生外汇风险敞口	是对存在海外业务收入的一种对冲行为	利用融资成本差异过度借外债	不确定	不确定
资产负债率	面临更大的投资不足问题；放大汇率波动对现金流的影响	更有激励从事外汇对冲行为	中国企业的对冲意识较低	不确定	正
速动比率	缺乏进行对冲的动机	流动性贮藏可以缓解汇率波动冲击	中国对冲成本较高，流动性贮藏是普遍的防范措施	不确定	正
长期负债率	财务困境企业难以获得对冲工具	财务困境企业更有激励进行对冲行为	中国企业的对冲意识较低	不确定	不确定
账面市值比	高成长企业更有激励进行对冲，且从对冲中收益最大	高成长机会意味着更高的投资不足问题	中国企业的对冲意识较低	不确定	负

在实证研究中，行业变量对汇率风险有很强的解释能力（Bartram，2004）。企业所处的行业很大程度上影响了企业的定价权、价格的汇率传递、对冲的难易程度和相对生产成本（Allayannis 和 Ihrig，2001；Bartram 等，2010）。行业对汇率风险的强大解释力至少源于两个方面：第一，行业影响了汇率冲击影响

企业的途径和方式。对于贸易品行业，汇率冲击主要通过影响经营现金流影响企业；对于非贸易品行业，汇率冲击主要通过资源分配效应（reallocation effect）和经济风险（economic exposure）影响企业。第二，行业特征决定了行业内部企业应对汇率冲击的方式。高竞争的行业很难通过汇率传递分散汇率风险（Bodnar 等，2002），金融对冲几乎是应对汇率冲击的唯一有效手段。因此，本书采用证监会行业分类的二级行业分类作为虚拟变量纳入回归中。相较于一级行业分类，二级行业分类可以进一步控制占全部上市公司半数以上的制造业内部的异质性。解释变量数据来源于 CSMAR，取值为年份均值。①

4.4 描述统计和实证分析

4.4.1 汇率风险的币种选择

本书同时选择汇率指数和人民币与主要货币的双边汇率作为汇率的指标。依据数据的可得性，我们选择美元、欧元、日元、港元和英镑，② 以及五种货币所构造的汇率指数。③ 图 4－1 展示了五种货币及汇率指数 2005—2017 年的走势情况。从汇率走势上看，人民币兑美元一直升值，在“8·11 汇改”之后才出现反转，人民币由升值较为贬值，2017 年上半年人民币开始进入升值通道。对于欧元的双边汇率，“8·11 汇改”前人民币在波动升值，在“8·11 汇改”后转为贬值。中国在后金融危机时期中复苏更早，欧洲深陷国内危机，长期维持低利率水平，在 2010 年中国重启汇改后，人民币相对于欧元开始呈现

---

① 为了克服极端值对本书结果的影响，增强文章的可靠性，我们对财务变量前后 1% 进行了 Winsorize 处理。因为金融行业的财务报表与其他行业有较大差异，所以在决定因素的分析中剔除了所有金融业上市公司。

② 自 2006 年 1 月 4 日起，中国人民银行授权中国外汇交易中心对外公布当日人民币兑美元、欧元、日元和港元汇率中间价，作为当日银行间即期外汇市场以及银行柜台交易汇率的中间价，2006 年 8 月 1 日起公布人民币兑英镑汇率中间价。其他货币相对于这五种货币交易量低，且中间价的公布时期在 2010 年之后时间区间较短，因此本书并不考虑其他货币的风险。中间价公布之前的汇率选择中国人民银行公布的即期汇率。

③ 汇率指数的构建方法与 CFETS 汇率指数的构建方法相一致，都是考虑转口贸易的贸易权重法，权重的变更以月为单位。

升值趋势。日元兑人民币在2006—2012年表现为日元升值，人民币贬值，2012年“安倍经济学”推出后，人民币相较于日元快速升值，“8·11汇改”后趋势有所反转。英镑兑人民币的汇率在金融危机时期急速下降，之后在相当长的时间内保持了相对稳定的水平。从汇率指数来看，人民币在2005—2015年一直处于相对升值中，而在“8·11汇改”之后到2016年底，贬值了近15%，在2017年初开始逐步稳定。从汇率波动性上看，美元兑人民币汇率的走势在“8·11汇改”之前，波动性较小。欧元、日元和英镑汇率走势有非常明显的“锯齿状”，尤其是欧元和日元汇率，在1~3年内常常会出现汇率走势的大幅波动。汇率指数的走势则较为平滑，除了2008年7—9月金融危机时期和2015年8—10月汇改时期，其他时期波动较小。

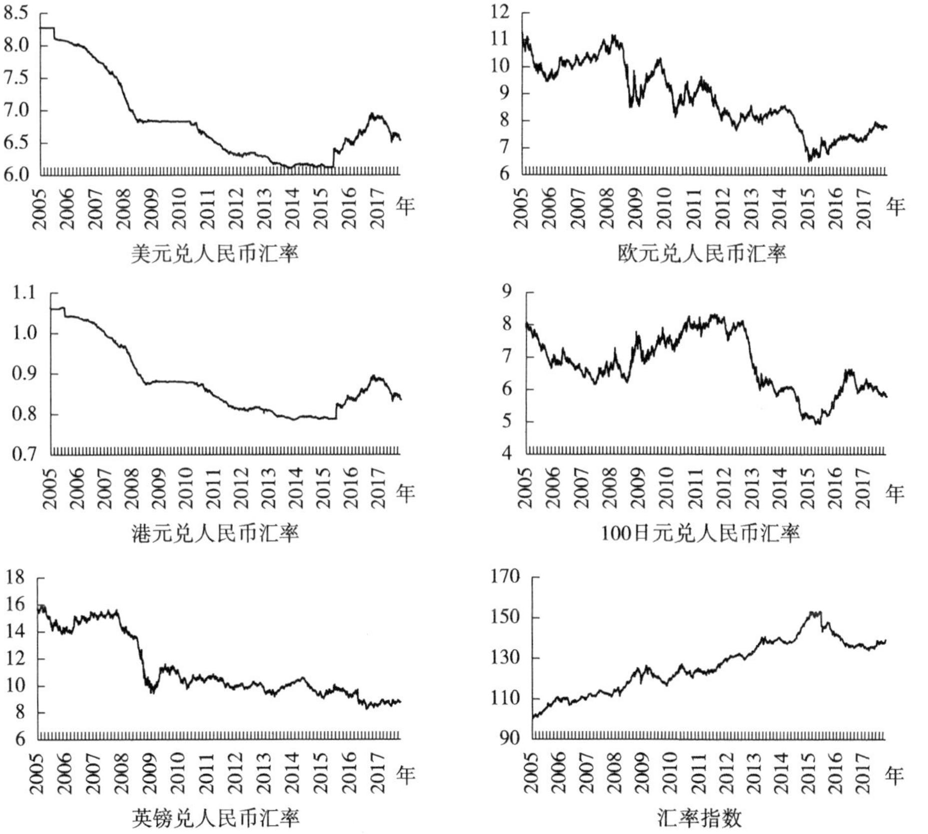

图4-1 人民币汇率走势

（资料来源：中国人民银行，Wind金融数据终端）

4.4.2 线性汇率风险的描述性分析

本书依据汇率市场化改革的关键时点将样本划分成不同的区间进行分析。首先，2005 年 7 月 21 日和 2015 年 8 月 11 日，是中国自 1994 年之后最重要的两次汇改时间点（李政，2017；赵进文和张敬思，2013）。其次，2008 年国际金融危机爆发后，人民币保持了对美元的相对稳定，直到 2010 年 6 月 19 日，中国人民银行发布公告称将进一步推进人民币汇率形成机制改革，人民币兑美元汇率才开始重新波动。① 因而，本书将样本划分为三个时间区间：2005 年 7 月 21 日至 2015 年 8 月 11 日、2010 年 6 月 19 日至 2015 年 8 月 11 日和 2015 年 8 月 11 日至 2017 年 12 月 31 日。

表 4-2 展示了我国上市公司对于主要货币波动的风险情况。每一种货币所对应的上行数据表示汇率风险的比例。若式（4-1）中 γ_i 在 5% 的显著性水平上显著，则认为其存在汇率风险。负向风险表明人民币贬值有利于股票上涨，正向风险表明人民币升值有利于股票上涨。本书以 2010 年 6 月 19 日至 2015 年 8 月 11 日和 2015 年 8 月 11 日至 2017 年 12 月 31 日的结果为主要分析对象，以 2005 年 7 月 21 日至 2015 年 8 月 11 日的结果为参考。② “8·11 汇改”之后，有 11.7% 的上市公司存在美元风险，与之前的比例 11.8%、18.9% 相比有所下降。日元和港元风险也仅与“8·11 汇改”之前略有变化。欧元和英镑的风险分别由 11.5%（29%）③ 和 16%（32.4%）降低到 8.8% 和 8.7%，有明显的降低。汇率指数的风险在“8·11 汇改”之后有一定程度的上升，由 11.8%（16.3%）到 18.8%。欧元和英镑在“8·11 汇改”前风险较高，主要

① 如图 4-1 中所示，人民币兑美元汇率中间价在 2008 年至 2010 年长期维持在 6.82~6.84，为事实上盯住美元的固定汇率制度。

② Reinhart 和 Rogoff（2004）曾指出，一国的事实汇率制度和法定汇率制度常常会出现不一致的情况。2008 年国际金融危机期间，人民币兑美元汇率中间价维持在 6.82~6.84，成为事实上的盯住美元的汇率制度，影响了该段时间内汇率风险的度量。直到 2010 年 6 月 19 日，中国人民银行发布公告，决定进一步推进人民币汇率形成机制改革。感谢匿名审稿专家的建议，我们进行了两种稳健性讨论：第一，在 2005 年 7 月 21 日至 2015 年 8 月 11 日的时间区间中去除 2008 年 9 月至 2010 年 6 月盯住美元汇率制度的时间段；第二，估计 2005 年 7 月 21 日至 2008 年 9 月的结果，结果均为汇率指数的风险加大，而美元的汇率风险降低。感兴趣的读者可以来信咨询。

③ 括号中为 2005 年 7 月 21 日至 2015 年 8 月 11 日的估计结果。

是由于稳定美元的汇率政策增加了其他货币的风险。另外，从表4－2中可以发现，在“8·11汇改”之前，主要体现为正向的风险，而“8·11汇改”之后主要体现为负向的风险。表4－2中每一种货币所对应的下行括号中的数值表示存在汇率风险的上市公司受影响的程度，具体表示一个标准差的正向汇率变动（人民币升值）与式（4－1）中估计的风险系数γ_i的乘积。2010年6月19日至2015年8月11日，美元汇率风险的影响程度最大。“8·11汇改”后汇率指数风险的影响程度在加大。上市公司存在欧元和英镑汇率风险比例虽然不高，但是影响程度却较大。金融危机与汇改施行的年份常常会出现金融市场的剧烈波动，这些特殊年份可能会对估计结果有所干扰。因此，本书也考虑以自然年度为标准进行划分（具体包括2006—2007年、2011—2012年、2013—2014年和2016—2017年）来分析“8·11汇改”前后的汇率风险情况。表4－3展示了相应的结果，从中可以看出主要结论并没有发生变化：美元汇率风险下降，“8·11汇改”之后更多地体现为汇率指数的风险。

表4－2　中国上市公司的线性汇率风险比例和影响程度

货币名称	2005年7月21日至2015年8月11日		2010年6月19日至2015年8月11日		2015年8月11日至2017年12月31日	
	负（%）	正（%）	负（%）	正（%）	负（%）	正（%）
美元	9.2 （－0.128）	2.6 （0.132）	17 （－0.222）	1.9 （0.177）	9.6 （－0.187）	2.1 （0.170）
欧元	3.1 （－0.159）	25.9 （0.115）	4.8 （－0.143）	6.7 （0.114）	5.7 （－0.199）	3.1 （0.182）
港元	7.3 （－0.128）	2.1 （0.111）	14.4 （－0.208）	1.9 （0.151）	10.2 （－0.189）	1.7 （0.173）
日元	8.7 （－0.109）	3.5 （0.102）	1.9 （－0.127）	9 （0.133）	7.3 （－0.209）	1.7 （0.129）
英镑	2.5 （－0.160）	29.9 （0.117）	2.5 （－0.169）	13.5 （0.148）	4.3 （－0.180）	4.4 （0.172）
汇率指数	3.3 （－0.155）	13 （0.113）	5 （－0.138）	6.8 （0.124）	16.4 （－0.221）	2.4 （0.157）

注：每一种货币所对应的上行数据代表存在汇率风险的上市公司比例（%），下行括号中的数据代表存在汇率风险的上市公司的受影响程度。

表4-3 中国上市公司的线性汇率风险比例

货币名称	2006—2007年		2011—2012年		2013—2014年		2016—2017年	
	负（%）	正（%）	负（%）	正（%）	负（%）	正（%）	负（%）	正（%）
美元	6.4	4.1	6.3	4.4	2.6	4.2	3.4	3.4
欧元	2.7	10.3	2.6	10.4	4.7	5.6	4.7	2.3
港元	3.3	5.1	4.6	4.6	2.2	4.8	3.9	3.2
日元	12.1	2.6	1.6	7.1	2	8.4	7.7	2.9
英镑	2.2	6.9	2.2	14.8	1.9	8.8	3.5	6
汇率指数	5.4	3.9	2.2	11.2	2.3	6.5	8.6	2.4

“8·11汇改”之后汇率风险对企业的影响加大，行业差异性也逐渐显露。表4-4展示了“8·11汇改”后不同行业的汇率风险情况。首先，贸易品行业从事跨国贸易比例高，汇率波动直接影响当期和未来的现金流。从线性汇率风险的部分可以看到，纺织业、造纸业和设备制造业主要体现为负向的汇率风险，这些行业比较依赖国外市场，表明人民币贬值在一定程度上可以改善企业的经营情况。然而，对于食品制造业等主要内销的行业，则体现为正向的汇率风险。这一方面是由于货币贬值带来的资源重新分配效应，使得更多资源转移到出口行业，另一方面货币贬值带来的购买力下降也使这些行业面临正向汇率风险。其次，存在定期外币支付的行业也会受汇率波动的直接影响。因为交通运输、仓储和邮政业中航空公司的飞机常需外币融资，所以受人民币贬值影响很大，表现为正向的汇率风险。一般意义上来说，逆周期的行业包括医药制造业和文化、体育和娱乐业会受到汇率冲击的影响，比如医药公司的国外专利费用的支付、影视公司的国外投资都会受到汇率波动的影响。最后，汇率冲击通过影响经营现金流、外币融资成本和未来发展战略等多种渠道综合影响行业，最具代表性的是采矿业和房地产业。中国采矿业是一个内外销并重的行业，并且会通过判断供求预期来调整存货储备，汇率波动会直接影响采矿业的储备策略。同时，对汇率走势判断也是采矿业海外收购买矿的重要参考。房地产业不仅在海内外经营房产，还会同时进行本外币融资。另外，汇率作为经济的“晴雨表”也会影响地产销售。从表4-4的结果来看，虽然采矿业和房地产业对

美元的风险较低，但是汇率指数的风险较高，这一方面是由于这些行业普遍应用外汇衍生品来套期保值，另一方面是由于经营地域多元化、收入来源多元化也从经营上分散了单一汇率风险。

表4－4 2016—2017年中国上市公司分行业汇率风险①

行业名称	家数	美元负（%）	美元正（%）	指数负（%）	指数正（%）
农、林、牧、渔业	36	2.8	5.6	11.1	2.8
采矿业	56	0.0	8.9	21.4	5.4
制造业	1441	3.9	3.0	8.9	2.0
食品制造业	31	0.0	9.7	6.5	9.7
纺织业	29	10.3	0.0	10.3	0.0
造纸及纸制品业	23	4.3	4.3	13.0	0.0
医药制造业	152	5.9	3.9	6.6	2.0
专用设备制造业	128	2.3	4.7	8.6	2.3
汽车制造业	76	3.9	1.3	9.2	1.3
铁路、船舶、航空航天和其他运输设备制造业	33	6.1	0.0	12.1	3.0
计算机、通信和其他电子设备制造业	191	7.3	1.0	9.9	1.6
电力、热力、燃气及水生产和供应业	92	4.3	4.3	4.3	5.4
建筑业	67	1.5	1.5	6.0	1.5
批发和零售业	124	3.2	0.0	11.3	0.0
交通运输、仓储和邮政业	81	2.5	7.4	7.4	3.7
金融业	59	5.1	1.7	3.4	3.4
房地产业	98	1.0	4.1	10.2	3.1
文化、体育和娱乐业	31	3.2	6.5	12.9	0.0

4.4.3 非线性汇率风险的描述性分析

表4－5汇报了上市公司不同时间段非线性汇率风险的情况。对比表4－2和表4－5不难发现，"8·11汇改"之后中国上市公司对于极端汇率波动更为敏感，更多中国上市公司存在非线性的汇率风险，存在美元非线性汇率风险的

① 受文章篇幅限制，仅展示重要行业的汇率风险情况。"8·11汇改"之前的分行业汇率风险，以及非线性汇率风险同样受限于文章篇幅，感兴趣的读者可以向笔者咨询。

比例为27.4%，远远大于线性风险比例（11.7%）。汇率指数的风险的比例，从线性的18.8%上升到非线性的25.3%。在“8·11汇改”之前，美元风险没有显示出非线性特征，以自然年度分类的结果表现出相同的特征。主要原因在于人民币兑美元的波动幅度有限，极少有极端汇率波动。从时间维度上对比，随着汇率市场化的推进，各个币种呈现出越来越明显的非线性特征，例如，汇率指数的非线性汇率风险从14.7%上升到25.3%，这一方面说明人民币汇率市场化改革使得人民币汇率双向浮动的特征更加明显，另一方面也体现市场更加关心外汇风险敞口对企业经营的影响。

表4-5　中国上市公司的非线性汇率风险比例

货币名称	2005年7月21日至2015年8月11日		2010年6月19日至2015年8月11日		2015年8月11日至2017年12月31日	
	负(%)	正(%)	负(%)	正(%)	负(%)	正(%)
美元	0.7	0.3	11.3	2.2	23.1	4.3
欧元	1.5	6.3	6.4	5.8	15.3	3.4
港元	2.1	2.4	9.8	2.8	23.1	4.6
日元	3	4.7	1.4	4	8.1	2.7
英镑	3.7	17.6	4.1	11.4	1.8	3.6
汇率指数	3.1	11.6	6.5	4.1	20.2	5.1

货币名称	2006—2007年		2011—2012年		2013—2014年		2016—2017年	
美元	4.9	4	6.8	4.6	4.6	7.5	9.2	3
欧元	2.9	5.1	3.5	6.8	2.2	3.6	6.1	5
港元	4	4.8	2.4	4	3.7	8	8.8	3.4
日元	7.7	3.1	2	5	1	2.4	7.5	3.2
英镑	3.6	5.1	3.3	10.1	2.6	10.9	1.1	4.9
汇率指数	2.7	3.2	2	6.2	2.7	6.8	12.2	4.3

表4-6展示了符号差异检验的结果，从Panel A结果中来看，“8·11汇改”之后，存在升贬值非对称性的美元和汇率指数的风险分别为4.8%和13.3%，占存在线性风险上市公司的41.0%和70.7%，表明中国A股上市公司汇率风险存在升贬值的非线性特征。对比Panel B汇报的汇改之前的数据，在存在线性风险的上市公司中，分别有29.1%和31.4%的公司存在美元和汇率

指数升贬值的非对称性，说明非线性特征在“8·11 汇改”之后进一步凸显。剔除汇率波动项后，汇率指数风险比例明显提升，由 6.4% 和 4.3% 上升至 10.1% 和 8.6% 。美元风险差异较小，说明美元的汇率波动风险更多地被市场收益率所消化，体现的是一种系统性风险。尤其是φ_i（人民币对美元贬值），在剔除汇率波动项前后几乎无变化，说明人民币对美元贬值接近于一种系统性风险。需要特别说明的是，人民币对美元贬值体现为一种系统性风险的这点在“8·11 汇改”之后并没有发生变化，φ_i取值分别为 8.0% 和 8.1% ，相差无几。

表 4-6 汇率风险的符号差异检验

Panel A	式（4-1）+式（4-3）			式（4-4）+式（4-3）		
	τ_i	φ_i	ω_i	τ_i	φ_i	ω_i
美元	4.8	8.0	1.1	4.8	8.1	2.6
欧元	6.2	6.7	2.8	6.2	8.2	3.3
港元	3.9	6.4	1.3	3.9	7.4	2.2
日元	4.0	2.4	12.8	4.0	4.1	12.3
英镑	3.9	9.1	2.1	3.9	11.1	3.1
汇率指数	13.3	6.4	4.3	13.3	10.1	8.6
Panel B	τ_i	φ_i	ω_i	τ_i	φ_i	ω_i
美元	5.5	5.8	1.2	5.4	5.8	2.8
欧元	4.7	3.8	2.4	4.7	3.5	5.5
港元	4.0	4.5	1.6	4.0	5.6	3.6
日元	3.3	7.2	4.5	3.3	7.6	6.8
英镑	2.9	5.6	1.8	2.9	4.3	5.4
汇率指数	3.7	3.7	2.1	3.7	4.8	4.6

注：Panel A 对应 2015 年 8 月 11 日至 2017 年 12 月 31 日的符号差异检验，Panel B 对应 2010 年 6 月 19 日至 2015 年 8 月 11 日的符号差异检验。

4.4.4 汇率风险的决定因素

如上文所述，在汇率风险的度量中有双边汇率和汇率指数两种方式，本书所研究的时间区间正处于由盯住美元向参考一篮子货币转型的时期，美元汇率和汇率指数都很重要。因此在本节，将同时分析美元和汇率指数风险的影响因素，并对不同时期的影响因素进行对比分析。根据上节的模型设定，在回归中主要考虑企业资产规模、海外收入占比、非人民币借款占比、资产负债率、速动比率、长期负债率、账面市值比和行业虚拟变量。[①] 为了更好地匹配财务数据和进行纵向对比，这一部分主要采用自然年度的分类方法，依据汇改分类的规则放到稳健性检验中。

表4－7汇报了线性汇率风险的决定因素。在“8·11汇改”之后（2016—2017年），无论是以美元还是以汇率指数作为汇率代理变量，企业资产规模在1%的显著性水平上都会降低企业汇率风险水平。与已有的研究成果一致，大型企业更加重视多元化经营，使得单一汇率冲击对其影响较小。海外业务收入的影响并不显著，支持了Hutson和Laing（2014）等一系列文献的假说，外币成本可能抵消了海外业务收入所造成的汇率风险敞口。非人民币借款占比代表了企业的外币债务比重，外币债务作为一种金融对冲手段可以有效对冲海外业务收入的汇率风险。中国企业常常用外币债务进行套利和投机，可能反而会增加汇率风险。总体来看，这种行为会抵消非人民币借款对汇率风险产生的影响。对于杠杆水平来说，资产负债率在1%的显著性水平上增加了企业的汇率风险，但受限于中国的外汇对冲工具的成本和可得性，其主要通过经营渠道影响外汇风险，即企业杠杆会放大汇率波动对现金流的冲击。速动比率在线性汇率风险中没有影响，说明在日常的汇率波动中，流动性贮藏带来的应急保障和对冲工具的缺失功过相抵，体现为变量回归系数的不显著。长期负债率是财务困境的代理变量，一般而言，陷入财务困境的企业更难有渠道获得对冲工具，在中国对冲工具的可得性都较低，使这一影响途径并不显著。账面市值比作为未来增长机会的代理变量，只在列（3）体现为负显著。中国对冲工具的成本较高，使企业不会完全对冲，使汇率冲击带来的现金流波动对高成长企业负面影响还会存在。从纵向来看，2011—2012年的美元风险难以用传统解释因素解释，但 $Adj-R^2$ 却与前人文献的水平相当，说明之前美元风险很大程度上被行业固定效应解释，而较少体现在个股的异质性上。随着汇率市场化改革的推进，尤其是“8·11汇改”之后，资产规模和杠杆水平开始能够解释个体

① 受文章篇幅限制，相关描述性统计不予列出，感兴趣的读者可以向笔者咨询。

的汇率风险程度，个体对汇率变动的反应开始表现出异质性。这表明参考一篮子货币汇率制度的改革不仅体现在实际的人民币汇率波动和中央银行调控中，还体现在微观企业对于汇率波动的反应之中。从影响企业汇率风险的机制上来看，在“8·11 汇改”之前，企业异质性因素在解释企业汇率风险上并不显著。随着中国汇率形成机制的进一步改革，尤其是“8·11 汇改”之后，资产负债率和杠杆水平等企业层面的因素开始成为影响风险的重要因素。然后，由于中国企业的对冲意识较低且对冲成本较高，汇率风险水平更多地与企业经营的稳健性有关。

表4-7 线性汇率风险的决定因素

指标	(1)	(2)	(3)	(4)	(5)	(6)
	2011—2012年		2013—2014年		2016—2017年	
	美元	指数	美元	指数	美元	指数
企业资产规模	-2.48	-1.32	-4.98**	-2.06*	-3.76***	-5.87***
	(2.03)	(0.84)	(2.48)	(1.07)	(0.64)	(1.08)
海外收入占比	3.70	0.41	4.20	-2.89	0.89	-2.93
	(12.45)	(5.70)	(13.66)	(5.15)	(3.46)	(5.44)
非人民币借款占比	-2.60	3.95	4.33	9.03	2.93	1.35
	(10.15)	(6.01)	(12.00)	(5.54)	(2.93)	(4.84)
资产负债率	14.49	14.53***	16.11	12.27**	15.42***	21.32***
	(12.07)	(4.97)	(15.64)	(6.00)	(5.04)	(6.43)
速动比率	1.38	0.54*	0.48	0.50	0.52	0.76
	(0.91)	(0.31)	(1.30)	(0.40)	(0.33)	(0.69)
长期负债率	0.25	-2.35	-6.69	-5.75	2.91	2.48
	(14.75)	(5.52)	(16.42)	(5.23)	(3.27)	(6.43)
账面市值比	-3.36	-1.29	-6.86***	0.63	-1.17	0.24
	(2.53)	(0.91)	(2.25)	(1.40)	(0.80)	(1.21)
行业固定效应	Yes	Yes	Yes	Yes	Yes	Yes
常数项	80.70***	34.60***	172.05***	48.67***	32.70***	58.22***
	(8.46)	(3.50)	(10.75)	(3.57)	(3.16)	(4.44)
观测值	1887	1887	2205	2205	2289	2289
Adj-R^2	0.030	0.030	0.035	0.002	0.047	0.059

注：回归表格由估计系数和行业聚类稳健标准误组成；*、**、***分别代表在10%、5%和1%的显著性水平上显著。

表4－8汇报了非线性汇率风险的决定因素。与线性汇率风险的决定因素相比，除了资产规模和杠杆水平，流动性也是解释非线性汇率风险的重要因素，速动比率在大部分回归结果中体现为正显著。流动性贮藏对汇率风险的影响有两种渠道：第一，流动性和对冲工具是互补的，拥有较高流动性贮藏的企业缺乏从事对冲的动机（Froot等，1993）；第二，企业短期流动性降低了企业进入财务困境的可能，因而汇率风险的冲击要更弱（Nance等，1993）。在线性汇率风险中，这两种作用相互抵消，因而体现为不显著；在非线性的汇率风险中，常规的流动性贮藏并不能避免汇率冲击带来的损失。这表明在面临汇率波动较大的情况下，短期的流动性并不能应对自如，对冲工具依然是企业必要的选择。应当指明的是，伴随着中国汇率形成机制市场化道路的前行，中国的外汇衍生品市场需要进一步发展，期权等衍生品能够较好地防范汇率波动，尤其是极端汇率波动风险。发展衍生品市场，降低外贸企业的对冲成本，是降低企业汇率风险的关键外部支撑。

表4－8　非线性汇率风险的决定因素

指标	(1)	(2)	(3)	(4)	(5)	(6)
	2011—2012年		2013—2014年		2016—2017年	
	美元	指数	美元	指数	美元	指数
企业资产规模	−4.26	−0.07	−28.70***	−0.90**	−1.65***	−3.30***
	(3.47)	(0.10)	(5.83)	(0.38)	(0.20)	(0.73)
海外收入占比	38.25	0.47	14.86	3.56	1.32	0.22
	(24.49)	(0.51)	(29.35)	(3.21)	(1.29)	(3.39)
非人民币借款占比	11.99	−0.82	25.76	1.48	0.11	3.80
	(28.29)	(1.05)	(32.58)	(2.21)	(1.29)	(4.35)
资产负债率	111.70***	1.62*	155.69***	7.10***	2.12	13.33***
	(23.68)	(0.84)	(46.59)	(2.36)	(1.63)	(4.74)
速动比率	3.71**	0.07*	4.63*	0.33*	0.30**	−0.20
	(1.76)	(0.04)	(2.78)	(0.17)	(0.15)	(0.39)
长期负债率	−14.80	−0.34	−23.27	1.52	−0.78	−1.63
	(24.78)	(0.70)	(34.12)	(1.96)	(0.96)	(4.11)

续表

指标	(1)	(2)	(3)	(4)	(5)	(6)
	2011—2012年		2013—2014年		2016—2017年	
	美元	指数	美元	指数	美元	指数
账面市值比	-9.70**	-0.33*	1.63	0.06	0.20	-0.57
	(3.92)	(0.19)	(6.95)	(0.58)	(0.26)	(0.81)
行业固定效应	Yes	Yes	Yes	Yes	Yes	Yes
常数项	111.36***	6.34***	275.24***	6.81***	13.94***	46.77***
	(14.55)	(0.56)	(26.93)	(1.63)	(1.26)	(2.72)
观测值	1887	1887	2205	2205	2289	2289
Adj-R^2	0.028	0.017	0.028	0.017	0.102	0.073

注：回归表格由估计系数和行业聚类稳健标准误组成，*、**、***分别代表在10%、5%和1%的显著性水平上显著。

此外，我们针对文献中的其他设定进行了稳健性检验。[①] 第一种，Dominguez和Tesar（2006）认为，直接使用$|\gamma_i|$改变了原有数据的分布特征，使得残差项并不服从正态分布，所以将其转换为$\sqrt{|\gamma_i|}$进行回归。Hutson和Laing（2014）沿用了这种方法。第二种，在研究汇率风险程度的决定因素时，使用的是上一阶段回归的估计系数，因此上一阶段的估计误差会影响分析结果。Allayannis和Ofek（2001）和Kim等（2006）学者利用WLS的估计方法，以上一阶段回归的标准误倒数为权重进行回归。第三种，我们增加了更多的解释变量，包括总收入/市值、资本支出/固定资产净值、机构投资者占比、每股股利和销售毛利率。第四种，利用汇改的时间区间进行回归，由于2007年财务会计准则有较大变化，我们只能估计两个时间段的结果：2010年6月19日至2015年8月11日和2015年8月11日至2017年12月31日，其分别匹配2011—2014年和2016—2017年的财务报表数据。四种稳健性检验的结果均与前文相一致。

① 出于文章篇幅考虑并没有汇报稳健性结果，若读者感兴趣可向笔者咨询。

4.5 进一步的分析与讨论[①]

4.5.1 增添宏观因子

在国际资本资产定价模型（International Capital Asset Pricing Model）中，汇率风险因子常被视为与系统性风险高度相关的因子（Fama 和 Farber，1979；Dolde 等，2012）。宏观经济因素作为最为重要的系统性因素，是造成汇率风险时变性特征的重要因素（Chaieb 和 Mazzotta，2013）。因此，在汇率风险的估计方程式（4-1）中，我们进一步控制宏观经济因素的影响。参考 Chaieb 和 Mazzotta（2013），我们考虑宏观经济和金融市场两个方面的指标，具体变量有 GDP（同比增长率）、工业增加值（同比增长率）、CPI（同比增长率）、PPI（同比增长率）、进口（同比增长率）、出口（同比增长率）、M2（同比增长率）、M1（同比增长率）、70 个大中城市新建住宅价格指数（同比增长率）、期限利差（10 年期国债收益率减 1 年期国债收益率）、信用利差（AA 级企业债收益率减 AAA 级企业债收益率）、股票市场成交金额、债券市场成交金额、30 个大中城市商品房成交套数、A 股市场换手率。将上述 15 个变量用主成分分析的方法进行降维，选取特征根大于 1 的前四个因子，[②] 将其代入模型［式（4-6）］之中对汇率风险系数进行估计。表 4-7 和表 4-8 的结果依然维持稳健，说明增添宏观因子并不会改变本书的结果。[③] 式（4-6）具体如下：

$$R_{it} = \alpha_i + \beta_i R_{Mt} + \gamma_i R_{st} + \delta_i \text{MacroFactors} + \varepsilon_{it} \tag{4-6}$$

4.5.2 事件研究

一般而言，汇率风险的决定因素讨论主要是将汇率变动对股票变动进行回

① 感谢匿名审稿专家提出的宝贵意见，文责自负。

② 前四个因子的累计方差贡献率超过 75%，KMO 统计值为 0.761，Bartlett 球形检验在 1% 的显著性水平上显著，说明变量之间的相关性较强，可以运用主成分分析的方法对变量进行降维处理。

③ 出于文章篇幅考虑并没有汇报稳健性结果，若读者感兴趣可向笔者咨询。

归的系数（γ_i）作为被解释变量，相关决定因素作为解释变量。这种方法有两个缺点：一是假定汇率变动会影响股票价值变动的具体形式，二是二次回归会引入第一阶段的估计误差。因此，在这一小节利用事件研究的方法进行汇率风险决定因素的分析。这一方法没有限制股票价格对汇率变动反应的具体模型，同时横截面的数据特点控制了随时间变化的其他因素（如宏观因素、制度因素等）（Wei 和 Starks，2013）。

首先，我们参考 Wei 和 Starks（2013）定义汇率冲击的事件。我们计算时间区间内（2011—2012 年、2013—2014 年、2016—2017 年）、不同币种（USD/CNY、汇率指数）的日度波动幅度。将日波动幅度超过三个标准差的交易日称为汇率冲击的事件。[①] 其次，计算上市公司在不同时间窗口期的累计超额收益率（CAR_i）。为了稳健性考虑，本书汇报了 11 天的窗口期［$t-5$，$t+5$］，代表汇率冲击前后一周的累计超额收益率。[②] 最后，用累计超额收益率的绝对值对相关变量[③]进行回归，同时控制行业和时间虚拟变量［式（4－7）］。事件研究的结果汇报在表4－9之中。与前文的结果相比，资产规模、杠杆水平和流动性仍然是汇率风险的重要解释因素。此外，账面市值比呈现稳健的负显著，验证了表4－1所提出的账面市值比低的公司面临更大的投资不足问题，而中国的对冲激励不足，面临更大投资不足问题的公司有更强的对冲行为的假设不成立。式（4－7）具体如下：

$$
\begin{aligned}
|CAR_i| = {} & \varphi_1 + \varphi_2\, size_i + \varphi_3\, ForSales_i + \varphi_4\, ForLib_i \\
& + \varphi_5\, Leverage_i + \varphi_6\, QR_i + \varphi_7\, DE_i \\
& + \varphi_8\, BM_i + IndDummys + TimeDummys + \varepsilon_i
\end{aligned}
\tag{4-7}
$$

① 若两个事件之间相差不超过 10 天，仅将第一个事件纳入分析之中。汇率冲击的事件个数分别为：2011—2012 年区间内，美元（4 个），汇率指数（6 个）；2013—2014 年区间内，美元（5 个），汇率指数（8 个）；2016—2017 年区间内，美元（5 个），汇率指数（5 个）。

② 更换窗口期为［$t-1$，$t+1$］的结果依然稳健。

③ 企业层面的变量匹配的是上一期的数值，海外收入占比和非人民币借款占比为年度数据，其他变量为季度数据。例如，事件冲击发生在2016 年5 月17 日，企业变量控制的是2015 年（海外收入占比和非人民币借款占比）和2016 年第一季度（其他变量）的数据。

表 4-9 窗口期为 $[t-1, t+1]$ 的回归结果

指标	(1)	(2)	(3)	(4)	(5)	(6)
	2011—2012 年		2013—2014 年		2016—2017 年	
	美元	指数	美元	指数	美元	指数
企业资产规模	-0.12*	-0.18***	-0.41***	-0.30***	-0.67***	-1.03***
	(0.07)	(0.05)	(0.08)	(0.08)	(0.09)	(0.09)
海外收入占比	0.28	0.09	0.29	0.65	-0.15	0.52
	(0.29)	(0.21)	(0.41)	(0.42)	(0.31)	(0.40)
非人民币借款占比	0.11	-0.20	0.04	-0.05	-0.17	0.29
	(0.56)	(0.30)	(0.44)	(0.41)	(0.31)	(0.33)
资产负债率	-0.15	0.05	0.71**	0.84**	0.63	2.63***
	(0.39)	(0.29)	(0.36)	(0.39)	(0.40)	(0.39)
速动比率	0.06***	0.01	0.05**	0.08***	0.06*	0.04
	(0.02)	(0.02)	(0.02)	(0.03)	(0.03)	(0.03)
长期负债率	0.41	-0.20	0.05	0.01	0.44	0.14
	(0.33)	(0.33)	(0.37)	(0.30)	(0.37)	(0.37)
账面市值比	-2.36***	-1.97***	-1.01***	-2.95***	-2.71***	-0.85
	(0.32)	(0.33)	(0.30)	(0.30)	(0.46)	(0.73)
行业固定效应	Yes	Yes	Yes	Yes	Yes	Yes
时间固定效应	Yes	Yes	Yes	Yes	Yes	Yes
常数项	9.10***	6.89***	8.27***	4.69***	7.95***	11.77***
	(0.29)	(0.21)	(0.35)	(0.34)	(0.39)	(0.29)
观测值	8424	12261	11163	18111	13671	13159
Adj - R^2	0.0468	0.0256	0.0610	0.0799	0.0597	0.119

注：回归表格由估计系数和行业聚类稳健标准误组成，*、**、*** 分别代表在 10%、5% 和 1% 的显著性水平上显著。

4.6 本章小结

汇率风险对企业价值的影响一直是国际金融领域研究的一个热点和难点。虽然国外已经有丰富的有关汇率风险的文献，但是中国的汇率风险问题却鲜有涉及，其原因是非市场化的汇率形成机制下，汇率风险更多地体现为一种系统

性风险，企业层面的异质性有限。然而“8·11 汇改”之后，人民币汇率的双向浮动特征逐渐显现，中国一改长期（爬行）盯住美元的事实汇率制度，开始迈入以市场供求为基础、参考一篮子货币进行调节、有管理的浮动汇率制度。不但汇率市场对股票市场的跨市场风险传导增强，而且汇率冲击更多地体现在企业的异质性。本书以此为契机，对比分析了“8·11 汇改”前后中国上市公司的汇率风险及其决定因素。研究发现，“8·11 汇改”之后更多的上市公司面临汇率风险的影响，且影响程度加大。具体来看，美元风险比例下降，汇率指数的风险比例上升，成为最主要的汇率风险币种，说明参考一篮子货币进行调节的汇率制度开始体现在微观企业对汇率波动的反应之中。上市公司存在非线性汇率风险的比例在汇改之后有显著提升，说明面对汇率波动的加剧，企业的汇率管理水平和外汇风险管理工具的易得性并没有提高，因为企业并无法完全对冲汇率波动的风险，所以对极端汇率波动反应敏感。符号差异检验说明美元的汇率波动风险，尤其是人民币对美元贬值更多地体现为一种系统性风险。在决定因素和传导机制的讨论中，“8·11 汇改”之前企业层面的异质性因素并不显著，“8·11 汇改”之后企业规模和杠杆水平对企业的汇率风险有显著影响，流动性水平会提升非线性汇率风险。这说明随着汇率市场化改革的推进，在风险对冲普遍不足的情况下，企业经营稳健性逐渐成为影响汇率风险的主要因素。

自 2016 年 12 月中国外汇交易中心发布 CFETS 人民币汇率指数以来，人民币汇率预期逐渐走出单一关注美元汇率的历史时期，汇率指数开始成为评估人民币汇率波动的关键指标。随着中国企业与国际市场联系的日益紧密，一味关注美元汇率会使企业面临交叉汇率波动风险，进而放大企业的汇率风险。随着企业汇率风险程度的加大，政府应引导社会对汇率走势的判断和解释，克服“贬值恐惧症”，适度的贬值可以提高企业竞争力；“8·11 汇改”之后，汇率指数的风险成为主导，应继续发挥汇率指数的引导作用，弱化美元对人民币的单边汇率影响。非线性汇率风险程度的提升，带来对期货、期权等外汇衍生品的诉求提升。根据国际清算银行 2016 年公布的场外市场交易数据，人民币成为全球第七大交易币种，外汇衍生品市场发展迅速，已经由单一的远期市场变成以外汇掉期为主，兼有远期、互换、期权等多种工具的综合性外汇衍生品市场。然而，在结构和成本上仍有不合理性，美元的衍生品占主要部分，缺少对汇率指数的衍生产品，使得目前企业所面临的汇率指数风险无法得到有效对冲；本书研究结果也发现对冲相关的研究假设均不成立，说明很多企业倾向于选择部分对冲，甚至不对冲。《人民币国际化报告 2017：强化人民币金融交易功能》指出，这主要是由于银行提供的外汇衍生品成本仍较高。另外，投机操作也可用于对冲的相关假设不成立，中信泰富利用外汇期货巨亏 155 亿元。远超风险敞口的对冲操作不仅不会降低汇率风险，反而扩大了汇率波动的冲击。现阶段，不仅要继续贯彻以市场供求为基础、参考一篮子货币进行调节、有管理的浮动汇率制度，发展健康活跃的汇率衍生品市场，更要加强社会对于汇率风险管理的意识和水平，严防投机行为带来的衍生风险。

第 5 章　宏观经济新闻和汇率风险

5.1　引言

什么决定了企业的外汇风险？在 1994 年中国决定将外汇体系由固定汇率转为浮动汇率之前，外汇风险一直不是中国企业的关注点。从 1994 年起，中国一直在采取措施推进人民币国际化。随着中国的 GDP 超过日本，中国成为世界第二大经济体，人民币的国际化逐渐成为一个重要的问题，引起广泛的关注。中国企业在多大程度上受到外汇汇率波动的影响？企业的外汇风险能够影响企业与外币相关的预期未来现金流，那么外汇风险是如何受到宏观经济新闻的影响呢？在各种类型的宏观经济公告中，哪些公开发布的消息对风险最敏感？在本书中，我们测算了中国上市公司的外汇风险的情况。

即便同一条宏观经济新闻，也会使投资者对不同公司产生不同的看法。这是由于各种公司有各自不同的具体特征，如对国际贸易的参与度、外国资产的持有量以及公司的风险承受能力。毫无疑问，每家公司的外汇风险都是公司特有的。首先，我们构建了一个 2007—2020 年 2321 家中国上市公司的样本，并应用 6 个替代模型来估计每个公司的风险。然后，我们测试了中国上市公司的估计值如何对中国官方经济机构发布的宏观经济新闻作出反应。特别是，我们研究了在国际金融危机和新冠疫情时期对外汇汇率的风险是如何变化的。最后，我们在匹配样本上应用非参数检验，以确定企业的外汇风险对哪些宏观经济新闻更为敏感。

本章有三个主要发现。第一，当汇率风险水平增加时，企业的股权估值下降，而且结果在较短的估计窗口中变得更加显著。第二，企业的汇率风险相对于人民币兑美元汇率，比人民币兑其他货币（如欧元或日元）汇率更敏感。技术密集型行业的企业对外汇风险的敏感性明显更高。第三，企业的外汇风险对宏观事件很敏感，特别是对重大的外部冲击，即国际金融危机和新冠疫情。

本章研究内容与关于公司对外汇汇率风险的文献密切相关。我们的研究为现有的计算汇率风险的方法增加了新的因素。现有的关于汇率风险的研究主要集中在汇率风险的计算方法和决定因素上。汇率风险的计算方法可以分为两大类：线性方法和非线性方法。在线性计算方法中，主要包括不控制市场收益的汇率风险（Adler 和 Dumas，1984）和经市场收益调整的汇率风险（Jorion，1990；He 和 Ng，1998；Bartram，2004；Huson 和 Laing，2014）两大类别。在非线性方法中，Bartram（2004）和 Boudt 等（2016）基于非线性模型计算了公司的汇率风险。因此，目前的文献倾向于使用线性汇率风险与控制市场收益（Jorion，1990）。此外，我们在 Jorion（1990）中加入了周转率、股票价格差和石油价格变动。这使得我们的模型能够更好地控制除汇率变动以外的系统性风险，从而对汇率风险进行更稳健和准确的估计。

我们在影响汇率风险的因素中加入了宏观的外部冲击（Boudt 等，2019）。关于汇率风险的影响因素的研究主要集中在财务特征（He 等，2021a）和汇率风险的对冲行为（Bartram 等，2010），包括操作性对冲（Bartram 等，2010）、外币债务对冲（Goswami 和 Shirkhande，2001）和外币衍生品对冲（Allayannis 等，2001）。关于中国汇率风险的研究包括中国企业汇率风险的决定因素（He 等，2021a）、中美产业的竞争关系（He 等，2021b）、中国金融企业的汇率风险（Cuestas 和 Tang，2018）、汇率风险的不对称性（Cuestas 和 Tang，2017）。然而，这些文献都没有关注宏观事件对汇率风险的影响，这使得我们能够填补这一空白。

我们的论文有三个主要贡献。首先，现有文献缺乏对于宏观事件冲击对汇率风险的影响的研究。然而，我们研究了宏观事件前后企业汇率风险的变化。特别是，我们的论文证明了重要的外部冲击，如国际金融危机和新冠疫情将增加公司的汇率风险。其次，很少有研究对新兴市场的公司的汇率风险进行研究。在本章中，我们用不同的模型估计了中国公司的汇率风险，并说明了汇率风险的时间变化特征。最后，我们的研究有助于投资者和公司经理了解和管理相关公司的汇率风险。因为2005年和2015年两次汇率制度改革后，人民币汇率开始双向波动，公司价值对汇率变动的弹性明显增加，所以公司面临的汇率风险明显增加，越来越多的公司面临汇率风险。因此，准确计算公司的汇率风险可以帮助投资者规避市场波动，获得更稳健的投资回报。此外，汇率风险提高了公司的融资成本，如贷款成本（Francis和Hunter，2012）。我们的研究为企业提供了一个潜在的策略，通过对冲汇率风险来管理其融资成本。

本章的其余部分内容安排如下：第二部分回顾相关文献。第三部分介绍了用于估计公司对外汇汇率的风险的6个替代模型，并描述了衡量公司对宏观经济新闻的市场反应的事件研究程序。第四部分描述了样本选择和描述性数据。第五部分提供了不同估计窗口的实证结果。第六部分研究了样本的异质性。第七部分得出结论。

5.2 文献综述

Shapiro和Sarin（2009）将外汇风险分为三类：交易风险、转换风险和经济风险。在我们的论文中，我们关注的是经济风险，因为我们对外汇波动对企业未来现金流波动的影响感兴趣。Alder和Dumas（1984）将外汇风险定义为企业在未来某个时间点上以外币计价的资产价值。衡量外汇风险的方法主要有两种：现金流法（Dumas，1978；Martin和Mauer，2003）和资本市场法（Alder和Dumas，1984）。

国内企业是否以及在多大程度上受到外汇风险的影响是一个经验问题。以前的实证研究得出了不同的结果。He和Ng（1998）发现，从1979年到1993年，大约1/4的日本公司暴露于外汇风险，而且这种风险与公司的特征有显著关系。外汇风险在大型公司、低杠杆公司和集团公司中更大。Muller和Verschoor（2007）发现，公司的外汇风险对与美元挂钩的汇率明显更敏感。Bartram和Bodnar（2012）估计了373家非金融公司的实际有效汇率，他们认为，只有 7.5% 的样本对外汇汇率波动敏感。

尽管关于宏观经济新闻对各国资本市场影响的研究由来已久（Galati 和 Ho，2003；Andersen 等，2007；Lahaye 等，2011；Muu，2012；Bauer 和 Neely，2014），但是很少有研究测试公司的外汇风险对宏观经济新闻的反应。一个例外是 Boudt 等（2019），他们测试了公司的外汇风险对宏观经济新闻发布的敏感性。他们使用 182 家在美国上市的跨国公司的样本，发现国内需求的正向变动会增加低风险的国内活动的价值，并使外汇风险持续下降。然而，鉴于对公司层面的外汇风险的估计方法存在争议，目前还不清楚 Boudt 等（2019）使用的 Jorion 估计模型的外部有效性。

另外，现有文献表明，外生危机（如国际金融危机或新冠疫情）可能会影响企业的财务风险。Devpura 和 Narayan（2020）发现，在新冠疫情暴发后，原油价格波动性明显增加。Iyke（2020a）认为，新冠疫情改善了股票收益和波动的预测准确度。Iyke（2020b）发现，包括中国在内的五个亚洲国家的经济政策不确定性在新冠疫情暴发后明显上升。Narayan（2020a）发现，新冠疫情影响了美元和日元的双边汇率，汇率从危机前的非平稳状态转变为危机后的平稳状态。He 等（2020）发现，新冠疫情对股票市场的回报率有负面和短期的消极影响。Narayan（2020b）发现，在大流行病的冲击下，油价新闻对油价的影响被削弱了。只有在油价具有高波动性的时期，油价才可能同时受到油价新闻和新冠疫情的影响。Phan 和 Narayan（2020）认为，投资者有足够的敏感度来根据市场情形调整认知。Sharma（2020）、Sha 和 Sharma（2020）对五个亚洲国家关于新冠疫情引起的经济后果类型进行了完整的回顾。他们发现，与其他四个经济体相比，在新加坡上市的股票在新冠疫情期间的股票回报共性增加最多。因此，研究宏观事件，特别是金融危机和新冠疫情等公共危机对资本市场汇率风险的影响具有重要的经济意义。

在本章中，我们检验了企业的外汇风险对宏观经济新闻公告的反应。考虑到中国的资本市场比美国市场更注重政策，我们使用了中国非金融类上市公司的样本。与美国市场相比，投资者对中国企业外汇风险敞口的预期有可能对宏观经济新闻的发布更加敏感。另外，估计中国企业在宏观经济新闻之后的汇率风险变化，可以帮助我们更好地了解新兴市场企业的汇率风险。

5.3 研究设计

外汇风险的研究方法主要包括资本市场法和现金流法。考虑到财务数据的可得性，在本章中，我们沿用现有文献中最多的资本市场法来度量公司层面的外汇风险。然后，我们采用事件研究来检验宏观经济公告对企业外汇风险变化的影响。就用于估计公司层面的汇率风险敞口的方法而言，既有的研究中已经有了不同的模型。

（1）Adler和Dumas（1984）模型（AD模型）直接测量股票收益对汇率变化的敏感性，以计算汇率风险。该模型如下：

$$R_{it} = \alpha_i + \beta_i EX_t + \varepsilon_{it} \qquad (5-1)$$

式（5-1）中，R_{it}是每日股票收益；EX_t是每日汇率变化。

（2）Jorion模型衡量每日股票收益对控制市场收益的汇率变化的敏感性。该模型如下：

$$R_{it} = \alpha_i + \beta_i EX_t + \gamma_i RM_t + \varepsilon_{it} \qquad (5-2)$$

式（5-2）中，R_{it}是每日股票收益率；EX_t是汇率的每日变化；RM_t是市场回报，用上海综合指数的每日变化率来衡量。

（3）发展中国家模型衡量单只股票的每日超额收益相对控制世界股票市场超额收益下的汇率变动敏感性。式（5-3）如下：

$$R_{it} = \alpha_i + \beta_i EX_t + \gamma_i R_{wt} + \varepsilon_{it} \qquad (5-3)$$

式（5-3）中，R_{it}是股票日收益率减去中国3个月国债的利率；EX_t是汇率的每日变化；R_{wt}是标普500指数的日收益率减去美国3个月国债的利率。

（4）中国市场模型的建立是基于这样一个事实，即虽然中国是最大的发展中国家，但与欧美等西方国家的资本市场相比，中国的资本市场一直是相对不发达的。中国资本市场的某些特点可能会影响到使用发达经济体研究中使用的经典经验模型的有效性，如较低的市场效率、较少的机构投资者和普遍存在的引入市场投机的嘈杂交易者。因此，怀疑个别股票的价格信息性是合理的。因而，在 Jorion 模型的基础上，中国市场模型增加了公司股票的换手率和价差指数作为控制变量来衡量公司层面的投机行为。我们感兴趣的系数 β_i 衡量中国市场模型下的公司级外汇风险。该模型列举如下：

$$R_{it} = \alpha_i + \beta_i EX_t + \gamma_i RM_t + \varphi_i TO_{it} + \omega_i SW_{it} + \varepsilon_{it} \tag{5-4}$$

与 Jorion 模型相比，中国市场模型增加了 TO_{it} 和 SW_{it} 两个变量。TO_{it} 是股票 i 在 t 时期的换手率，在本章中，股票换手率的计算方法是股票当前换手数量与股票总流通股的比率；SW_{it} 是股票 i 在 t 时段的价差变化百分比。具体来说，对于每只股票的交易日，我们计算 t 时段的最高价和最低价之差，然后除以 $t-1$ 时段的股票收盘价；R_{it} 是股票 i 在 t 时期的日回报率，由公司的日股票回报率衡量；EX_t 是感兴趣的货币对人民币的汇率；RM_t 是上海综合指数（上海市场指数）的每日市场回报率；EX_t 的回归系数 β_i 是股票 i 在时间 t 的外汇风险敞口，它描述了股票 i 的每日股票收益相对于汇率每变化一个百分点的敏感性；α_i 是回归的截距项；ε_{it} 是残差项。

在 Jorion（1990）模型的基础上修正的中国市场模型，在计算中国上市公司的汇率风险方面得到了广泛的认可。它不仅将市场收益纳入模型，以衡量股票收益对汇率变化的敏感性（Adler 和 Dumas，1984），而且还控制了一系列可能影响公司汇率风险的宏观因素。已经有大量的文献应用这个模型来衡量中国上市公司的汇率风险。He 等（2021）用修正的 Jorion 模型计算了汇率风险，并分析了汇率风险的决定因素。他们认为经典的 Jorion 模型可以和修正的 Jorion 模型表现一样好。例如，Cuestas 等（2018）用 Jorion（1990）的方法计算了中国金融企业的汇率风险。Cuestas 和 Tang（2017）基于 Jorion（1990）模型测试了不对称的汇率风险。这些研究证明，使用 Jorion（1990）来计算中国上市公司的汇率风险是合适的。

（5）此外，四因素模型（FF－4）在 Jorion 模型的基础上增加了 SMB、HML 和动量因素。该模型如下：

$$R_{it} = \alpha_i + \beta_i EX_t + \phi_i RM_t + \gamma_i SMB_t + \rho_i HML_t + \tau_i Momentum_t + \varepsilon_{it} \tag{5-5}$$

式（5－5）中，R_{it} 是股票收益；EX_t 是汇率的每日变化；RM_t 是市场回报，即上证综指的每日回报；*SMB*、*HML* 和 *Momentum* 是根据 Carhart（1997）构建的。

（6）最后，我们还应用了油价模型。该模型是由 Jorion 模型发展而来的，加入了油价的每日百分比变化。该模型如下：

$$R_{it} = \alpha_i + \beta_i EX_t + \phi_i RM_t + \mu_i Oilprice + \varepsilon_{it} \quad (5-6)$$

式（5-6）中，R_{it}是股票收益；EX_t是汇率的每日变化；RM_t是每日市场回报率，即上海综合指数的每日回报率；Oilprice 是 WTI 石油指数的每日回报率。

关于系数β_i的解释，它代表了公司的汇率风险敏感性。我们注意到，汇率风险敏感性为正，中国人民币每升值1%，公司的价值提升得就越高。因而，若公司的汇率敏感性为正，它更可能是一个净进口公司而不是净出口公司。

5.4 样本与数据

本章从 RESSET 数据库中提取了 2321 家中国 A 股上市公司的日常数据，包括股票交易代码、股票名称、行业类别、日期、收盘价、开盘价、最高价、最低价、成交量和上市股份。为了估计公司层面的外汇风险，我们遵循标准的估计程序。我们要求样本公司有相同数量的观察值。在我们的样本中，每家公司的最大日观测值为1218，所以我们将观测值少于 1218 的公司从样本中排除。选择程序的结果是两个独立的样本期，即 2007 年 1 月 1 日至 2011 年 12 月 31 日和 2016 年 1 月 1 日至 2020 年 12 月 31 日。按照中国上市公司的传统数据选择程序，如果公司属于金融行业，或属于 ST 或 ST * 股票，我们将其排除。在筛选后仍有 2321 家公司。

以下是通过 Wind 数据库获得的每日数据：美元兑人民币汇率、欧元兑人民币汇率及日元兑人民币汇率。我们还收集了上证综指、标普 500 指数、中国 3 个月国债利率和美国 3 个月国债利率的每日信息。这些数据集与企业的日常交易记录数据合并在一起。

我们使用三组数据进行事件研究，分别是 CPI 月度数据的发布日期、GDP

季度数据和月度进出口数据的月度数据，这些数据在中国政府的官方网站上都是公开的。前两组数据集来自国家统计局的网站。第三组数据来自海关总署的网站。从表5-1我们可以看到，在2321家样本公司中，根据中国证监会的行业分类，有16个行业。其中，制造业所占比例最大，占样本的64.8%。信息传输、软件和信息技术服务业的企业数量位居第二（8.1%），批发和零售业的企业位居第三（5.4%）。表5-2报告了关键变量的汇总统计。然后，我们检验了变量的平稳性。我们发现，在汇率、股票收益率等时间序列中不存在单位根，而且这些时间序列在统计上是平稳的。

表5-1　行业分布

行业代码	行业名称	观测值	占比（%）
A	农林牧渔业	34	1.46
B	采掘业	64	2.76
C	制造业	1504	64.80
D	电力、热力、燃气及水生产和供应业	87	3.75
E	建筑业	63	2.71
F	批发和零售业	126	5.43
G	交通运输、仓储和邮政业	79	3.40
H	住宿和餐饮业	8	0.34
I	信息传输、软件和信息技术服务业	187	8.06
L	租赁和商务服务业	39	1.68
M	科学研究和技术服务业	20	0.86
N	水利、环境和公共设施管理业	43	1.85
P	教育	7	0.30
Q	卫生和社会工作	10	0.43
R	文化、体育和娱乐业	36	1.55
S	综合	14	0.60
总计	—	2321	100

表5－2 描述性统计

变量名称	变量定义	观测值	均值	标准差	最小值	最大值
Individual stock returns	个股股价收益率	2889088	0	0.030	－0.767	0.279
TO	个股换手率	2889088	0.092	0.650	－0.998	239.992
SW	（日内个股最高价－日内个股最低价）/前日收盘价	2889088	0.141	0.889	－1	298.458
Oilprice	WTI 石油指数的每日回报率	2830930	0.001	0.049	－1.241	0.426
US dollar/ RMB FX rate	美元对人民币日内变动率	2889088	0	0.003	－0.031	0.030
Euro / RMB FX rate	欧元对人民币日内变动率	2819539	0	0.006	－0.136	0.092
RMB / Yen FX rate	人民币对日元日内变动率	2819539	0	0.006	－0.066	0.077
S&P 500 daily return	标普 500 指数日收益率	2835434	0	0.013	－0.100	0.102
Shanghai market index return	上海综合指数的每日回报率	2889088	0	0.013	－0.093	0.090
China's 3 － month T － bill return	中国3个月国债利率	2889088	0.024	0.007	0.008	0.040
SMB	市值因子	2889088	0	0.008	－0.066	0.028
HML	账面市值比因子	2889088	0	0.005	－0.023	0.024
Momentum	动量因子	2889088	0.007	0.074	－0.264	0.217

然后我们对变量进行皮尔逊相关系数检验，同时进行相关分析。在表5－3中，成对变量之间的相关估计值都低于0.5，表明变量之间不存在明确的多重共线性。

表5－3 系数相关性矩阵

变量名称	个股股价收益率	美元对人民币日内变动率	上海综合指数的每日回报率	市值因子	账面市值比因子	动量因子	个股换手率	（日内个股最高价－日内个股最低价）/前日收盘价
个股股价收益率	1.000							
美元对人民币日内变动率	0.014***	1.000						
上海综合指数的每日回报率	0.508***	－0.011***	1.000					
市值因子	0.295***	0.068***	0.091***	1.000				

续表

变量名称	个股股价收益率	美元对人民币日内变动率	上海综合指数的每日回报率	市值因子	账面市值比因子	动量因子	个股换手率	（日内个股最高价－日内个股最低价）/前日收盘价
账面市值比因子	-0.193 ***	-0.040 ***	-0.140 ***	-0.397 ***	1.000			
动量因子	-0.018 ***	-0.031 ***	0.001 *	-0.065 ***	0.015 ***	1.000		
个股换手率	0.257 ***	-0.016 ***	0.036 ***	-0.052 ***	0.015 ***	-0.006 ***	1.000	
（日内个股最高价－日内个股最低价）/前日收盘价	0.069 ***	-0.009 ***	-0.103 ***	-0.130 ***	0.067 ***	0.009 ***	0.508 ***	1.000

注：***、**、*分别表示在1%、5%、10%的显著性水平下显著。

5.5 实证结果

5.5.1 汇率风险的估计

我们对2321家中国上市公司每10个月进行一次滚动回归。具体来说，我们采用的汇率是美元兑人民币的汇率。为了满足我们对数据选择的要求，我们的样本包含了两个样本期。第一个是2007年1月1日至2011年12月31日。第二个是2016年1月1日到2020年12月31日。

表5－4的PanelA的结果显示了2007—2011年的估计值。我们分别研究了具有正向汇率风险的公司和具有负向风险的公司的平均数。正向风险的企业的平均数是3.757，意味着国内人民币相对于美元每升值一个百分点，这些企业的价值平均会增长3.76%。负向影响的企业的平均数是－4.963，意味着国内人民币相对于美元每升值一个百分点，这些企业的价值就会下降4.96%。

表5－4 外汇风险的估计（每10个月滚动）

Panel A						
变量名称	变量	观测值	均值	标准差	最小值	最大值
FX Exposure（+）	b	323870	3.757	6.245	0.000	181.307
FX Exposure（－）	b	549554	－4.963	10.051	－1186.789	0.000

续表

Panel B						
变量名称	变量	观测值	均值	标准差	最小值	最大值
FX Exposure（+）	b	1330630	0.618	0.579	0.000	6.000
FX Exposure（-）	b	849183	-0.572	0.673	-37.364	0.000

表5-4中PanelB的结果显示了2016—2020年的估计值。正向风险的企业的平均数是0.618，意味着国内人民币相对于美元每升值1%，这些企业的价值平均会增长0.62%。负向风险的公司的平均数是-0.572，意味着国内人民币相对于美元每升值一个百分点，这些公司的价值就会减少0.57%。

为了说明中国上市公司的美元—人民币汇率风险的分布情况，我们在图5-1中分别列出了两个样本期（每10个月滚动）的公司外汇风险分布的概率密度图。图中显示，2007—2011年的估计值更多地集中在-1.7附近，而2016—2020年期间的估计值似乎更多地围绕零（或接近于零的正值）进行正态分布。

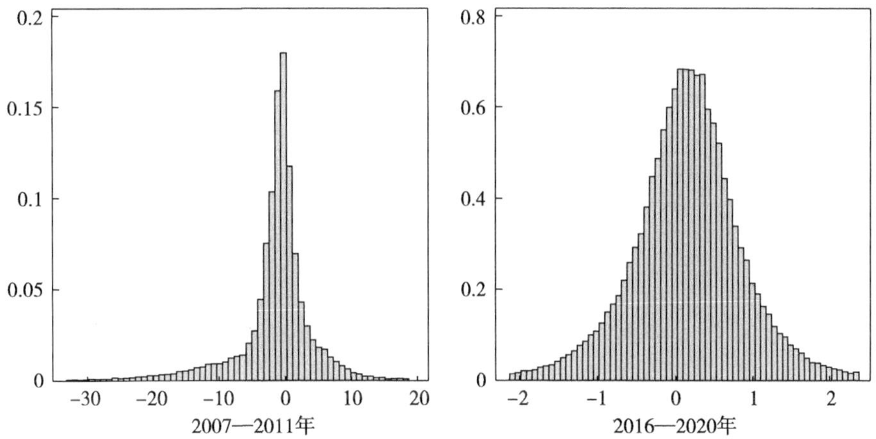

图5-1 外汇风险的概率密度（每10个月滚动）

（2007—2011年、2016—2020年）

目前，汇率风险敞口是用10个月作为滚动窗口来估计的。我们在图5-2A中绘制了2007年至2011年的平均美元汇率风险，在图5-2B中绘制了2016年至2020年的风险。如图5-2A所示，除了金融危机爆发时（2008年8月），汇率风险敞口总体上在零附近。在金融危机期间，风险敞口明显为负，表明国内人民币每升值一个百分点，公司价值就会明显下降。正如表5-4所讨论的，负的汇率风险敞口意味着人民币升值与公司价值下降有关，所以在金融危机期间，中国净出口企业受到了危机的负面影响。因为在此期间，美国作为与中国进行国际贸易的最大经济体之一，在金融危机的冲击下，无法从中国购买商品。如图5-2B所示，自2016年以来，汇率风险敞口在2019年之前一直是明显的正值。汇率风险敞口为正值表明，在这一时期，国内的人民币具有强大的购买力，中国成为净进口国。这些事实与中国市场的快速复苏有关，而中国市场可能会在这一时期从金融市场的发展中受益。在2019年，中国企业作为净出口国企业的优势下降到最小。我们认为，这些逆转是由中美贸易摩擦的爆发推动的，这只会对与国际贸易相关的公司造成伤害。这些图表也证实了我们对企业汇率风险的估计的整体可信度。

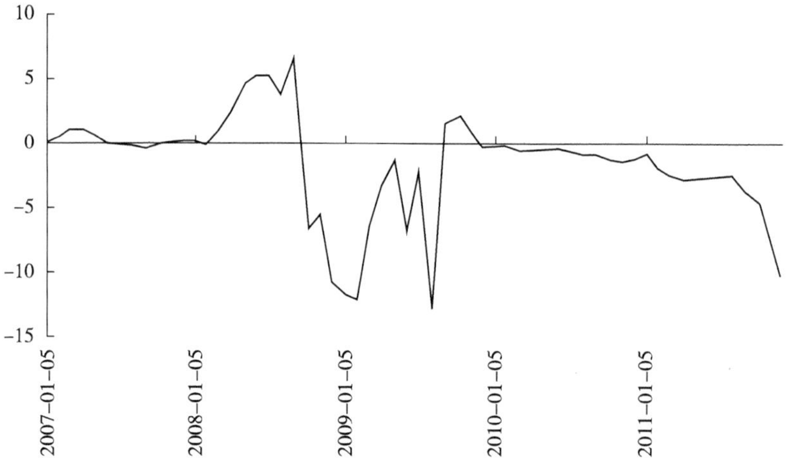

图5-2A　10个月的平均汇率风险（2007—2011年）

接下来，我们使用其他滚动窗口估计公司的外汇风险。我们将回归窗口从10个月缩小到1个月（因此回归的估计频率更高），其他模型设定不变。结果见图5-3A和图5-3B，企业的平均汇率风险敞口的变化明显比10个月窗口的估计波动小。较平滑的估计图表明，较窄窗口的回归估计可以更准确地捕捉到

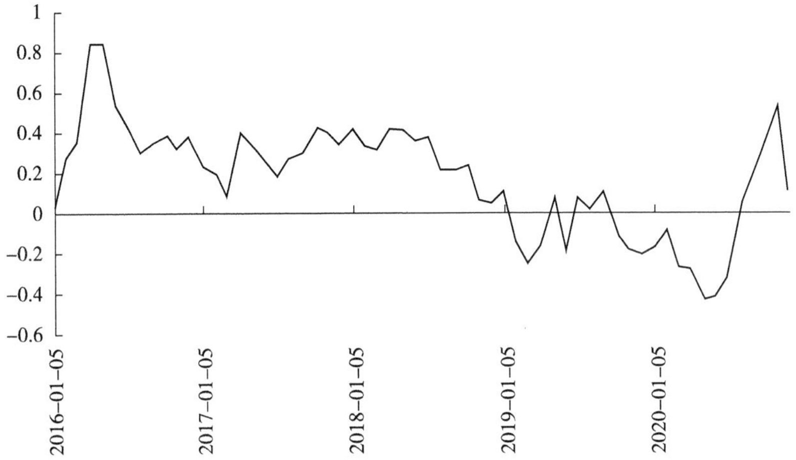

图5-2B　10个月的平均汇率风险（2016—2020年）

汇率和公司估值之间的相对敏感性。更有趣的是，我们可以从图5-3A和图5-3B中看出，在正常情况下，汇率波动并不显著影响公司价值，但在危机时期，如2008年国际金融危机、中美贸易摩擦，以及新冠疫情的暴发，却对公司价值影响相对显著。这些结果突出了在估计公司价值时考虑到汇率波动的重要性。

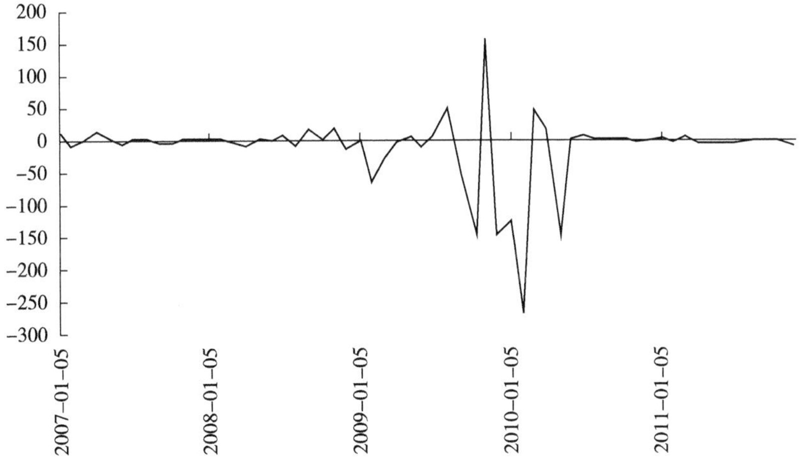

图5-3A　1个月的平均汇率风险（2007—2011年）

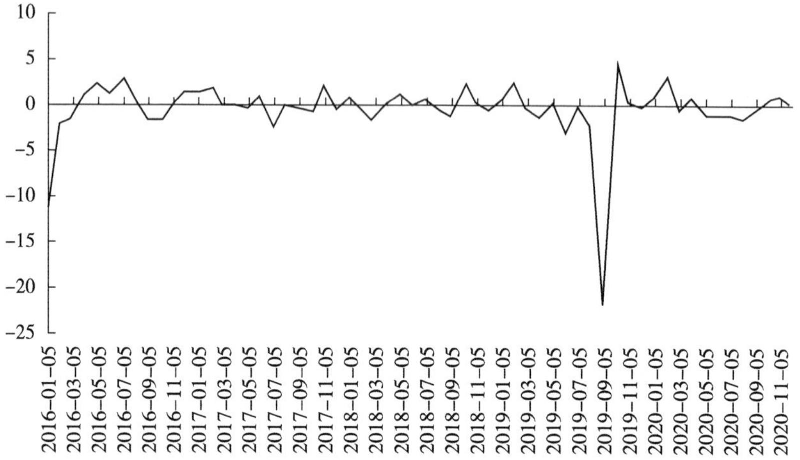

图 5－3B　1 个月的平均汇率风险（2016—2020 年）

为了更准确地估计企业的汇率风险敞口，我们还尝试对样本企业每 2 天、5 天和 10 天进行滚动窗口，其他模型设定不变。我们也尝试不使用滚动窗口来估计公司的汇率风险。有了备选的汇率风险估计值，我们就可以研究企业对不同类型的宏观经济新闻的反应。估计结果似乎表明，滚动窗口太短可能会增加汇率风险估计值的标准差，这可能是由于加入了一些不相关的噪声信息。

5.5.2　稳健性检验

为了检验我们估计的稳健性，我们不仅采用替代模型来重新估计企业的汇率风险敞口，考虑到企业可能面临不同货币的风险，我们还在估计中使用不同的汇率。确切地说，我们分别采用了人民币兑美元、欧元和日元的汇率。因此，六个备选模型和三种汇率有助于我们更全面地衡量中国上市公司的外汇风险。我们报告了各公司的平均汇率风险估计值，并进行 t 检验以检验平均值的统计意义。***、** 和 * 分别表示在 1%、5% 和 10% 水平上的显著性。估计结果在表 5－5 中进行报告。

表 5－5 中的 AD 模型直接衡量了企业的股票收益对汇率变动的敏感性。表 5－5 中的 Jorion 模型在 AD 模型控制市场回报的情况下衡量了敏感性。发展中国家模型衡量的是企业超额收益对汇率变动的敏感性，控制了世界股票市场的

超额收益。中国市场模型衡量了单只股票收益对汇率变化的敏感性，控制了市场收益、股票周转率和股票价格差。

根据表5-5中报告的估计值，PanelA报告了基于2007—2011年数据的结果，PanelB报告了基于2016—2020年数据的结果。首先，所有的系数估计值都在1%的水平上具有统计学意义，这表明中国的上市公司确实面临着汇率风险，而且这种汇率风险在两个时间段内似乎都是稳定的，从统计学和经济学的角度来看都是如此。其次，我们承认，公司汇率风险相对我们选择的汇率以及估计模型是敏感的。在之后的分析中，为了简单起见，我们选择了人民币与美元的汇率来估计上市公司的汇率风险。这是由于在汇率风险的估算结果中，基于人民币与美元汇率的估计值最大。最后，按照相关文献，我们使用油价模型作为企业外汇风险敞口的主要估计模型。当然，我们也可应要求提供使用其他模型和汇率的估计结果。

表5-5 使用替代模型对汇率风险的估计

Panel A						
汇率	AD模型	Jorion模型	发展中国家	中国	FF-4	石油价格模型
USD/CNY	0.223***	0.736***	0.592***	0.637***	0.110***	0.223***
	(0.028)	(0.023)	(0.029)	(0.022)	(0.021)	(0.023)
EUR/CNY	0.211***	-0.031***	0.271***	-0.028***	-0.016***	-0.029***
	(0.004)	(0.003)	(0.004)	(0.003)	(0.003)	(0.003)
JPY/CNY	-0.124***	0.098***	-0.097***	0.111***	0.007**	0.101***
	(0.004)	(0.004)	(0.005)	(0.003)	(0.003)	(0.004)
Panel B						
汇率	AD模型	Jorion模型	发展中国家	中国	FF-4	石油价格模型
USD/CNY	0.184***	0.179***	0.259***	0.227***	0.015***	0.185***
	(0.006)	(0.005)	(0.006)	(0.005)	(0.005)	(0.005)
EUR/CNY	0.107***	-0.053***	0.079***	-0.106***	-0.025***	-0.049***
	(0.005)	(0.005)	(0.006)	(0.005)	(0.005)	(0.005)
JPY/CNY	-0.216***	0.071***	-0.220***	0.036***	0.017***	0.075***
	(0.004)	(0.004)	(0.004)	(0.003)	(0.003)	(0.004)

为了捕捉中国上市公司外汇风险的动态特征，我们进一步将估计窗口划分

为 8 个半年期窗口。也就是说，对公司的外汇风险的估计是在 8 个时期进行的。我们报告了各公司的平均风险敞口估计值，并进行 t 检验以检验汇率风险是否显著。*** 、** 和 * 分别表示在 1% 、5% 和 10% 水平上的显著性。结果在表 5 - 6 中报告。由于我们对企业的汇率风险的大小更感兴趣，我们取每个系数估计值的绝对值。如表 5 - 6 所示，企业在 2007—2011 年的汇率风险比 2016—2020 年的汇率风险更大。在国际金融危机爆发后的前半年，汇率风险最大。此外，在 20 个半年窗口的 15 个窗口中，企业汇率风险的估计结果在 1% 的水平上是显著的。

表 5 - 6　汇率风险的半年区间估计值

2007—2011 年		2016—2020 年	
时间区间	估计系数	时间区间	估计系数
2007 - 01 - 01—2007 - 06 - 30	2.749*** (0.106)	2016 - 01 - 01—2016 - 06 - 30	0.034 (0.023)
2007 - 07 - 01—2007 - 12 - 31	0.121* (0.068)	2016 - 07 - 01—2016 - 12 - 31	0.204*** (0.017)
2008 - 01 - 01—2008 - 06 - 30	0.274*** (0.053)	2017 - 01 - 01—2017 - 06 - 30	0.465*** (0.022)
2008 - 07 - 01—2008 - 12 - 31	4.251*** (0.128)	2017 - 07 - 01—2017 - 12 - 31	0.266*** (0.017)
2009 - 01 - 01—2009 - 06 - 30	0.946*** (0.356)	2018 - 01 - 01—2018 - 06 - 30	0.396*** (0.013)
2009 - 07 - 01—2009 - 12 - 31	0.416 (0.880)	2018 - 07 - 01—2018 - 12 - 31	0.097*** (0.011)
2010 - 01 - 01—2010 - 06 - 30	0.971*** (0.114)	2019 - 01 - 01—2019 - 06 - 30	0.241*** (0.015)
2010 - 07 - 01—2010 - 12 - 31	1.004*** (0.041)	2019 - 07 - 01—2019 - 12 - 31	0.189*** (0.027)
2011 - 01 - 01—2011 - 06 - 30	1.733*** (0.111)	2020 - 01 - 01—2020 - 06 - 30	0.030 (0.022)
2011 - 07 - 01—2011 - 12 - 31	0.012 (0.047)	2020 - 07 - 01—2020 - 12 - 31	0.127*** (0.021)

考虑到我们的样本公司集中在制造业（2321 家样本公司中的 1504 家，占 64.8%），为了避免其他行业的公司的汇率风险敞口可能被制造业公司的汇率风险敞口所掩盖，我们按行业单独估计公司的汇率风险敞口。我们按照中国证监会（CSRC）的行业分类，仍然采用中美汇率的油价模型来估计各行业企业的平均汇率风险。我们报告了平均汇率风险敞口的估计值，并进行相应的 t 检验来检验平均值的统计显著性。*** 、** 和 * 分别表示在 1%、5% 和 10% 水平上的显著性。表 5 - 7 报告了有关估计结果。

除了住宿和餐饮业以及健康和社会工作行业在 2016—2020 年不显著，各个行业汇率风险的估计值至少在 10% 的水平上显著（可能是由于样本量小）。汇率风险最大的行业是科学研究和技术服务行业（2007—2011 年）。我们认为这可能与这些行业的企业往往存在更多的国外业务和外国投资有关。对于占我们样本企业比例最大的制造业企业，其 2007—2011 年的平均外汇风险系数为 0.746，2016—2020 年为 0.185。

表 5 - 7 特定行业的汇率风险估计

行业代码	#	估计系数（2007—2011 年）	估计系数（2016—2020 年）
A	34	0.703 *** (0.200)	0.342 *** (0.051)
B	64	0.299 ** (0.119)	0.089 *** (0.029)
C	1504	0.746 *** (0.030)	0.185 *** (0.007)
D	87	0.615 *** (0.078)	0.173 *** (0.022)
E	63	0.622 *** (0.151)	0.089 *** (0.030)
F	126	0.691 *** (0.074)	0.184 *** (0.021)
G	79	0.657 *** (0.081)	0.043 * (0.023)
H	8	0.497 * (0.278)	0.094 (0.079)

续表

行业代码	#	估计系数（2007—2011 年）	估计系数（2016—2020 年）
I	187	0.959*** (0.116)	0.312*** (0.021)
L	39	0.983*** (0.218)	0.141*** (0.045)
M	20	1.769*** (0.356)	0.175*** (0.064)
N	43	0.853*** (0.178)	0.134*** (0.038)
P	7	0.940** (0.394)	0.231** (0.106)
Q	10	1.193*** (0.394)	0.107 (0.086)
R	36	0.767*** (0.189)	0.195*** (0.041)
S	14	0.695*** (0.207)	0.223*** (0.067)

5.5.3 宏观经济新闻对汇率风险的影响

我们从国家统计局的官方网站上收集有关 GDP 和 CPI 的宏观经济新闻，从海关总署的数据库中收集有关进出口新闻的发布日期。在宏观经济新闻对企业外汇风险敞口影响的检验中，我们进一步将新闻分为“繁荣新闻”和“负面新闻”两组。

我们的宏观经济新闻样本涉及三类信息，即每季度公布的 GDP 增长、每月公布的 CPI 以及每月公布的进出口。如果经济指标表明一个经济体正在蓬勃发展，我们就将一条宏观经济新闻定义为“繁荣新闻”，即 GDP 增长，CPI 上升，进出口上升。如果新闻表明经济正在降温，即 GDP 增长下降，CPI 下降，或进出口下降，那么该新闻被归类为“负面新闻”。

在宏观经济新闻的影响下，企业的汇率风险可以分解为企业对整体市场条件的汇率风险（系统风险）和企业对宏观经济新闻的特异性汇率风险（特异性风险）。因此，我们针对美元和人民币之间的汇率，并应用 Adler 和 Dumas（1984）模型来估计企业的汇率风险。AD 模型并不分解企业的风险敞口，而是通过总体估计得到企业的风险敞口。对宏观经济新闻影响的测试遵循了事件研究的精神。我们比较每个公司在宏观经济事件公布前后 5 天的汇率风险。宏观经济新闻信息在 2007—2011 年和 2016—2020 年都被收集。考虑到在相近的日期可能会有不同的宏观经济新闻发布，这可能会混淆我们对某一特定类型的宏观新闻影响的估计，我们要求被选为样本事件的宏观经济新闻必须彼此相隔至少 10 天。为了测试的稳健性，我们重新设计了筛选步骤，要求样本宏观经济事件彼此之间相隔至少 20 天。表 5－8 中列出了不同类型的宏观经济新闻下汇率风险概况。

表 5－8　不同新闻类型下的外汇风险

<table>
<tr><th>标准</th><th>事件分类</th><th>事件数量</th><th>频率</th></tr>
<tr><td rowspan="10">相隔 10 天及以上</td><td colspan="3">分类 1</td></tr>
<tr><td>包括 GDP</td><td>17</td><td>季度</td></tr>
<tr><td>包括 CPI</td><td>96</td><td>月度</td></tr>
<tr><td>包括进口和出口</td><td>84</td><td>月度</td></tr>
<tr><td colspan="3">分类 2</td></tr>
<tr><td>繁荣新闻</td><td>95</td><td>—</td></tr>
<tr><td>负面新闻</td><td>102</td><td>—</td></tr>
<tr><td colspan="3">事件总数量</td></tr>
<tr><td colspan="3">197</td></tr>
<tr><td colspan="3"></td></tr>
<tr><td rowspan="9">相隔 20 天及以上</td><td colspan="3">分类 1</td></tr>
<tr><td>包括 GDP</td><td>14</td><td>季度</td></tr>
<tr><td>包括 CPI</td><td>92</td><td>月度</td></tr>
<tr><td>包括进口和出口</td><td>14</td><td>月度</td></tr>
<tr><td colspan="3">分类 2</td></tr>
<tr><td>繁荣新闻</td><td>58</td><td>—</td></tr>
<tr><td>负面新闻</td><td>62</td><td>—</td></tr>
<tr><td colspan="3">事件总数量</td></tr>
<tr><td colspan="3">120</td></tr>
</table>

以 10 天的间隔作为筛选窗口，我们共发现 197 个事件，其中 17 个是关于 GDP 的，96 个是关于 CPI 的，84 个是关于进出口的。在这些新闻事件中，“繁荣新闻”所占的比例比“负面新闻”略小。当我们把差距窗口扩大到 20 天时，新闻分布仍然是类似的模式，只是所选的每一类宏观经济新闻的合格事件的数量较少（120 个事件）。

表 5 - 9 列出了企业在新闻发布日（事件日 = 0）的平均汇率风险变化的估计。表中显示，总体而言，当有宏观经济新闻发布时，企业的汇率风险增加，在 1% 的水平上显著。在不同类型的新闻中，汇率风险的最大变化来自企业对 GDP 新闻的反应。总体而言，企业的平均汇率风险增长了 101.9%。这意味着中国上市公司在国际资本市场上的风险受到中国经济在国内经济增长的影响。

表 5 - 9　宏观事件日的汇率风险敞口

事件类别	事件数量	平均汇率风险暴露	P 值
所有事件	197	17.935	0.000
分类 1			
包括 GDP	17	101.901	0.000
包括 CPI	96	9.846	0.000
包括进口和出口	84	12.793	0.000
分类 2			
繁荣新闻	95	25.256	0.000
负面新闻	102	10.983	0.000

为了更清楚地确定宏观经济新闻对企业汇率风险的影响，我们比较宏观经济新闻公布日前后的 5 天窗口的汇率风险差异（见表 5 - 10）。结果提供了与表 5 - 9 中类似的结果。风险敞口的增加对有关 GDP 的宏观经济新闻最为敏感，而在 CPI 的新闻之后，汇率风险敞口的差异没有出现明显的变化。正面的宏观经济新闻的影响比暗示经济降温的宏观经济新闻的影响要大。

表5-10 使用匹配样本的外汇汇率风险

汇率风险暴露的估计系数	事件数量	均值	T值	P值
所有事件	197		11.017***	0.000
5天以前		18.958		
5天以后		20.871		
分类1				
包括GDP	17		41.607***	0.000
5天以前		74.323		
5天以后		132.831		
包括CPI	96		-0.786	0.432
5天以前		13.463		
5天以后		13.326		
包括进口和出口	84		-30.326***	0.000
5天以前		15.795		
5天以后		9.224		
分类2				
繁荣新闻	95		10.026***	0.000
5天以前		21.309		
5天以后		24.094		
负面新闻	102		4.619***	0.000
5天以前		16.823		
5天以后		17.808		

如表5-10和表5-11所示，“繁荣的消息”和“负面的消息”都与企业的外汇风险的增加有关。我们认为，这是因为宏观经济新闻，不管是关于一个经济体繁荣的还是萧条的，都会对该经济体的货币价值发出信号。只要一个公司在国际市场上存在敞口，这种估值变动和相应的汇率风险就会复合成公司的汇率风险。因此，无论宏观经济新闻是“繁荣新闻”还是“负面新闻”，这些事件总是在短时间内提升企业的外汇风险。

更具体地说，当经济繁荣的消息发布时，预计有外汇风险的公司将更有可能承担商业风险。例如，在国际贸易中，经济繁荣的消息与企业更大的外汇风险敞口呈正相关关系。另外，当有经济降温的消息发布时，我们有理由相信，对于有风险的企业来说，国际贸易条件可能会恶化。因此，企业的外汇风险敞口可能也会增加，企业的股票价格也会上升。

为了评估在宏观经济新闻发布后企业的汇率风险是否会在更长的时间范围内发生逆转，我们使用同样的样本进行检验，但事件窗口为21天（[t-10，t+10]）。事实上，我们发现，在21天的窗口中，汇率风险似乎与11天的窗口中的模式不一样。特别是在宏观经济新闻发布后的10天内，汇率风险敞口的差异变得明显小于之前的窗口，特别是在有关进出口的新闻之后。我们认为，这种反转模式可能是由于参与国际贸易的企业倾向于灵活调整，以适应全球市场的动态经济状况。当有关于进出口的消息发布时，这些与国际贸易相关的公司往往是最敏感的，因此在短的时间窗口内，这些公司往往对汇率风险的反应最大。一旦新发布的进出口消息被充分消化后，这些企业就能根据近期进出口状况所诱发的汇率风险来调整自己的行为。因此，在这些国际贸易公司适应之后，在一个较长的时间窗口内，它们实际上会较少受到这类汇率波动的影响。

表5-11　事件窗口为21天的外汇风险的T检验估计值

汇率风险暴露估计系数	事件数	均值	T值	P值
		分类1		
包括GDP	14		-1.209	0.227
10天以前		63.059		
10天以后		61.672		
包括CPI	92	—	-1.487	0.137
10天以前	—	3.676	—	—
10天以后	—	3.645	—	—
包括进口和出口	14		-31.833***	0.000
10天以前		76.980		
10天以后		42.413		
		分类2		
繁荣新闻	58		-9.063***	0.000
10天以前	—	13.858	—	—
10天以后	—	12.002	—	—
负面新闻	62		-11.340***	0.000
10天以前	—	8.677	—	—
10天以后	—	7.431	—	—

但同样重要的是，我们对灾难性事件发生后企业的汇率风险敞口感兴趣。

我们特别比较了国际金融危机爆发前一年（2008 年）和新冠疫情暴发前一年（2019 年）的企业平均汇率风险。我们在油价模型中以 10 个月为窗口，以滚动方式估计汇率风险。股票收益和汇率数据的范围分别为 2007 年 1 月至 2011 年 12 月和 2016 年 1 月至 2020 年 12 月。我们以绝对值来计算汇率风险，以方便比较这些冲击周围的汇率风险的大小。

如表 5－12 所示，2008 年国际金融危机后企业的平均汇率风险敞口明显高于金融危机前，这表明金融危机显著提高了中国企业的汇率风险敞口水平。同时，自新冠疫情暴发以来，企业的平均汇率风险敞口明显高于暴发之前，这表明新冠疫情也增加了中国企业的汇率风险水平。这些结果对关于大流行病对公司财务影响的文献有所贡献（Ellul、Erel 和 Rajan，2020）。

表 5－12 国际金融危机前后的汇率风险和新冠疫情

事件	观测值	均值	差异	双尾检验 P 值
国际金融危机	20695	—	0.249***	0.000
2007 年平均汇率风险暴露（绝对值）	10378	0.236	—	—
2008 年平均汇率风险暴露（绝对值）	10317	0.485	—	—
新冠疫情	54335	—	0.190***	0.000
2019 年平均汇率风险暴露（绝对值）	27168	0.606	—	—
2020 年平均汇率风险暴露（绝对值）	27167	0.795	—	—

5.6 本章小结

企业对外汇波动的风险是国家宏观经济状况的一个函数。在本书前面章节中，我们估计了中国上市企业对外汇汇率变动的风险。本节基于不同估计窗口的滚动回归模型，评估了企业汇率风险受宏观经济新闻的影响。

我们发现，中国上市公司的公司价值与它们对外汇汇率波动的风险显著相关。当汇率风险水平增加时，中国上市公司的股票估值平均下降。在滚动回归中，这些表现在较短的估计窗口中变得更加明显。另外，与人民币兑其他外币，如欧元或日元的汇率对上市公司估值影响相比，人民币兑美元的汇率对中国上市公司估值有更大的影响。我们还发现，企业汇率风险相对某些特定货币更加严重。

在检验宏观经济新闻对公司外汇风险的影响时，我们得出以下三个主要结论。首先，宏观经济新闻的发布总体来说增加了中国上市公司对外汇汇率波动的风险。具体来说，在发布与GDP及国际贸易相关的新闻之后，这种影响最为显著。其次，企业对外汇的风险敞口对表明经济繁荣而不是萧条的消息更加敏感。最后，重要的外部冲击（国际金融危机和新冠疫情）能够显著加大企业的汇率风险。

本章的研究成果为接触国际贸易和投资的公司政策提供了重要的意义。公司应该如何在具有不同外汇风险敞口的部门之间分配投资？公司管理者应该采取什么样的对冲立场来进行风险管理？我们期望未来的研究能够帮助我们加深这方面的理解。

第6章 汇率联动性对企业汇率风险敞口的影响

6.1 引言

毫无疑问，企业价值会受到汇率的影响，被影响的程度则被称为企业的汇率风险敞口。从资产组合的角度来看，企业价值受汇率的影响程度取决于企业所持有的外币资产组合的风险可分散性。以人民币为例，理论上其他国际货币与人民币的联动性和中国企业的汇率风险敞口之间应该存在正相关关系，因为如果企业的外币资产组合与以人民币计价的外币汇率变动高度正相关，那么中国企业面临的汇率风险难以完全分散化（Goldberg 和 Heflin，1995；Krapl，2017，2020）。然而，以人民币计价的外汇汇率的联动性受人民币币值和其他货币币值两种因素的驱动。从中国企业的角度来看，如果人民币驱动了其他货币的变化，那么这些外币汇率的联动性也是由人民币的价值变化决定的。当然，这些外币汇率的联动性也可能仅仅因为它们的价值向同一个方向移动而出现。一个常见的情况是它们的价值变化都是美元价值变动引起的。

正如笔者在前面章节所描述的，人民币在新兴市场货币中所发挥的锚定效应越来越强。最近的一些研究认为，新冠疫情暴发后人民币的影响有所增强，因为人民币与一系列新兴市场经济体货币之间的波动惊人相似，在人民币对美元升值期间，亚洲新兴市场货币也经历了类似的波动（Wei 等，2020）。人民币汇率灵活性的增强及其在新兴市场货币中的驱动作用提出了一个尚未被理解的重要问题：人民币和其他货币汇率的联动性是否以及如何影响中国企业的汇率风险敞口。

为了回答这一研究问题，笔者考察了以人民币计价的外币汇率联动性与中国企业的汇率风险敞口之间的关系。特别地，笔者估算了发达经济体货币（DE）和新兴市场货币（EME）的汇率联动性，发现两者存在显著差异。新兴市场经济体仅部分融入全球金融市场，其资产与发达经济体资产的相关性较低（Chaieb 等，2013）。更重要的是，越来越多新兴市场国家在与中国贸易时使用人民币进行计价和结算（Eichengreen 等，2007；Meissner 和 Oomes，2009），这减少了企业所面临的收入成本币种错配情况，进一步缩小了中国企业的汇率风险敞口。因此，新兴市场货币的联动性对中国企业风险敞口的影响应小于发达经济体货币的联动性对中国企业风险敞口的影响。

在本章中，笔者使用了 2005—2019 年所有中国上市公司的大样本，实证检验了汇率联动性对企业汇率风险敞口的影响。笔者发现，以人民币计价的外币联动性呈现时变特征。随着人民币作为区域货币的出现及其灵活性的提高，发达经济体货币对人民币的同步性下降，新兴市场货币对人民币的同步性显著上升。实证研究显示，汇率联动性增加了企业的汇率风险敞口，而人民币在跨境贸易中所发挥的计价和结算职能削弱了新兴市场货币汇率联动性与企业货币风险敞口之间的关系，这表明新兴市场货币汇率联动性对企业汇率风险敞口的影响小于发达经济体货币汇率联动性的影响。随着“一带一路”的推进以及企业业务国际化程度的提升，新兴市场货币的汇率联动性对企业汇率风险敞口的影响也开始减小。在控制了汇率风险敞口的其他传统影响因素、双边固定效应，更换汇率联动性的度量指标以及采取不同的模型设置后，本章的实证结果始终保持稳健。

笔者还为人民币国际化的影响提供了进一步的证据。笔者发现，新兴市场货币的汇率联动性对汇率风险敞口的影响在人民币加入 SDR 之后、在人民币升值以及低波动性时期较之前更小。这进一步证实了笔者之前的发现，即人民币的国际化，特别是在跨境贸易中所发挥的计价和结算职能通常有助于降低汇率联动性对中国企业汇率风险敞口的影响。

本章的研究内容与已有的两类文献紧密相关。一类文献是关于人民币国际化的经济和政策类研究。现有的研究主要集中于以下问题：人民币是否以及如何推动新兴市场货币的变动（Kawai 和 Pontines，2016；Keddad，2019），即本书中前几节所研究的两两货币间的联动性；人民币是不是一种避险货币（Fatum 等，2017；Mccauley 和 Shu，2019），以及人民币对国际货币体系的影响（He 等，2016；Batten 和 Szilagyi，2016；Marconi，2018）。笔者通过证明人民币的国际化可以减小汇率联动性对中国企业汇率风险敞口的影响，进一步说明了人民币国际化的积极意义。

另一类文献是汇率风险敞口相关文献研究。据了解，这是对企业汇率风险敞口与以人民币计价的货币汇率联动性之间联系的第一篇学术探究。最近的证据表明，由于汇率联动性而导致的不可分散的货币风险对许多美国公司具有显著的影响（Krapl，2020）。笔者的研究结果表明，这可能是由于大多数公司收入和成本的币种错配所导致的，而在跨境贸易中使用本币进行贸易计价和结算可以有效缓解这一币种错配的问题。

6.2 文献回顾

6.2.1 汇率联动性和企业的汇率风险敞口

汇率风险在全球金融市场中是重要的定价因素，也是证券预期回报的重要决定因素（Reeb 等，1998；Carrieri 等，2006；Krapl，2015）。一个重要的原因是外汇风险在很大程度上是不可分散的，并对国际投资组合的表现产生负向影响（Eun 和 Resnick，1988；Goldberg 和 Heflin，1995；Dolde 等，2012）。部分实证研究表明外汇风险的分散性与系统性风险显著负相关（Goldberg 和 Heflin，1995；Krapl，2020）。

汇率风险的非分散性源于汇率变动之间的高度相关性（Eun 和 Resnick，1988；Allayannis 等，2001；Krapl，2020）。以人民币为例，理论上其他国际货币与人民币的联动性和中国企业的汇率风险敞口之间应该存在正相关关系。如果国际投资组合中以人民币计价的外币汇率变动高度正相关，则中国企业面临的汇率风险难以完全分散化（Goldberg 和 Heflin，1995；Krapl，2017）。然而，以人民币计价的外币汇率联动性可能源于两种情况：一是人民币币值大幅变化，此时货币投资组合的变动取决于人民币的价值变化；二是外汇币值受其他共同因素驱动，如美元币值变化，此时各外汇币值朝着相同的方向移动。后者在已有文献已经得到充分的研究（Benediktsdottir 和 Scotti，2009；Li，2011；Loaiza - Maya 等，2015；Caporale 等，2018）。随着中国经济的发展与人民币国际化进程的推进，人民币汇率的灵活性在增强，这也导致前者逐渐发挥出更大的作用，尤其是对新兴市场经济体（Kawai 和 Pontines，2016；Caporale 等，2018）。如果人民币币值发生较大变化，那么新兴市场货币的联动性则会增强。

值得注意的是，人民币国际货币地位的提升也表现为人民币在跨境贸易和结算中使用占比的不断增加（Eichengreen 等，2007；Meissner 和 Oomes，2009）。同一货币的使用有助于缓解企业收入和成本的币种错配问题，从而减少汇率联动性对中国企业的汇率风险敞口的影响，而这种情况更多地出现在中国企业与新兴市场企业的贸易中。如果中国企业更多地使用人民币与新兴市场企业进行贸易结算，新兴市场货币联动性所导致的汇率风险难以分散对中国企业的汇率风险敞口的影响应该较小。基于以上讨论，笔者提出研究假设 6.1。

假设 6.1：企业的汇率风险敞口与汇率联动性正相关，其中新兴市场货币组合联动性对企业的汇率风险敞口的影响小于发达经济体货币组合联动性的影响。

6.2.2 “一带一路”倡议的影响

之前笔者指出人民币在跨境贸易和金融交易中使用份额的提升是新兴市场货币联动性对企业汇率风险敞口的影响弱于发达经济体货币联动性的影响的重要原因。由于数据来源限制，笔者无法直接观察人民币在全球跨境贸易和金融交易中的份额占比，但通过分析“一带一路”倡议的提出和推广过程，笔者为上述观点提供了侧面论证。

2008 年国际金融危机深刻地冲击了全球经济和政策格局，全球经济形势发生了巨大变化，危机的后续影响不断浮现。后金融危机时代，全球经济呈现出复苏大幅放缓的趋势，经济缺乏新的增长动力，由“做蛋糕”阶段转变为“分蛋糕”阶段，全球范围内金融市场投机性明显上升，贸易全球化速度明显放慢。受此影响，局部性的贸易争端和冲突此起彼伏，贸易保护主义抬头。新兴市场和发展中国家的政治、经济与军事利益诉求较少得到回复及满足，传统上以美国、欧盟为首的诸多发达国家和地区领导全球治理的模式越来越不满足全球经济新的发展态势，这对全球治理模型提供了新的要求。另一方面，新兴市场和发展中国家更加灵活且更为紧密的地区性合作机制开始盛行，为全球化和经济增长带来了新的闪光点。这些合作机制提供了一个平等对话和商讨的平台，使得参与各方能够更好地反映和维护自身权益，也使得参与其中的各个经济体能够在多个领域开展全面性、深度性的合作，其中一些具有代表性的地区性合作机制包括东盟、西非经济共同体等。

在经济全球化和世界经济疲软复苏缓慢的大背景下，单一国家仅靠本国力量难以克服经济发展的难题。作为全球第二大经济体、第一大发展中国家，中国有能力也有必要参与并领导全球治理格局的变革，搭建起全球各国平等协商合作和互利共赢的新平台。就我国的实际情况而言，改革开放40多年来，我国经济迅速腾飞，创造了属于中国的奇迹。但在经济高速增长的背后，也隐藏了很多结构性的问题。一个大问题就是经济发展在地理分布上的不均衡。东部沿海地区开放更早，与发达经济体进行国际贸易更为便捷，而受开放时间晚、基础设施薄弱、地理位置靠近内陆等因素的影响，我国西南、西北等内陆地区的经济发展程度仍较低。

在内外两种因素的作用下，习近平主席在2013年9月和10月访问哈萨克斯坦和印度尼西亚时分别提出建设“丝绸之路经济带”和“21世纪海上丝绸之路”的宏伟蓝图。这两个计划后来被统称为“一带一路”，其希望能通过能源、物流、法律、贸易等多维度的伙伴关系网络，引领我国对外开放的新格局，也着力推动共建国家共同合作，共享经济发展成果。该倡议在国内外都得到了广泛的关注。经过一年多的磋商和讨论，中国国内各部门就“一带一路”倡议的落实达成共识并形成了重要的书面文件。2015年3月28日，《推动共建丝绸之路经济带和21世纪海上丝绸之路的愿景与行动》发布，这表明“一带一路”倡议已正式成为中国的国家战略之一。该倡议的内涵包括人类命运共同体、开辟国际合作新模式和提供协同发展新动力，有六个维度的重要意义：削减贸易成本、帮助中国企业走向海外、助力人民币国际化、保障能源合作、促进共建国家经济增长和激发历史活力。

“一带一路”倡议提出后，中国与沿线国家的金融合作和贸易往来进一步加深，有效促进了中国进一步融入世界经济，并增强了中国在该地区乃至全球范围内的影响力（Wang，2016）。就实际情况而言，“一带一路”倡议加深了中国与共建国家的国际合作，促进了中国对外直接投资。许统生等（2016）使用中国对“一带一路”共建国家的出口数据分析了电子商务发展的动态影响，发现中国电子商务发展在不断提升，对滞后一期和二期的出口都有正向影响。段晓华（2017）分析了“一带一路”倡议所开创的区域经济紧密合作的新模式。在“一带一路”倡议下，中国参与并引领全球经济治理的路径主要包括推动地区间各经济体的经济平衡发展，实现互利共赢；推动实现国际产业链中各国的产业发展的优化升级，完善合作格局；努力缓解当前经济全球化和全球经济放缓背景下的供需矛盾，实现经济复苏；推动国际贸易的健康发展和跨境资本的均衡配置，减少金融风险。Du 和 Zhang（2018）发现，为响应“一带一路”倡议，中国企业的海外直接投资在“一带一路”共建国家明显增加，其中股权并购业务占比较大。在出海企业属性方面，国有控股企业更钟爱于基础设施领域的收购，份额占比处于统治地位，而非国有控股企业则在非基础设施领域的收购中更为活跃。在目的地国家方面，中亚、西亚、俄罗斯和西欧是中国企业对外直接投资的主要国家和地区。此外，该倡议背后是高层国际政治合作和共建国家政府的支持，这可以减少中国企业在共建国家投资的政治风险，也可以减轻文化差异和地理距离对中国对外直接投资的负面影响。

中国与“一带一路”共建国家经贸往来的深入，使人民币对这些国家的影响逐渐加深。林乐芬和王少楠（2016）提出，借助政府的调控作用以及“一带一路”平台上活跃的欧亚贸易和对外投资，可显著提高人民币国际化水平。张帆等（2017）则认为通过贸易渠道、投资渠道、储备货币渠道和人民币金融服务的支持，“一带一路”倡议将显著提升人民币在国际上的使用程度，人民币国际化也为“一带一路”倡议提供了充分的流动性支持，二者呈现相互促进的良性循环。谭小芬等（2017）探讨了“一带一路”倡议下的人民币国际化实施路径，认为该倡议能够在很大程度上增加人民币国际化水平，特别是推动人民币从结算货币提升为储备货币。多项研究发现，为了保持价格稳定和国际竞争力，一些新兴市场已经明确或含蓄地在其篮子货币中加入了人民币权重（Lien等，2014；Marconi，2018）。更重要的是，在该倡议的影响下，近年来在共建国家和跨境交易中使用人民币的频率不断增加（Ito，2017；宋科等，2022b），为中国企业使用人民币进行跨境交易提供了便利，降低了这些企业面临的汇率风险。据此，笔者提出假设6.2。

假设6.2：随着越来越多国家加入“一带一路”倡议，新兴市场货币的联动性对企业汇率风险敞口的影响在减小。

6.2.3　跨国企业和非跨国企业

企业汇率风险敞口的直观来源是经营过程中收入和成本的错配。值得注意的是，汇率风险不仅影响直接从事国际业务的跨国企业，也会影响不从事国际贸易或国际金融交易的非跨国企业（Bergbrant等，2014；Francis等，2017）。由于国内企业经营所在市场的竞争（Hutson和Laing，2014）以及国内企业向全球参与企业的资源分配（Goldberg，1993），国内企业会受到间接影响。

相比之下，虽然跨国公司承担直接风险和间接风险，但是它们也有其他降低风险的途径，包括货币多样化、用同一货币的成本抵消货币收入以及更灵活地管理外汇风险（Pantzalis等，2001；Hutson和Liang，2014；He等，2021）。一些研究表明，企业的跨国经营程度与其汇率风险敞口之间存在负相关关系。例如，Pantzalis等（2001）利用220家美国跨国公司的样本发现，公司风险敞口随着子公司所分布的国家数量的增加而减少。Williamson（2001）证明，在汽车行业中，一家公司的海外业务规模越大，其汇率风险敞口越低。最近，Huston和Laing（2014）发现，企业的汇率风险敞口与其跨国程度显著负相关。据此，笔者提出假设6.3。

假设6.3：汇率联动性对非跨国企业汇率风险敞口的影响大于对跨国企业汇率风险敞口的影响。跨国公司的汇率风险敞口对新兴市场货币联动性的敏感程度弱于对发达经济体货币联动性的敏感程度。

6.3 研究设计

6.3.1 联动性估计

为了捕捉表现为外币组合可分散性的汇率联动性，笔者使用了不同度量方式。首先笔者直接使用不同汇率的无条件相关系数并取均值（Billio 等，2017；Krapl，2020）。这是由于一系列文献表明，使用相关系数度量汇率联动性的效果与使用其他复杂方法度量的效果基本相似（Chiang 等，2007；Billio 等，2017）。无条件相关系数越高，企业所持有的外币资产组合的风险可分散性就越弱。通过使用4年滚动周期窗口，笔者估计了发达经济体和新兴市场货币投资组合中任意两种货币的无条件相关系数（UCC），并使用货币组合的系数平均值作为货币组合的联动性。具体如式（6－1）所示：

$$comove = mean(UCC) \tag{6-1}$$

现在文献中还有许多度量资产组合联动性的指标（Goetzmann 和 Kumar，2008；Pukthuanthong 和 Roll，2009；Lustig 等，2011；Billio 等，2017）。在本章的稳健性检验部分，笔者也使用其他的联动性度量指标作为被解释变量。汇率原始数据来自国际货币基金组织（IMF）公布的国际金融统计（IFS）数据库中各货币兑美元的汇率，并通过套算得到发达经济体和新兴市场经济体货币兑人民币的月度双边汇率，最终计算出的 comove 区间为2005年8月至2019年12月。

6.3.2 汇率风险敞口估计

通过采用文献中的一致做法（Jorion，1990；He 和 Ng，1998；Bartram 等，2010），笔者使用线性的双因子模型来测算每个企业的外汇风险敞口，如式

（6－2）所示：

$$LRf_{i,t} = \alpha_i + \mu_i LRm_t + \gamma_i LRc_t + \varepsilon_{i,t} \quad (6-2)$$

式（6－2）中，$LRf_{i,t}$为企业 i 股票在 t 时刻的月度收益率；LRm_t为价值加权市场指数的月收益率；LRc_t是货币指数的月收益率。因此系数γ_i衡量了企业价格对汇率波动的敏感性，即为企业 i 的汇率风险敞口。值得注意的是，在估算企业的汇率风险敞口时通常选择贸易加权货币指数，如美联储公布的广义美元贸易加权指数、主要货币美元贸易加权指数等（Krapl，2020）。为了区分发达经济体和新兴市场货币组合的联动性对中国企业的汇率风险敞口的影响，笔者在分析中也通过贸易加权分别构建了对应的汇率指数：发达经济体货币人民币贸易加权指数和新兴市场货币人民币贸易加权指数。与式（6－1）保持一致，笔者对式（6－2）也采用4年滚动窗口回归估计。本章企业样本包括在上海证券交易所和深圳证券交易所上市的所有企业，然后删掉了金融企业和财务数据有缺失的企业。

6.3.3 基准回归

为了回答本章引言中所提出的问题，参考 Krapl（2020）和 Yusoff 等（2023）的做法，笔者使用式（6－2）中回归系数γ_i的绝对值 $|\gamma_{i,t}|$ 作为企业 i 的汇率风险敞口，并对汇率联动性 $comove_t$ 回归。面板固定效应模型如式（6－3）所示：

$$|\gamma_{i,t}| = \delta_0 + \delta_i + \theta_t + \eta_{i,t} + \beta\, comove_t + \rho Control + \epsilon_{i,t} \quad (6-3)$$

之所以使用回归系数γ_i的绝对值 $|\gamma_{i,t}|$ 作为汇率风险敞口，是因为企业可能受到汇率变动的正向或负向影响，即一家公司受益于汇率升值，而另一家公司则因汇率升值而受损。然而，汇率联动性对于企业汇率风险敞口的影响不依赖敞口方向，而和净敞口水平有关。因此笔者通过取绝对值构建了能够衡量企业汇率风险净敞口水平的指标。

控制变量包括以往研究中使用的企业层面的各类汇率风险敞口的决定因素。小公司比大公司更容易受到汇率波动的影响（Hutson 和 Laing，2014；He 等，2021）。笔者用公司的总资产（size）来控制公司的规模。公司的海外销售也可能会影响其所面临的汇率风险。直观来说，虽然对海外销售越多的公司对汇率的变化更加敏感（Jorion，1990；Nance 等，1993；Bartram，2004）。但是海外销售业务也会影响企业的外币多元化程度和汇率风险对冲工具的使用（Wei 和 Starks，2013；Hutson 和 Laing，2014）。笔者使用国际销售占总销售的比例（fsales）作为海外销售的代理变量。

此外，高负债企业往往存在投资不足的问题（Nance 等，1993；Froot 等，1993）。因此，高杠杆的公司更有可能进行对冲，从而导致更少的汇率风险敞口（He 和 Ng，1998）。相反地，一些研究发现，杠杆和企业的汇率风险敞口之间存在正相关关系，并认为高杠杆企业并不进行对冲操作（Wei 和 Starks，2013）。笔者使用负债与资产之比作为企业杠杆水平（leverage）的衡量标准。

盈利较好和流动性充足的企业，由于有能力降低金融冲击的预期损失，因而其进行对冲操作的动力较弱，反而可能会面临更高的汇率风险（Froot 等，1993；He 和 Ng，1998；Bartram，2004；Krapl，2020）。笔者使用速动比率（quickratio）来表征企业的流动性水平，使用营业利润率（profit）衡量公司的盈利能力。

对于成长型公司而言，对冲操作更有价值，因为其可以缓解投资不足的问题，所以成长型公司的风险敞口应该更低（Froot 等，1993；He 和 Ng，1998；Wei 和 Starks，2013）。笔者遵循 GÉCzy 等（1997）的方法，使用市账率（bm-ratio）来代表公司的增长前景。

6.4 实证分析

6.4.1 描述性统计

表 6 - 1 展示了本章中已经提到和将要使用的变量定义和数据来源。汇率变化率、股票收益率和年度会计变量分别来自 IFS、Wind 和 CSMAR 数据库。LRc_{de}表示发达经济体货币人民币贸易加权指数的对数收益率，LRc_{eme}表示新兴市场货币人民币贸易加权指数的对数收益率，LRf 表示各股票的对数收益率。

表6-1　变量定义和数据来源

变量	定义	数据来源
汇率联动性和汇率风险敞口		
LRc	贸易加权人民币指数的月度对数收益率	汇率数据来自IMF的IFS数据库 股价数据来自Wind数据库
LRf	股票的月度对数收益率	
LRm	价值加权市场指数的月度对数收益率	
γ	使用OLS回归得到LRc的系数作为企业汇率风险敞口的代理变量	
comove	双边汇率变化率的无条件相关系数均值作为汇率联动性的代理变量	
$comove^{R2}$	使用前三个主成分对汇率变化率进行回归，回归模型的调整后R^2，作为货币联动性的代理变量	
$comove^{var}$	货币组合变化率的方差与双边汇率变化率方差的贸易加权值的比作为货币联动性的代理变量	
控制变量		
size	资产总额	企业财务数据来自CSMAR数据库
bmratio	企业账面价值与市值之比	
profit	营业收入减去营业成本的差值与营业收入之比	
quickratio	速动资产与流动负债之比	
leverage	总负债与总资产之比	
fsales	境外业务收入占营业收入的比例	
subs	在2004—2019年，企业境外子公司的平均数量	

表6-2展示了汇率变化率、股票收益率和企业财务指标的描述性统计结果，包括观测数、均值、标准差和分位数。企业层面的控制变量包括总资产、账面市值比、营业利润率、速动比、资产负债率和对外销售份额。所有的财务指标都在1%和99%分位上进行缩尾处理。原始财务指标为年度数据，笔者将上一财年的财务指标与本年度的月度汇率风险敞口和汇率联动性进行合并，最终得到包含2771家企业和278598家企业—月观测值的样本。

表6-2　汇率变化率、股票收益率和企业财务指标的描述性统计

变量	观测数	均值	标准差	25th	50th	75th
$LR\,c_{de}$	173	0.12%	1.42%	-0.63%	0.12%	0.93%

续表

变量	观测数	均值	标准差	25th	50th	75th
LR c_{eme}	173	0.23%	1.52%	-0.63%	0.14%	1.02%
LRf	278598	-0.04%	15.42%	-7.26%	0.13%	8.04%
size	278598	0.109	0.253	0.016	0.035	0.084
bmratio	278598	0.628	0.256	0.426	0.634	0.839
profit	278598	0.260	0.171	0.139	0.223	0.347
quickratio	278598	1.343	1.439	0.566	0.911	1.491
leverage	278598	0.490	0.213	0.331	0.492	0.641
fsales	278598	0.079	0.173	0.000	0.000	0.057

表6-3报告了样本期内汇率风险敞口和汇率联动性的汇总统计数据，这是本章的被解释变量和核心解释变量。其中γ_{de}表示企业的发达经济体货币汇率风险敞口，γ_{eme}表示企业的新兴市场货币汇率风险敞口，$comove_{de}$表示发达经济体货币组合的汇率联动性，$comove_{eme}$表示新兴市场货币组合的汇率联动性。对于整个样本，企业汇率风险敞口γ_{de}和γ_{eme}的均值分别为-0.176和-0.183，表明人民币对发达经济体和新兴市场货币的升值对中国企业产生了负面影响。总体而言，发达经济体（新兴市场）货币对13.66%（11.23%）的企业有显著影响，这与He等（2021）的研究结果一致。发达经济体（新兴市场）货币的汇率风险敞口分布中负值偏多，56.48%（55.49%）的汇率风险敞口为负。显著值中也呈现相似规律，8.80%（7.26%）的汇率风险敞口显著为负，远高于4.86%（3.97%）的显著正值占比。

表6-3　汇率风险敞口和汇率联动性的描述性统计

变量	观测数	均值	标准差	25%	75%	正（%）	负（%）	显著		
								%	正（%）	负（%）
γ_{de}	278598	-0.176	1.488	-1.069	0.667	43.52	56.48	13.66	4.86	8.80
γ_{eme}	278598	-0.183	1.476	-1.022	0.635	44.51	55.49	11.23	3.97	7.26
$comove_{de}$	173	0.438	0.042	0.405	0.464					
$comove_{eme}$	173	0.233	0.042	0.197	0.256					

图6-1展示了$comove_{de}$和$comove_{eme}$的时变平均值。2005年，人民币不再完全盯住美元后，以人民币计价的发达经济体货币和新兴市场货币的联动性表现

出不同的变化。人民币固定汇率制度的解体，增加了人民币对发达经济体货币汇率的灵活性，从而降低了以人民币计价的发达经济体货币的联动性。相比之下，以人民币计价的新兴市场货币的联动性大幅上升，这显然与人民币作为区域货币的出现是相称的。上述的两种趋势在2008年国际金融危机期间发生了逆转。这是因为在2008—2010年，美元兑人民币汇率维持在6.83左右，即人民币在那期间实际上是盯住美元的。这也导致了发达经济体货币兑人民币汇率的联动性略有增加，但新兴市场货币兑人民币汇率的联动性却有明显的下降。这表明人民币汇率的灵活性对外币汇率的联动性有重要影响。

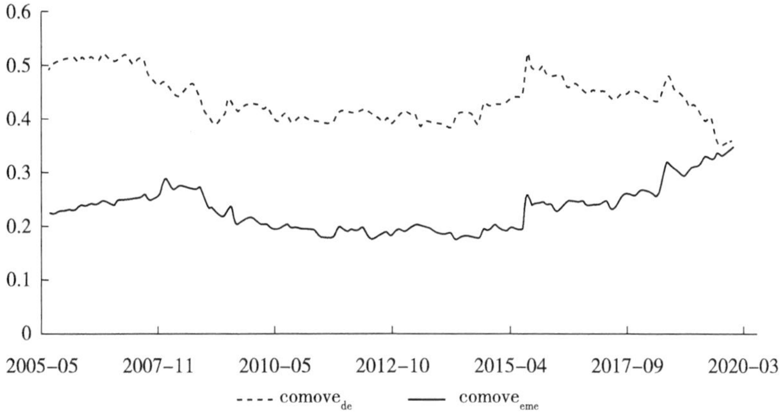

图6-1 发达经济体货币和新兴市场货币的时变联动性

2010年6月19日，中国人民银行重启人民币汇率制度改革，进一步增加了人民币汇率的灵活性。这也改变了新兴市场货币联动性下降的趋势。在2010年至2015年，新兴市场货币联动性和发达经济体货币联动性相似，都保持在相对稳定的状态。2015年8月11日，中国人民银行再一次对人民币汇率制度进行改革，进一步完善了中间价的报价规则，不仅增加了市场化程度，还提升了汇率灵活性，人民币汇率形成机制的透明度得到明显增强。随着人民币汇率灵活性的提高，我们也可以观察到，新兴市场货币的联动性水平显著上升，而发达市场货币的联动性则出现下降趋势。这些变化与人民币对发达市场货币汇率灵活性的增强以及人民币对新兴市场货币的锚定效应有关。

6.4.2 基准回归结果

表6－4报告了使用不同汇率指数计算出的企业汇率风险敞口作为被解释变量的两组回归结果。第一组［列（1）～列（3）］为发达市场货币风险敞口 $|\gamma_{de}|$ 对发达市场货币联动 $comove_{de}$ 的回归结果。第二组［列（4）～列（6）］则为新兴市场货币风险敞口 $|\gamma_{eme}|$ 对新兴市场联动性 $comove_{eme}$ 的回归结果。在不加入其他控制变量的情况下，在1%的置信水平下，发达经济体货币组合和新兴市场货币组合的联动性对企业的汇率风险敞口在统计上都具有显著的正向影响［见列（1）和列（4）］。这表明，当汇率联动性更高时，企业更有可能暴露于汇率风险。值得注意的是，$comove_{de}$ 的系数远高于 $comove_{eme}$ 的系数。平均而言，$comove_{de}$ 增加一个标准差使得企业的发达市场货币敞口 $|\gamma_{de}|$ 增加0.041。相比之下，$comove_{eme}$ 一个标准差的增加仅使新兴市场货币敞口 $|\gamma_{eme}|$ 增加0.026。总体而言，汇率联动性增加带来的风险可分散性减弱导致了企业面临更高的汇率风险敞口。与发达市场货币不同，新兴市场货币的汇率联动性更有可能受到人民币锚定效应的驱动。这会减轻企业汇率风险难以分散而产生的风险敞口。

当笔者控制了各种企业特征后，回归结果如表6－4中列（2）～列（3）和列（5）～列（6）所示。可以看到，回归结果都是相似的。在所有结果中，汇率联动性的系数在1%的显著性水平下都显著为正，同一种联动性所对应的系数值上也只有微小的变化。

表6－4 汇率联动性和企业的汇率风险敞口

变量	(1) $\|\gamma_{de}\|$	(2) $\|\gamma_{de}\|$	(3) $\|\gamma_{de}\|$	(4) $\|\gamma_{eme}\|$	(5) $\|\gamma_{eme}\|$	(6) $\|\gamma_{eme}\|$
$comove_{de}$	0.978*** (0.089)	0.976*** (0.089)	0.976*** (0.089)			
$comove_{eme}$				0.610*** (0.118)	0.613*** (0.118)	0.614*** (0.118)
size		−0.141*** (0.016)	−0.139*** (0.016)		−0.076*** (0.016)	−0.074*** (0.016)

续表

变量	(1) $\lvert\gamma_{de}\rvert$	(2) $\lvert\gamma_{de}\rvert$	(3) $\lvert\gamma_{de}\rvert$	(4) $\lvert\gamma_{eme}\rvert$	(5) $\lvert\gamma_{eme}\rvert$	(6) $\lvert\gamma_{eme}\rvert$
bmratio		-0.474*** (0.012)	-0.473*** (0.012)		-0.406*** (0.012)	-0.405*** (0.012)
profit		0.039** (0.019)	0.038** (0.019)		0.219*** (0.019)	0.217*** (0.019)
quickratio		0.015*** (0.002)	0.015*** (0.002)		0.013*** (0.002)	0.013*** (0.002)
leverage		0.132*** (0.016)	0.131*** (0.016)		0.273*** (0.016)	0.272*** (0.016)
fsales			-0.056*** (0.018)			-0.082*** (0.017)
常数项	0.697*** (0.039)	0.916*** (0.041)	0.921*** (0.041)	0.950*** (0.028)	1.005*** (0.031)	1.011*** (0.031)
企业	Yes	Yes	Yes	Yes	Yes	Yes
年份	Yes	Yes	Yes	Yes	Yes	Yes
观测数	278598	278598	278598	278598	278598	278598
R^2	0.374	0.379	0.379	0.379	0.383	0.383

注：圆括号内为残差聚类在企业层面的稳健标准误；***、**、*分别表示在1%、5%、10%的显著性水平下显著。

至于控制变量，笔者发现，在和新兴市场两种货币组合中，企业规模系数在1%的显著性水平下都显著为负，而速动比、营业利润率和杠杆系数基本上在1%的显著性水平下显著为正。这与已有文献一致：大型企业较少受到汇率波动的影响（Hutson和Laing，2014），盈利的企业和流动性水平高的企业对冲汇率风险的意愿较弱，这也导致了它们有更高的汇率风险敞口（Froot等，1993；He和Ng，1998）。成长型企业和高负债企业更容易受到汇率风险的影响，这表明这些企业不对冲汇率风险，部分原因是由于中国当前的衍生品市场还不发达，企业的对冲成本仍较高（He等，2021）。

此外，笔者发现，海外销售与汇率风险敞口之间存在显著的负相关关系。这可以归因于企业海外营业收入与海外成本之间的高度相关性。收入和成本的抵消可能会降低企业的汇率风险敞口。此外，海外销售对企业的新兴市场货币汇率风险敞口比发达经济体货币汇率风险敞口更小。这与笔者预期的相一致，随着人民币国际化程度的提升，中国企业能够使用人民币与新兴市场的企业进行外贸结算，这使得海外销售对企业的新兴市场货币汇率风险敞口的绝对影响程度更大。

总体而言，上述实证结果表明：以人民币计价的发达经济体货币和新兴市场货币的汇率联动性对中国企业的汇率风险敞口有显著正向影响。就影响程度而言，新兴市场货币联动性对企业汇率风险敞口的影响弱于发达市场货币联动性对企业汇率风险敞口的影响。这些结果为假设 6.1 提供了强有力的支持。

6.4.3 “一带一路”倡议的影响

正如笔者在文献部分所提出的，“一带一路”倡议增加了中国与沿线新兴市场国家的经贸往来，并为中国企业使用人民币进行跨境交易提供了便利，将有效地增加中国企业与新兴市场国家贸易计价和结算中使用人民币的份额，从而降低汇率联动性对企业的汇率风险敞口的影响程度。

值得注意的是，已有文献在分析“一带一路”倡议的影响时使用的国家样本和政策时点并不完全相同。现有文献主要将“一带一路”倡议覆盖的国家定义为地理意义上（古代陆地与海洋丝绸之路）的共建国家，同时将各共建国家受到政策影响的时点统一界定为 2014 年及以后。2015 年 3 月 28 日国家发展改革委、外交部、商务部联合发布的《推动共建丝绸之路经济带和 21 世纪海上丝绸之路的愿景与行动》中提到了“一带一路”倡议在地理意义上的五条合作路线。其中“丝绸之路经济带”包括三条合作路线：从中国西北和东北地区起，经中亚地区和俄罗斯抵达欧洲、波罗的海；从中国西北地区起，经中亚、西亚地区抵达波斯湾、地中海；从中国西南地区起，经中南半岛抵达印度洋区域。“21 世纪海上丝绸之路”包括两条合作路线：从中国大陆沿海港口城市起，经南海到达印度洋区域，并延伸至欧洲；从中国大陆沿海港口城市起，经南海抵达南太平洋区域。这五条路串联起东南亚、南亚、中亚、西亚、北非、欧洲等地区的65个国家。吕越等（2019）采取上述方式界定“一带一路”国家样本，并将2013年作为政策时点，使用双重差分的方法探究了其对中国企业对外绿地投资的影响。金刚和沈坤荣（2019）也采取相似的识别策略探究了该政策对中国企业在共建国家交通行业投资的影响。其他研究也都采取了类似的“一带一路”样本国家和政策时点定义（李小帆和蒋灵多，2020；卢盛峰等，2021；徐思等，2019）。

但有学者采用“一带一路”倡议实际落地时点，即其他国家和中国签订共建“一带一路”谅解备忘录的时间作为政策冲击时点，并把所有和中国签订过该谅解备忘录的国家定义为“一带一路”共建国家。宋科等（2022a）在分析“一带一路”对人民币在跨境交易中使用的影响时，就采用了签订谅解备忘录的时间作为处理组经济体样本和政策时点的界定标准。

笔者认为，随着“一带一路”倡议的不断推进，有越来越多的国家参与其中，很多地理位置上不属于“一带一路”沿线的国家和国际组织也加入共同建设共商共建共享该倡议的大家庭。原有地理意义上的65个国家已经不能有效涵盖“一带一路”倡议的覆盖范围，且共建国家和中国签订“一带一路”相关合作协议的时间各不相同，简单地把所有国家的政策冲击时点都界定为2014年及以后不符合现实情况。政府间合作协议的签订代表了双方对于“一带一路”建设的共同肯定，预示着共商共建共享“一带一路”的成果只有得到了双方政府部门的协商同意，才能真正发挥作用。因此笔者认为，使用政策实际落地时点作为“一带一路”这个政策的冲击时点更为合适。此外，宋科等（2022a）发现，“一带一路”倡议的实际落地有效提升了人民币在跨境贸易和金融交易中的金额和笔数，这也为笔者使用“一带一路”倡议来表征贸易计价和结算中使用人民币的份额提供了实证证据。

为探讨该政策不断推进和实际落地的影响，笔者在网站（https://www.yidaiyilu.gov.cn/）上收集了每一份谅解备忘录的数据，特别是每一个签署国和其对应的签署日期。笔者将所收集的信息与中国商务部、外交部、外交部驻外大使馆和其他国家政府部门的信息进行了交叉核对，以确保数据的完整性和准确性。截至2019年底，137个“一带一路”共建国家和30个国际组织同中国达成谅解备忘录。“一带一路”经历了从提出，到与邻近经济体合作，扩展到与共建国家合作，最终扩展到全球合作的发展进程，目前已经发展成为全球范围内携手发展互利共赢的重要合作体系。中国与其他经济体在2018年签订了大量的共建“一带一路”政府间谅解备忘录。这主要是因为中非合作论坛北京峰会在2018年8—9月召开，28个非洲国家在参会期间与中国政府签订了这一谅解备忘录。截至2018年9月6日，算上之前已经签订过这一谅解备忘录的非洲国家，中国政府已与37个非洲国家签署这一合作意向文件。出席中非合作论坛的共计有53个非洲国家，其中已签署国家占比高达70%。从地理维度来看，随着“一带一路”倡议的持续推广，其范围早已超出原有的65个国家，范围已经覆盖了亚洲、北美洲、南美洲及大洋洲的众多国家和国际组织。

基于此数据，笔者构建了“一带一路”实际落地情况的变量指标 $Ibr_{de(eme),t}$，其等于发达市场（新兴市场）样本中已与中国签署“一带一路”合作谅解备忘录的经济体数量与总体数量之比。然后笔者在式（6-3）的基础上添加了“一带一路”实际落地情况和汇率联动性的交互项 $Ibr \times comove$。

回归结果如表6-5所示。可以看到，$Ibr_{de(eme)} \times comove_{de(eme)}$ 的系数显著为正（负）。这表明随着“一带一路”涵盖越来越多的经济体，新兴市场货币的汇率联动性对企业汇率风险敞口的影响则显著减弱。这验证了之前提出的假设6.2，随着该政策的实施和推进，人民币在与新兴市场国家进行贸易结算和跨境金融交易中的作用不断增强，这有效地降低了中国企业对外经营中收入和成本的币种错配程度，进而降低了企业的汇率风险敞口。相比之下，“一带一路”倡议推广后，汇率联动性对企业汇率风险敞口的影响甚至有所增强。这可能有两方面的原因：一是“一带一路”倡议主要针对新兴市场国家，对发达国家的影响较小，特别体现在人民币在跨境贸易和金融交易中发挥的作用。二是随着中国与“一带一路”共建国家贸易的增加，中国企业更注重于对冲这些国家的汇率风险，对发达国家汇率风险的对冲程度可能有所下降，导致发达市场货币汇率联动性对企业汇率风险敞口的影响有所增加。

表 6-5 "一带一路"倡议的影响

变量	(1) $\lvert\gamma_{de}\rvert$	(2) $\lvert\gamma_{de}\rvert$	(3) $\lvert\gamma_{de}\rvert$	(4) $\lvert\gamma_{eme}\rvert$	(5) $\lvert\gamma_{eme}\rvert$	(6) $\lvert\gamma_{eme}\rvert$
$comove_{de}$	-0.168 (0.107)	-0.169 (0.107)	-0.168 (0.107)			
$Ibr_{de}\times comove_{de}$	16.000*** (0.959)	15.978*** (0.955)	15.979*** (0.955)			
$comove_{eme}$				3.110*** (0.185)	3.105*** (0.185)	3.105*** (0.185)
$Ibr_{eme}\times comove_{eme}$				-6.372*** (0.292)	-6.363*** (0.291)	-6.362*** (0.291)
Ibr_{de}	-7.031*** (0.413)	-7.017*** (0.411)	-7.017*** (0.411)			
Ibr_{eme}				1.850*** (0.083)	1.850*** (0.083)	1.850*** (0.083)
size		-0.140*** (0.016)	-0.138*** (0.016)		-0.076*** (0.016)	-0.073*** (0.016)
bmratio		-0.474*** (0.012)	-0.473*** (0.012)		-0.406*** (0.012)	-0.405*** (0.012)
profit		0.039** (0.019)	0.038** (0.019)		0.219*** (0.019)	0.217*** (0.019)
quickratio		0.015*** (0.002)	0.015*** (0.002)		0.013*** (0.002)	0.013*** (0.002)
leverage		0.132*** (0.016)	0.131*** (0.016)		0.272*** (0.016)	0.271*** (0.016)
fsales			-0.056*** (0.018)			-0.081*** (0.017)
常数项	1.214*** (0.047)	1.431*** (0.049)	1.436*** (0.049)	0.337*** (0.039)	0.393*** (0.042)	0.400*** (0.042)
企业	Yes	Yes	Yes	Yes	Yes	Yes
年份	Yes	Yes	Yes	Yes	Yes	Yes
观测数	278598	278598	278598	278598	278598	278598
R^2	0.374	0.380	0.380	0.380	0.385	0.385

注：圆括号内为残差聚类在企业层面的稳健标准误；***、**、*分别表示在1%、5%、10%的显著性水平下显著。

6.4.4 跨国企业和非跨国企业

已有研究大多通过一家企业业务的国际化程度来衡量其是否为跨国企业（Pantzalis 等，2001；Williamson，2001；Hutson 和 Laing，2014）。例如，Pantzalis 等（2001）将至少拥有一家外国子公司的公司定义为跨国公司。Williamson（2001）将国外销售额占总销售额的百分比超过 11% 的公司定义为跨国公司，并发现汇率风险敞口随着国外销售额的下降而下降。为了检验假设 6.3，笔者首先将样本公司分为有海外销售或子公司和没有海外销售或子公司。前一组即为从事全球业务的跨国企业，后一组即为主要从事国内业务的非跨国企业。

通过分组回归，笔者探究了跨国企业和非跨国企业的差别，结果如表 6 - 6 中列（1）~ 列（8）所示。可以看到，无论是发达市场货币，还是新兴市场货币，汇率联动性都增加了跨国企业和非跨国企业的风险敞口，且汇率联动性对非跨国企业汇率风险敞口的影响系数都大于同样货币组合汇率联动性对跨国企业汇率风险敞口的影响系数。该证据表明，与非跨国企业相比，从事全球业务的跨国企业能够从事更多的风险对冲活动，因此其汇率风险敞口对汇率联动性的敏感性较低。

值得注意的是，上述企业国际活动程度的指标忽略了企业国际业务的分散性。在多个国家都有业务的企业比集中在一个国家的企业更有能力进行汇率风险的对冲（Allayannis 等，2001；Hutson 和 Laing，2014）。参考 Allayannis 等（2001）的做法，笔者使用一家企业的外国子公司所分布的国家数量（subs）作为企业业务国际化程度的替代指标。

表 6 - 6 中列（9）~ 列（10）显示，$subs \times comove_{de}$ 和 $subs \times comove_{eme}$ 对应的系数均在 5% 的显著性水平下显著为负，且后者对应的系数值更大。这说明，企业业务的国际化程度显著降低汇率联动性对企业汇率风险敞口的影响。特别地，新兴市场货币汇率联动性对企业汇率风险敞口影响的降幅大于发达市场货币汇率联动性影响的降幅。这主要是由于企业一方面能够通过经营性活动对冲汇率风险，另一方面能够使用汇率衍生品来降低汇率风险的影响。因为新兴市

场货币的衍生品种类和数量都相对较少，所以当企业的国际化程度增加时，经营性活动能够带来更多的汇率风险对冲，新兴市场货币汇率对企业汇率风险敞口的影响也会受到更多的影响。这些结果都为假设6.3提供了有力的支持。

表6-6 跨国企业和非跨国企业的差异

变量	(1)	(2)	(3)	(4)	(5)	(6)	(7)	(8)	(9)	(10)
	跨国企业				本国企业				所有企业	
	有海外销售		有海外子公司		无海外销售		无海外子公司		海外子公司数	
	$\lvert\gamma_{de}\rvert$	$\lvert\gamma_{eme}\rvert$	$\lvert\gamma_{de}\rvert$	$\lvert\gamma_{eme}\rvert$	$\lvert\gamma_{de}\rvert$	$\lvert\gamma_{eme}\rvert$	$\lvert\gamma_{de}\rvert$	$\lvert\gamma_{eme}\rvert$	$\lvert\gamma_{de}\rvert$	$\lvert\gamma_{eme}\rvert$
$comove_{de}$	0.405***		0.461***		1.688***		1.807***		1.017***	
	(0.118)		(0.113)		(0.133)		(0.143)		(0.091)	
$comove_{eme}$		0.509***		0.428***		0.749***		0.920***		0.801***
		(0.156)		(0.148)		(0.177)		(0.191)		(0.119)
$subs \times comove_{de}$									-0.054**	
									(0.025)	
$subs \times comove_{eme}$										-0.239***
										(0.023)
控制变量	Yes	Yes	Yes	Yes	Yes	Yes	Yes	Yes	Yes	Yes
企业	Yes	Yes	Yes	Yes	Yes	Yes	Yes	Yes	Yes	Yes
年份	Yes	Yes	Yes	Yes	Yes	Yes	Yes	Yes	Yes	Yes
观测数	152239	152239	170048	170048	126359	126359	108550	108550	278598	278598
R^2	0.406	0.407	0.392	0.403	0.358	0.363	0.372	0.364	0.379	0.384

注：圆括号内为残差聚类在企业层面的稳健标准误；***、**、*分别表示在1%、5%、10%的显著性水平下显著。

6.5 稳健性检验

6.5.1 更换联动性度量

除相关系数外，已有研究还提出了多种衡量货币组合联动性的方法（Goetzmann和Kumar，2008；Pukthuanthong和Roll，2009；Billo等，2017）。为了检验本章基准结果的稳健性，笔者采用了两个不同的度量方式，包括相关矩阵的特征值和标准化的投资组合方差。第一种度量方式使用主成分分析来提取驱动货币组合中各货币汇率变动的共同因素。Lustig 等（2011）发现第一和第二主成分能够解释货币投资组合收益的大部分变化。[①] 参考 Pukthuanthong 和 Roll（2009）的做法，笔者使用主成分分析法来提取货币汇率变动的主成分，然后构建包含前三个主成分的多元回归模型，并使用 4 年滚动周期窗口进行回归，具体如式（6-4）所示：

$$LRc_t = \beta_{c,0} + \beta_{c,1} f_{1,t} + \beta_{c,2} f_{2,t} + \beta_{c,3} f_{3,t} + e_t \quad (6-4)$$

式（6-4）中，LRc_t为以人民币计价的各种外币汇率变化的对数收益率；$f_{1,t}$、$f_{2,t}$、$f_{3,t}$分别是第一、第二和第三主成分，即三个解释力最强的主成分。

对式（6-4）进行回归后所得的调整后 R^2 越高，说明货币组合联动性越高，因为有限的主成分因子可以解释大多数货币汇率的变动。笔者将货币组合联动性的第一个替代指标$comove^{R^2}$定义为调整后 R^2 的值。

此外，参考投资领域文献中的做法（Goetzmann 和 Kumar，2008），笔者使用标准化的投资组合方差来衡量货币组合的联动性，其估计如下：

$$comove^{var} = \frac{var(LRc)}{weighted_{var(LRc_i)}} \quad (6-5)$$

式（6-5）中，$var(LRc)$ 是货币指数的方差，包括发达经济体货币人民币贸易加权指数和新兴市场货币人民币贸易加权指数；$weighted_{var(LRc_i)}$ 是以人民币计价的各种货币汇率方差的贸易加权平均值。毫无疑问，货币组合汇率联动性的水平随着$comove^{var}$的增加而增加，这是由于作为一个总体的货币组合方差比个体货币汇率方差加权平均后更大。

值得注意的是，考虑到人民币在与新兴市场国家的国际交易中日益重要，笔者分别估计了发达经济体和新兴市场货币汇率联动性对企业汇率风险敞口的影响。但读者可能会对包含发达经济体和新兴市场的货币组合的汇率联动性感兴趣。因此，笔者构建了全货币人民币贸易加权指数（CM），即将以人民币计价的所有货币汇率按照贸易加权计算汇率指数。根据这个新的汇率指数，笔者

---

① Lustig 等（2011）进一步指出，对于美元计价的货币组合，第一主成分因子为美元风险因子，第二主成分因子为套息交易风险因子。

根据式（6－2）计算了企业的全货币汇率风险敞口γ_{cm}，并重新估计式(6－3)。结果如表6－7所示。

表6－7 更换联动性度量后的回归结果

变量	(1)	(2)	(3)	(4)	(5)
	$comove^{R2}$		$comove^{var}$		全货币样本
	$\|\gamma_{de}\|$	$\|\gamma_{eme}\|$	$\|\gamma_{de}\|$	$\|\gamma_{eme}\|$	$\|\gamma_{cm}\|$
$comove_{de}$	0.953*** (0.104)		0.774*** (0.068)		
$comove_{eme}$		0.444*** (0.058)		0.204*** (0.027)	
$comove_{cm}$					0.404*** (0.129)
控制变量	Yes	Yes	Yes	Yes	Yes
企业	Yes	Yes	Yes	Yes	Yes
年份	Yes	Yes	Yes	Yes	Yes
观测数	278598	278598	278598	278598	278598
R^2	0.379	0.383	0.379	0.383	0.382

注：圆括号内为残差聚类在企业层面的稳健标准误；***、**、*分别表示在1%、5%、10%的显著性水平下显著。

可以看到，列（1）~列（4）展示了更换汇率联动性度量指标的回归结果，无论是采用相关矩阵的特征值还是标准化的投资组合方差来度量，汇率联动性对于企业的汇率风险敞口在1%的显著性水平下都有显著的正向影响。此外，发达市场货币组合的汇率联动性的回归系数依旧明显大于新兴市场货币组合的汇率联动性的回归系数，这再次验证了本章的研究假设6.1。

列（5）则报告了全货币组合的汇率联动性对企业汇率风险敞口的影响。同样地，全货币组合的汇率联动性对企业汇率风险敞口依旧在1%的显著性水平下有显著的正向影响。上述结果说明，即使更换联动性度量指标，本章的结论仍保持稳健。

6.5.2 更换模型设置

本章中基准回归模型在方法论上可能存在几个问题有待解决。首先，本

章对式（6－2）进行回归得到第一阶段回归的系数，稍作处理作为第二阶段回归的被解释变量。但第一阶段估计的系数可能会受到测量误差的影响，从而导致第二阶段回归的结果有误。因此，笔者使用加权最小二乘法进行回归，并将第一阶段标准误的倒数作为第二阶段的权重以解决第一阶段可能存在的测量误差（Allayannis 和 Ofek，2001）。其次，Dominguez 和 Tesar（2006）指出，$|\gamma_{de}|$（$|\gamma_{eme}|$）改变了γ_{de}（γ_{eme}）的原始分布，可能导致其分布偏离正态分布从而存在误差。为了解决这一问题，笔者使用第一阶段回归系数绝对值的平方根$\sqrt{|\gamma_{de}|}$（$\sqrt{|\gamma_{eme}|}$）作为新的被解释变量，重新估计式（6－3）。回归结果如表6－8中的列（1）~列（4）所示。可以看到，无论是发达经济体货币组合还是新兴市场货币组合，其汇率联动性对企业汇率风险敞口的影响系数都在1%的显著性水平下显著为正。此外，发达经济体货币汇率联动性的影响系数在绝对值上仍大于新兴市场货币汇率联动性的影响系数。

表6－8　更换模型设置后的回归结果

变量	(1)	(2)	(3)	(4)	(5)	(6)
	加权最小二乘法		系数绝对值的平方根		资本管制	
	$|\gamma_{de}|$	$|\gamma_{eme}|$	$\sqrt{|\gamma_{de}|}$	$\sqrt{|\gamma_{eme}|}$	$|\gamma_{de}|$	$|\gamma_{eme}|$
$comove_{de}$	1.657*** (0.082)		0.479*** (0.042)		0.857*** (0.098)	
$comove_{eme}$		0.843*** (0.103)		0.338*** (0.056)		0.247** (0.123)
dcip					−0.005*** (0.002)	−0.019*** (0.002)
控制变量	Yes	Yes	Yes	Yes	Yes	Yes
企业	Yes	Yes	Yes	Yes	Yes	Yes
年份	Yes	Yes	Yes	Yes	Yes	Yes
观测数	278598	278598	278598	278598	278598	278598
R^2	0.349	0.347	0.329	0.333	0.379	0.384

注：圆括号内为残差聚类在企业层面的稳健标准误；***、**、*分别表示在1%、5%、10%的显著性水平下显著。

此外，企业可能会过度报告国际贸易以规避资本管制从而进行外汇套利（Liu 等，2021），这实际上影响企业实际的汇率风险敞口。为了解决这一问题，笔者在式（6-3）中加入了资本流动强度的度量指标 dcip。这个指标等于人民币和美元的双边汇率与利率抛补平价之间的偏差（Cheung 等，2016）。参考 Cheung 等（2016）和 Liu 等（2021）的做法，笔者将 dcip 定义为 $100 \times \left(\frac{r_{RMB} - r_{USD}}{1 + r_{USD}} - \frac{F - S}{S}\right)$，其中$r_{RMB}$为中国银行间同业拆借利率，$r_{USD}$为美元的伦敦银行间同业拆借利率，$F$ 为1个月期的美元兑人民币无本金交割远期汇率，S 为美元兑人民币的即期汇率。列（5）~列（6）报告了加入 dcip 的回归结果。可以看到，回归结果中汇率联动性的系数和显著性水平与基准回归保持一致。而 dcip 的系数显著为负，这说明当存在外汇套利机会时，美元兑人民币汇率的实际值和理论值偏差过大，企业的汇率风险敞口会较低。这可能是由于企业通过虚假报告外汇贸易进行了外汇套利，因此其业务中受到汇率变动影响的实际占比较少，其汇率风险敞口实际更低。

6.6 其他证据

6.6.1 人民币被纳入 SDR 的影响

自 2016 年 10 月 1 日起，IMF 将人民币纳入构成国际储备资产 SDR 的货币篮子。人民币在 SDR 篮子中的初始份额为 10.9%，在 5 种 SDR 篮子货币（美元、欧元、人民币、日元、英镑）中排名第三。一方面，无论从官方视角还是商业视角来看，人民币加入 SDR 篮子对 SDR 自身都有利。大量研究表明，SDR 加入人民币后，其在国际交易中的吸引力大幅提升，其使用范围也得到进一步拓展（Mccauley 和 Shu，2019；Wei 等，2020）。另一方面，人民币加入 SDR 也是中国融入全球金融体系的重要一步，反映了中国朝着自由化和市场化的金融市场改革取得了重大进展。人民币加入 SDR 显著提高了人民币在全球中央银行外汇储备中的份额。在加入 SDR 之前，2015 年人民币在全球外汇储备中的占比不到1%。截至 2019 年底，人民币占全球外汇储备比重已上升至2%左右。

究其原因，主要是人民币汇率中间价形成机制经过一系列改革后更加市场化，叠加人民币加入 SDR 的影响，国际投资者持有人民币资产的信心显著增强。此外，一些新兴市场国家已经开始购买中国国债作为其外汇储备的一部分。从某种意义上说，人民币似乎已经成为世界储备货币之一。

笔者的研究发现和人民币在跨境贸易和金融交易中的作用息息相关。人民币加入 SDR 对人民币国际化产生了重大影响，有助于增加人民币在与新兴市场国家跨境贸易和金融交易中的使用，因此可能会削弱新兴市场货币组合的汇率联动性和企业汇率风险敞口之间的关系。为了考察人民币加入 SDR 如何改变汇率联动性对企业风险敞口的影响，笔者在式（6－3）的右侧加入交互项 $Isdr \times comove_{de}$，其中 Isdr 为事件虚拟变量。在人民币加入 SDR 后（2016 年 10 月及以后），Isdr 等于 1；在人民币加入 SDR 前，Isdr 等于 0。如果人民币加入 SDR 导致了汇率联动性对企业汇率风险敞口的影响降低，则交互项系数应该为负且在统计上显著。汇率联动性自身对应的系数为人民币加入 SDR 前汇率联动性对企业汇率风险敞口的影响程度，而人民币加入 SDR 后汇率联动性的实际影响等于上述两个系数的加总。

结果如表 6－9 中列（1）~列（2）所示。对于发达经济体货币而言，人民币加入 SDR 后，汇率联动性和企业汇率风险敞口之间的正向关系显著增加，而对于新兴市场货币而言，二者的正向关系会减弱。这与“一带一路”倡议的影响是相似的，人民币加入 SDR 使得中国企业与新兴市场企业进行跨境贸易时能够更多地使用人民币进行贸易计价和结算，从而削弱了汇率联动性对企业汇率风险敞口的影响。

6.6.2 升值和贬值

人民币国际化的步伐似乎与其价值变动密切相关。在 2015 年人民币汇率制度改革之前的数年时间里，美元对人民币一直处于单边升值态势。投资者持有人民币并寻求利用人民币获取更高回报，从而增加了境外非居民部门的人民币资产持有量（Lowe，2017）。然而在 2015 年 8 月 11 日的人民币汇率制度改革后，美元对人民币经历了几个月的贬值，投资者转而持有更多的外币资产，而不是选择持有人民币。人民币作为跨境交易工具的使用度开始降低，甚至在某些方面出现了逆转（Song 和 Xia，2020）。这意味从金融交易的视角而言，人民币升值有助于提升其国际地位和增加在跨境交易中的使用。

从跨境贸易的视角来看，中国成为国际贸易中所处的特殊地位导致了人民币的非对称影响。作为全球最大的制造国，中国成为发达市场国家进口的一大来源国。这意味着，当人民币升值时，发达经济体和中国的跨境贸易会受到抑制，而且发达经济体企业在和中国企业进行跨境贸易时，会更少地使用人民币计价和结算。而当人民币贬值时，发达经济体企业会在和中国企业的跨境贸易中更多地使用人民币计价和结算，这是因为以人民币计价的中国商品更便宜了。

从新兴市场国家的角度来看，中国既是重要的贸易伙伴，更是强劲的竞争对手。中国已成为新兴市场进口的一大来源国，这为新兴市场创造了更大的激励因素，促使它们让本国货币与人民币的走势挂钩。此外，许多新兴市场担心对人民币升值，因此保持本国货币对人民币稳定，以保持本国企业在出口方面的竞争力。这主要是由于部分新兴市场和中国出口中的货币类型和结构相似，因此在出口贸易上存在竞争关系。总体而言，无论是人民币升值还是贬值，对于新兴市场而言，其都愿意使本国货币盯住人民币，人民币国际化程度受到的影响较小。此时升贬值的影响更多地体现在金融交易上。

基于上述背景，笔者预计人民币的升值将增加发达经济体货币汇率联动性对企业风险敞口的影响，但减少新兴市场货币汇率联动性对企业风险敞口的影响。为了检验这些影响，笔者根据发达经济体货币人民币贸易加权指数和新兴市场货币人民币贸易加权指数，将样本分为人民币升值和贬值的不同时期。LRc_{de}和LRc_{eme}是人民币贸易加权指数的对数月收益率。当LRc_{de}（LRc_{eme}）为正时，人民币对发达市场货币（新兴市场货币）升值，反之则人民币贬值。表6－9中列（3）~列（6）的结果表明，当人民币对发达市场货币（新兴市场货币）升值时，汇率联动性对企业的汇率风险敞口有更大（更小）的影响。这与笔者的预期一致。

表6-9 人民币加入SDR和人民币升贬值的影响

变量	(1)	(2)	(3)	(4)	(5)	(6)
	加入SDR		升值		贬值	
	$\lvert\gamma_{de}\rvert$	$\lvert\gamma_{eme}\rvert$	$\lvert\gamma_{de}\rvert$	$\lvert\gamma_{eme}\rvert$	$\lvert\gamma_{de}\rvert$	$\lvert\gamma_{eme}\rvert$
$comove_{de}$	0.085 (0.112)		1.408*** (0.123)		0.556*** (0.143)	
$comove_{eme}$		3.168*** (0.154)		0.333* (0.172)		1.427*** (0.208)
$Isdr \times comove_{de}$	2.445*** (0.188)					
$Isdr \times comove_{eme}$		-5.696*** (0.237)				
Isdr	-1.091*** (0.087)	1.440*** (0.059)				
控制变量	Yes	Yes	Yes	Yes	Yes	Yes
企业	Yes	Yes	Yes	Yes	Yes	Yes
年份	Yes	Yes	Yes	Yes	Yes	Yes
观测数	278598	278598	150866	150574	127695	127996
R^2	0.380	0.385	0.380	0.370	0.392	0.419

注：圆括号内为残差聚类在企业层面的稳健标准误；***、**、*分别表示在1%、5%、10%的显著性水平下显著。

6.6.3 波动率

毫无疑问，市场波动和人民币不寻常的汇率波动将削弱人民币作为跨境贸易计价和结算货币的作用。因此在市场波动和人民币汇率异常波动时期，人民币在跨境贸易中的使用受到冲击，汇率联动性对企业汇率风险敞口的影响也应该有所增加。为了检验市场波动和人民币汇率波动对汇率联动性和企业汇率风险敞口之间关系的影响，笔者采用了三个额外的测试。

首先，笔者在整个样本期计算了LRc_{de}和LRc_{eme}的12个月滚动标准差，并据此将样本分为正常和异常汇率波动期。具体而言，笔者定义了一个虚拟变量$Ivol_{de}$（$Ivol_{eme}$），当$Ivol_{de}$（$Ivol_{eme}$）的波动率在其均值±1个标准差区间外时，该变量为1，否则为0。笔者在基准模型中加入了交互项$Ivol_{de} \times comove_{de}$（$Ivol_{eme} \times comove_{eme}$）。如果不寻常的汇率波动与人民币国际化程度的下降相关，则交互项上的系数应该为正。研究结果见表6－10中的列（1）~列（2）。笔者发现，在人民币汇率异常波动期，无论是发达经济体货币还是新兴市场货币，与正常波动期时相比，汇率联动性对企业汇率风险敞口的影响都明显增加。

其次，笔者使用芝加哥期权交易所的波动率指数（VIX）作为衡量市场不确定性的指标（Bekaert等，2013，Ouyang，2019，Albrizio等，2020）。该指数等于标准普尔500期权的隐含波动率。笔者定义了一个虚拟变量Ivix，如果VIX指数高于中值，则该变量等于1，否则为0。然后笔者在式（6－3）右侧加入交互项（Ivix×comove）。尽管人民币的国际化程度和在全球货币体系中的重要性都越来越高，但人民币仍不是一种避险货币。例如，Fatum等（2017）发现，相对于美元和日元，人民币的价值随着市场的不确定性而下降，这表明人民币的避险性低于其他主要国际货币。如果人民币的贸易计价和结算职能随着市场不确定的上升而下降，则交互项的系数将显著为正。表6－10中列（3）~列（4）的结果证实了交互项的显著正系数。这表明，在市场高度不确定性时期，汇率联动性对企业汇率风险敞口的影响增加。

最后，笔者考虑2015年8月11日汇率制度改革的影响。这一改革是中国在向人民币汇率弹性过渡过程中迈出的最大一步，但在此期间人民币经历了短暂的高波动。2015年9月至2016年8月，发达经济体货币人民币贸易加权指数和新兴市场货币人民币贸易加权指数的标准差分别为1.414%和1.226%，2016年8月之后的均值分别为1.356%和1.179%。因此，笔者构造了一个虚拟变量Ireform。在2015年9月至2016年8月的样本周期内该虚拟变量为1，否则为0。表6－10中列（5）~列（6）的结果表明，交互项Ireform×comove的系数在1%的显著性水平下显著为正。

这些结果表明，在人民币汇率高波动期和市场高不确定性时期，联动性对企业汇率风险敞口的影响更大。这主要是因为人民币汇率和市场波动性的增加都有可能会削弱人民币作为跨境贸易计价和结算货币的使用。

表 6-10 波动率的影响

变量	(1)	(2)	(3)	(4)	(5)	(6)
	人民币汇率波动率		VIX 指数		"8·11 汇改"时期	
	$\|\gamma_{de}\|$	$\|\gamma_{eme}\|$	$\|\gamma_{de}\|$	$\|\gamma_{eme}\|$	$\|\gamma_{de}\|$	$\|\gamma_{eme}\|$
$comove_{de}$	-0.275*** (0.103)		0.865*** (0.102)		0.624*** (0.097)	
$comove_{eme}$		0.503*** (0.123)		0.515*** (0.120)		0.110 (0.124)
$Ivol_{de} \times comove_{de}$	2.062*** (0.146)					
$Ivol_{eme} \times comove_{eme}$		1.440*** (0.301)				
$Ivol_{de}$	-0.931*** (0.061)					
$Ivol_{eme}$		-0.314*** (0.070)				
$Ivix \times comove_{de}$			0.255*** (0.088)			
$Ivix \times comove_{eme}$				0.254*** (0.074)		
Ivix			-0.085** (0.038)	-0.054*** (0.018)		
$Ireform \times comove_{de}$					3.847*** (0.479)	
$Ireform \times comove_{eme}$						4.276*** (0.903)
Ireform					-1.806*** (0.230)	-0.945*** (0.219)
控制变量	Yes	Yes	Yes	Yes	Yes	Yes
企业	Yes	Yes	Yes	Yes	Yes	Yes
年份	Yes	Yes	Yes	Yes	Yes	Yes
观测数	278598	278598	278598	278598	278598	278598
R^2	0.380	0.385	0.379	0.383	0.379	0.384

注：圆括号内为残差聚类在企业层面的稳健标准误；***、**、*分别表示在1%、5%、10%的显著性水平下显著。

6.7　本章小结

本章中笔者研究了汇率联动性与中国企业的汇率风险敞口之间的关系，并探讨了人民币国际化，特别是人民币在跨境贸易和金融交易中使用的增加对这一关系的影响。笔者发现，汇率联动性与企业的汇率风险敞口之间存在正相关关系。新兴市场货币汇率联动性对企业风险敞口的影响小于发达市场货币汇率联动性的影响。“一带一路”倡议启动后，新兴市场货币的汇率联动性对企业汇率风险敞口的影响进一步减小。通过观察不同国际化程度的企业，可以发现汇率联动性对跨国企业汇率风险敞口的影响更小。

更多的测试提供了其他强有力的证据，其显示汇率联动性对中国企业风险敞口的影响随着人民币国际化程度的增加而降低。更具体地说，在人民币加入SDR后，人民币升值期间及人民币汇率或全球金融市场保持稳定时，汇率联动性对企业汇率风险敞口的正向影响有所减弱。

本章的实证结果具有重要的政策意义，因为这些结果说明了货币国际化对本国非金融企业的好处。不管一家企业的基本面如何，它的汇率风险敞口可能会因汇率联动性的增加而提升，给该企业的风险管理带来挑战。然而，在跨境贸易计价和结算中更多地使用人民币，可以减少汇率联动性所造成的货币资产组合风险的不可分散。

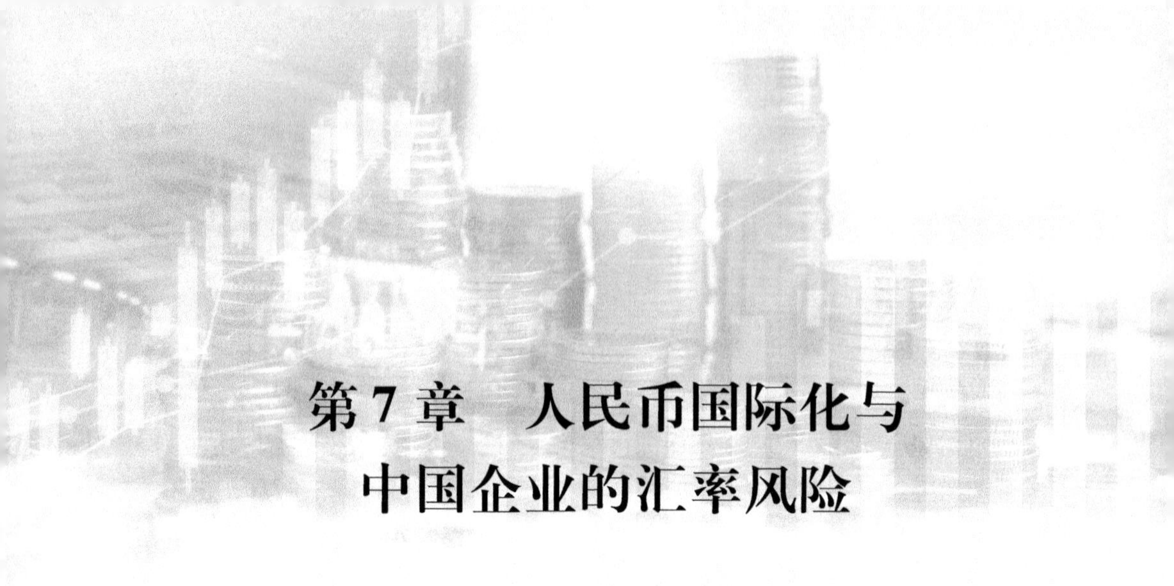

第7章　人民币国际化与中国企业的汇率风险

7.1　引言

党的二十大报告中明确提出“有序推进人民币国际化”，人民币国际化从“稳慎推进”步入“有序推进”的发展新阶段。这一方面是对人民币国际化过去成绩的肯定。根据中国人民大学国际货币研究所历年发布的《人民币国际化报告》，2010年至2021年人民币国际化指数整体呈现上升态势（如图7－1所示）。另一方面，“有序推进人民币国际化”也在强调现阶段人民币国际化迎来了难得的历史机遇。近年来，美国的财政赤字连年攀升，透支了美元的全球信用。根据美国国会预算办公室（CBO）发布的《财政预算与经济展望（2022—2032）》，2032年美国将累计15.6万亿美元政府赤字，占当年GDP的比重为6.1%。美国这种宽松政策引发了一系列尾部风险和外溢效应，对全球经济尤其是新兴市场国家产生了巨大冲击，受到众多学者的关注（Aizenman和Ito，2020；陈创练等，2021；张晓晶等，2022；赵宣凯等，2022）。俄乌冲突爆发后，西方国家对俄罗斯的金融制裁更是直接贬损了美元作为国际货币的信用，让众多国家开始思考自身持有美元和美元资产的安全问题。事实上，全球对美元霸权的不满和质疑自2008年国际金融危机以来便开始显现，变革当前国际货币体系的呼声此起彼伏（周小川，2009；Lu和Liu，2020）。欧债危机、英国脱欧、俄乌冲突等一系列事件接连挫败与美元争锋的欧元，中国作为全球经济增长的最大贡献国、第二大经济体，世界开始展望和瞩目人民币作为国际货币的未来。

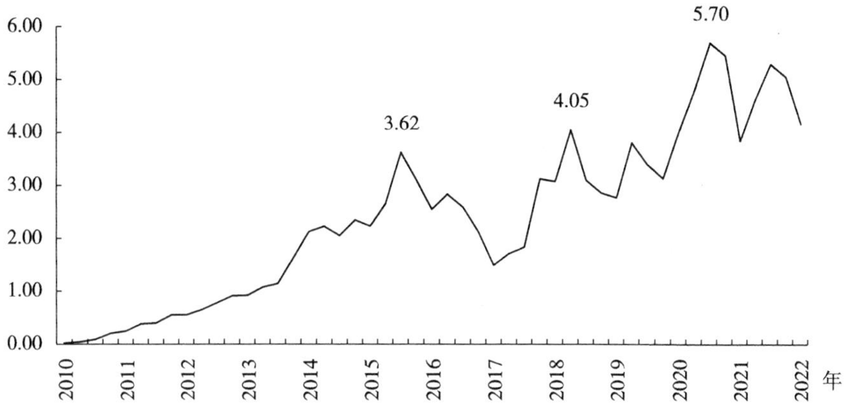

图7-1 人民币国际化指数（2010—2022年）

（资料来源：中国人民大学国际货币研究所历年发布的《人民币国际化报告》）

与此同时，中国企业作为新时代构建新发展格局、建设现代化经济体系、推动高质量发展的主力军，也对人民币国际化充满期待（王雅琦等，2021；江小涓等，2022）。党的二十大报告强调，“高质量发展是全面建设社会主义现代化国家的首要任务”，需要加快构建以国内大循环为主体、国内国际双循环相互促进的新发展格局。伴随着更加市场化的人民币汇率形成机制和复杂多变的世界政治经济格局，企业面临的汇率风险[①]也在加大。根据He等（2021）的测算，受到显著汇率风险影响的中国企业由2015年前的12.1%上升至2015年后的20.7%。若以人民币国际化举措为代表的宏观制度能够在整体上改善企业面临的汇率风险，中国企业则能够更加自由地利用两个市场、两种资源实现国

① 根据Adler和Dumas（1984）的定义，汇率风险（Exchange Rate Risk或Currency Risk）是一种可能性，即在给定的未来日期中，本币或外币的实际国内购买力与其最初值不同的可能性。企业在日常经营、跨国贸易、跨境并购、购买外汇衍生品和市场竞争中均会面临汇率风险的影响，为了更好地帮助企业进行风险管理和辅助投资决策，需要对企业面临的汇率风险进行度量，这就被称为汇率（风险）暴露（Exchange Rate Exposure或Foreign Exchange Exposure）。简单地讲，汇率风险一般指汇率的不可预期性，汇率风险是汇率风险的度量，是指企业的价值、资产、负债、现金流、收入等因暴露在汇率风险之中而受影响的程度。出于对中文语言表达习惯的尊重且汇率风险与汇率（风险）暴露的表述在本书中并不会产生歧义，因而统一采用汇率风险的表述来保证整体行文的统一。

际竞争力和企业经营水平的提升，带动企业在高水平的对外开放中实现更好地发展，加快建成世界一流企业。因此，从微观企业主体的视角出发，评估宏观汇率政策的成效，讨论汇率波动如何传导和作用于企业，让宏观经济政策更好地服务于实体经济，是政策当局现阶段迫切需要厘清的问题。

然而，现有的研究多聚焦于什么因素影响人民币国际化（彭红枫和谭小玉，2017；宋科等，2022），这类研究常常默认人民币国际化是一个“必然有利”的决策，从而思考如何尽快实现人民币国际化的现实路径。鲜有文章对人民币国际化的成本和收益进行系统考量，特别是基于微观企业的角度。在国际上，无论是“特里芬难题”，还是反思美元“过度责任”对本国贸易和就业的冲击，都说明了货币国际化会给货币发行国带来潜在的成本，如何平衡货币国际化的成本和收益，是一国决定是否推动本国货币国际化的经济因素。本章尝试从中国企业的汇率风险出发，分析人民币国际化对微观企业汇率风险的影响，评估人民币国际化进程中的成败得失，帮助企业家更好地理解中国政府推动人民币国际化的战略意图，并为中国推行人民币国际化提供了一种风险研判思路。本章研究发现，人民币国际化的推行能够显著降低微观企业所面临的汇率风险，这种汇率风险的降低主要体现在对非美元货币之中，对美元汇率风险反而会因人民币国际化程度的提升而强化。进一步研究发现，人民币国际化可以通过非大宗商品计价和对冲工具供给帮助企业缓解所面临的汇率风险问题。这一研究结果表明，虽然人民币国际化降低企业的汇率风险，但是在美元依旧占据国际货币体系核心位置的情况下，中国企业还是会不可避免地面临对美元汇率风险增加的事实。同时，为了更加明晰人民币国际化对中国企业汇率风险的异质性影响，本章作了进一步研究，发现异质性强的产品、缺乏市场话语权的公司和面临激烈国际竞争的行业，会更加受益于人民币国际化程度的提升。

本章对现有文献存在以下三个方面的贡献：（1）从微观企业汇率风险切入，丰富了人民币国际化成本和收益的讨论。现有的文献在讨论人民币国际化的成本和收益时，主要是从政府的视角出发，分析数字人民币、双边互换协议、“一带一路”倡议等人民币国际化实现路线举措，或是基于国际政治经济学的框架评价人民币国际化的困难和出路，鲜有学者从微观企业的角度对人民币国际化的成本和收益进行系统考量，本章的研究有助于理解和评估人民币国际化进程对中国企业所产生的影响。(2) 延伸和拓展了宏观经济变量如何影响企业汇率风险的相关文献。现有的国际文献已经从企业国际化经营、对冲行为、公司治理等多个维度展开了对企业汇率风险影响因素的探讨。然而，上述研究暗含了国际货币体系不发生变化的假设，而欧元的成立、国际金融危机等冲击事件让原有的机制和逻辑备受挑战（Bartov 等，1996；Salomao 和 Varela，2022）。本章立足中国，从人民币国际化的角度讨论了宏观因素如何影响微观企业的汇率风险，对既有汇率风险的文献进行了补充。(3) 为人民币国际化进程中该如何“统筹发展与安全”提供了来自微观企业的补充视角。作为世界第二大经济体、最大的进出口贸易国，中国适时、逐步、审慎推动人民币国际化是维持自身政治经济利益和承担国际社会责任的必然选择（张明和李曦晨，2019）。人民币国际化的推进应在发展和安全中取得平衡，在美元依然占据国际货币体系核心位置的时候，中国应继续关注人民币兑美元汇率变动产生的潜在风险。

本章接下来的安排如下：第二部分是理论分析；第三部分为研究设计；第四部分汇报了本书的主要实证结果；第五、第六部分进行稳健性和异质性检验；第七部分是关于本章的主要结论和启示。

7.2 理论分析

7.2.1 基础设定

为了厘清人民币国际化对企业汇率风险的影响，首先需要对企业汇率风险进行建模。参考 Hekman（1985）的现金流折现框架，一个公司的价值（V）可以表示为未来预期现金流的折现，具体如式（7－1）所示：

$$V = E_0(\Lambda \mathrm{CashFlow}) \tag{7-1}$$

式（7－1）中，CashFlow 为每一期的现金流；Λ 代表企业的折现因子。企业的现金流包括本币现金流和外币现金流，企业如何在两者之间进行选择，本章参考了 Gopinath 和 Stein（2021）的模型。在他们的模型中，企业出口商品可以选择以本币或者外币计价，但是使用本币（外币）计价的比例是外生给定的，这一设定可以帮助我们直接观察本币计价比例对企业汇率风险的影响。本章设定，企业有 N 单位的商品进行出口，其中以外币计价的比例为 η，以本币计价的比例为（$1-\eta$）。计价货币的选择不会影响企业的收入，无论是以本币计价还是外币计价，企业出口 1 单位商品均能获得 γ 的收入。e 是标准化形式的汇率，对于每一期汇率有 $E(e_t)=1$。在这个模型设定下，企业是价格的接受者，它不会影响本国和外国的最终商品价格，企业的出口行为也不会对双边汇率产生影响。此时，企业每一期的现金流可以表述为式（7－2）：

$$\text{CashFlow} = \gamma(1-\eta)N + e\gamma\eta N \tag{7-2}$$

式（7－2）中，$\gamma(1-\eta)N$ 是以本币计价的现金流；$\gamma\eta N$ 是以外币计价的现金流，通过汇率 e 转化为本币计价。从式（7－2）简洁的表达式中能够看出，外币计价的现金流会因为汇率波动而变得不稳定，企业会更希望以本币计价获得稳定的现金流。此时，企业的汇率风险表述为式（7－3）：

$$\delta = \left|\frac{\partial V}{\partial e}\right| = \Lambda\left|\frac{\partial \text{CashFlow}}{\partial e}\right| = \Lambda\gamma\eta N \tag{7-3}$$

式（7－3）中，随着企业选择外币计价的比例上升，企业汇率风险（δ）随之上升。由此笔者提出推论 7.1。

推论 7.1：企业出口若更多地采用本币计价，则会降低企业面临的汇率风险。

7.2.2 世界存在主导计价货币

在基础设定中，世界货币只有本币和外币两种。而当今世界，国际贸易主要由“主导货币计价范式”（Dominant Currency Paradigm），世界贸易主要由美元或几种主导货币履行计价职能（Gopinath 等，2020）。在这种情况下，同样是以外币计价，是否以主导货币计价对企业汇率风险的影响存在差异性。参考 Bartram 等（2010）和 Gopinath 等（2020）的模型设定，企业在进行出口计价货币选择时，企业投入成本中以本币和外币计价的情况是已然给定的，其中有 w 的比例以主导货币计价，有（$1-w$）的比例以本币计价。本国生产商品时，生产过程中的人工、土地、厂房、税收等投入成本需要用本币进行计价和支付，石油、钢铁、粮食、核心技术和零部件等投入品需要用主导货币进行计价和支付。如果本币能够部分履行主导货币的计价职能，生产成本中以主导货币进行计价的比例就会降低。在这种设定下，企业的现金流可以表述为式(7-4)：

$$\text{CashFlow} = (1 - \sum \eta_i) P_D N + \sum e_i \eta_i P_i N - (1 - w) C_D N - e_{DC} w C_{DC} N \tag{7-4}$$

式（7-4）中，P_D和P_i分别表示以本币和外币计价的出口产品销售价格；η_i为外币i进行计价的出口产品比重。与出口计价不同，企业投入成本中的币种已然给定，由本币和主导货币计价，比例分别为（$1-w$）和w，单位成本分别为C_D和C_{DC}。主导货币兑本国货币的汇率记为e_{DC}。此时，货币国际化的表现不仅体现在企业出口商品的计价货币选择上，也表现在履行主导货币计价职能的比例上。当出口商品以非主导货币的外币进行计价时，企业不仅会面临双边汇率风险的影响（$\delta_i = \Lambda \eta_i P_i N$），还会受到主导货币兑本币汇率变动的影响（$\delta_{DC} = \Lambda w C_{DC} N$）。此时，降低外币计价的比例（$\eta_i$），会降低双边汇率风险（$\delta_i$），但不会改变主导货币兑本币汇率变动对企业现金流的影响（δ_{DC}）。只有提升本币的主导货币计价职能，降低主导货币的计价比例（w），才能降低e_{DC}变动对企业汇率风险的影响。由此笔者提出推论7.2。

推论7.2：当存在主导计价货币时，企业出口和生产成本若更多地采用本币计价，则会降低对非主导货币以外货币的汇率风险，但不一定会降低对主导货币的汇率风险。

7.2.3 企业从事对冲行为

货币国际化的另一个重要体现就是在金融计价中发挥更大的作用。Bartram（2008）在汇率风险管理的案例中指出，相较其他外币，企业更愿意面临主导货币的汇率风险，原因是有丰富的对冲工具可以管理主导货币的汇率风险。本小节假定，由本国提供与本币相关的金融产品来服务于企业的汇率风险管理，无论对手方货币是主导货币还是非主导货币。在考虑企业的汇率风险管理行为后，影响企业汇率风险的现金流可以分为两个部分：以外币计价的税后经营（非金融）现金流（CashFlow）和外汇衍生品合约所对冲的现金流（FutureFlow）。此时，企业的汇率风险为式（7-5）：

$$\delta = \left|\frac{\partial V}{\partial e}\right| = \Lambda\left|\frac{\partial(\text{CashFlow} + \text{FutureFlow})}{\partial e}\right| \tag{7-5}$$

外汇衍生品对企业汇率风险的影响在于锁定价格，降低企业的汇率风险。以最常使用的外汇远期为例，企业知道自己在期末会有一笔外币计价的现金流，可以在期初购买外汇远期合约，在期末以合约约定价格将外币现金流转化为本币现金流。模型中，外汇远期合约所产生的现金流为式（7-6）：

$$\text{FutureFlow} = G(F - e_i) \tag{7-6}$$

式（7-6）中，G 和 F 分别是合同约定的规模和价格。

此时，在考虑企业通过对冲工具管理汇率风险的情况下，企业的汇率风险可以表述为式（7-7）：

$$\delta_i = \Lambda\left|\gamma\,\eta_i N - G\right| \tag{7-7}$$

从中可以看出，对冲工具的供给为企业降低汇率风险提供了可能性。在基础设定中，因为外币计价的比例是外生给定的，所以企业将要承担一定的汇率风险（$\delta_i = \Lambda\gamma\,\eta_i N$）。如果本国能够提供一些对冲工具，存在一种情况使 $\gamma\,\eta_i N = G$，企业的汇率风险将降低至0。当然，也存在过度对冲的可能，即企业对外币现金流进行了过度的对冲。当 $G > 2\gamma\,\eta_i N$ 时，对冲后的汇率风险反而高于对冲之前的数值。由此笔者提出推论7.3。

推论7.3：供给与本国货币相关的金融产品，企业有了对冲工具可以服务于汇率风险管理，合理对冲能够降低汇率风险，但过度对冲反而可能增加汇率风险。

7.2.4 其他非结构化因素的影响机制

上述模型框架虽然能够较好地概括人民币国际化所带来的人民币计价规模、人民币衍生工具供给对企业汇率风险的影响，但是依然有一些重要因素无法用模型化的语言进行阐释，人民币国际化同样能够作用于这些机制进而影响企业的汇率风险。

第一，由于汇率波动的不确定性，会计记账操作及相关调整可能产生汇率风险。布雷顿森林体系解体后，跨国公司的资产和负债在不同的账户（币种、国家）之间分配，衍生了会计核算的问题。现实中，合同日、交易日、记账日存在时间间隔，这些间隔甚至可能超过一年，会计准则的调整或企业会计核算的操作（如汇率的选择和汇兑成本核算），都将影响企业的会计账面价值（Bartov 和 Bodnar，1995）。虽然这些调整不会对企业的真实业务和现金流产生影响，但是财务报告信息的披露能够影响市场交易的情绪进而影响公司价值（Hermalin 和 Weisbach，2012）。若人民币能够在中国企业的涉外业务中承担起计价和结算货币的职能，更多的交易使用人民币进行计价，汇率变动对会计核算的影响减弱，企业将面临更少的会计层面的汇率风险。

第二，模型将全体货币设定抽象为本币和外币两种货币，而现实中各国的货币纷繁复杂。世界上主要的经济体都有自己的货币和独立自主的汇率政策，企业在日常经营中面临的汇率风险远比模型抽象的要复杂，这样会导致同一家公司在面临不同货币的汇率波动时所产生的汇率风险是不一样的。正如 Bartram（2008）在对德国上市公司 VEBA 进行案例分析时指出的，VEBA 业务涉及 39 个国家（地区）和 23 种不同货币，复杂的业务使通过精细化的对冲工具来降低汇率风险是不现实的，况且其中涉及众多交易不活跃的小币种，并没有发达的外汇衍生品市场。在这种情况下，利用成本和收入分散化的国家（币种）分配、在收入较高的国家建立工厂形成自然对冲等经营对冲方式，以及使用交叉套保的金融对冲方式成为企业化解汇率风险的重要渠道，这样的结果是企业更加暴露于几个特定币种的汇率风险之中。对于中国企业而言，人民币外汇衍生品种类还不够丰富，很多货币需要借助美元进行交叉套保，企业利用人民币在海外投资建厂也面临接受度的问题。若企业的涉外业务和汇率风险管理都离不开美元，则人民币兑美元汇率波动必将成为一种系统性的风险。

第三，模型没有考虑宏观因素对企业汇率风险的重要影响。Hodder（1982）发现，纯国内企业也可能会遭受汇率风险冲击。其影响机制就是宏观因素如汇率变动引起国内通货膨胀和货币政策变动、其他企业应对汇率风险的行为改变国内企业的市场竞争格局。毫无疑问，货币国际化也可能通过宏观经济变量影响中国企业的汇率风险。例如，货币国际化影响本国企业的国际竞争力进而影响汇率风险，因为能否选择本币作为计价货币、采用什么样的结算方式等存在极强的网络效应和路径依赖。单个企业若想改变其中的条款就必然会在谈判桌上作出让步，只有在依靠国家力量或在外部冲击的机遇下，才能以较低的成本实现有利于中国企业的计价货币和结算方式。本币具有世界货币地位意味着国家在应对外部冲击时能够更加游刃有余，本国的通货膨胀、货币政策和其他宏观变量得以较少地受到影响，通过改善宏观环境为企业提供天然的汇率风险“避风港”。

7.3 研究设计

7.3.1 人民币国际化

货币的国际化运用主要是指一国货币在其发行国之外在国际私人或官方交易中承担普遍认可的交易媒介、计价单位和价值贮藏职能。目前，对于人民币国际化的量化测度方法可分为两类：一类是以宏观视角基于国际货币的三大职能以加权或主成分分析方法构建人民币国际化的综合性指标（彭红枫和谭小玉，2017）；另一类是以微观视角采取单一指标衡量人民币的国际化程度（Lu和 Liu，2020），例如，国际储备中的货币构成、国际贸易结算中的比重、场外交易市场货币交易量占比等。人民币国际化对于企业汇率风险的影响体现在方方面面，为了更加综合全面地对人民币国际化进行度量，本章选取具有代表性的中国人民大学国际货币研究所编制的人民币国际化指数作为衡量人民币在国际经济活动中的实际使用情况的代理变量。该指数从国际计价支付和国际储备功能出发构建了指标体系（见表7－1），是目前度量人民币国际化的指标中时间周期最长、最全面的，并且数据从2010年发布至今没有间断，没有指标修改，具有很好的一致性和连续性。

表7-1 人民币国际化指数指标体系

一级指标	二级指标	三级指标
国际计价支付功能	贸易	世界贸易总额中人民币结算比重
	金融	全球对外信贷总额中人民币信贷比重
		全球国际债券和票据发行额中人民币债券和票据比重
		全球国际债券和票据余额中人民币债券和票据比重
		全球直接投资中人民币直接投资比重
国际储备功能	官方储备	全球外汇储备中人民币储备比重

资料来源：中国人民大学国际货币研究所．人民币国际化报告2012［M］．北京：中国人民大学出版社，2012.

7.3.2 企业汇率风险的度量

根据定义，企业汇率风险是指未预期的汇率变动对企业价值的影响，度量方法一般有两种思路：使用上市公司的股价数据进行测算，使用上市公司披露的财务报告进行测算。

第一种方法认为，上市公司的股价表现可以代表企业价值，在计量层面，体现为控制了市场平均收益率后企业股票收益率的变化对汇率变化的敏感程度（He和Ng，1998；Bartram等，2010）。本章选取中国所有A股上市的企业作为研究对象，剔除了中国上市企业中的ST和金融类公司，采用如式（7-8）所示的回归模型测算企业的汇率风险（γ_i）：

$$R_{it} = \alpha_i + \beta_i R_{mt} + \gamma_i R_{st} + \varepsilon_{it} \tag{7-8}$$

式（7-8）中，R_{it}是股票收益率减去无风险利率的超额收益率部分；R_{mt}是股票市场指数超过无风险利率的超额收益率部分；R_{st}是汇率指数的变化率。无风险利率选择中国人民银行公布的3个月期定期存款基准利率，市场指数采用沪深300指数。汇率指数的构建参考中国外汇交易中心（CFETS）人民币汇率指数的货币篮子和权重计算方法，是以人民币与相关货币的每日即期汇率构建的日度汇率指数。汇率数据来源为Bloomberg和中国人民银行。股价数据来自CSMAR数据库和Wind数据库。这种方法对汇率风险的度量最为全面，因为它度量了包括会计核算、外币交易、进出口贸易、市场竞争在内的所有种类的汇率风险，以及企业从事的一系列汇率风险化解行为，这正是企业所最终实际面临的汇率风险。即使在考虑交易成本、过度反应、信息模糊性（Ambiguity）的情况下，相较于企业账面价值，资本市场的股价波动数据依然反映了信息主体对于上市公司价值一个更加公允的评估（Fama，1991），因而第一种方法是学术界测度汇率风险最为通用的方法。

第二种方法是使用上市公司披露的财务报告数据。由式（7－3）可知，在税率和折现因子不变的情况下，企业汇率风险表现为预期未来现金流受汇率变动的影响。Bodnar 和 Marston（2002）认为当期的税前利润可以代表预期未来现金流，因而企业汇率风险可以表述为式（7－9）：

$$\gamma_i = R_i + (R_i - C_i)\left(\frac{1}{r} - 1\right) \tag{7-9}$$

式（7－9）中，R_i和C_i分别代表外币收入占比和外币成本占比；r是税前销售利润率。外币收入占比和税前销售利润率可以从上市公司财务报告中获得，受限于中国的财务报告披露制度，外币成本占比缺少企业层面的数据，本章采用行业拟合的方法，行业数据来自国家统计局公布的非竞争型投入产出表。这种使用企业公布的年度报告数据来推算预期未来现金流的方法主要捕捉企业进出口交易行为中的汇率风险，一方面，它无法考虑市场竞争、要素配置、战略转型、宏观冲击等经济事件对企业汇率风险的影响，另一方面，它也无法将企业在面对汇率风险时采取的一系列汇率风险管理行为纳入分析，因而具有一定的局限性。

7.3.3 研究方法和模型设定

为了讨论人民币国际化与企业汇率风险之间的关系，参考 Bartram 等（2010）和 He 等（2021）的实证方法，将式（7－9）中计算得到的γ_i取绝对值定义为企业汇率风险，对人民币国际化指数的变动进行回归，并控制一系列的固定效应和控制变量，具体回归方程如式（7－10）所示：

$$|\gamma_{i,t+1}| = \alpha_0 + \alpha_1 \Delta \mathrm{RII}_t + \alpha_2 \,\mathrm{controls}_{i,t} + \theta_i + \lambda_q + \epsilon_{i,t} \tag{7-10}$$

式（7－10）中，$\gamma_{i,t+1}$是通过式（7－9）进行估算得到的结果。[①] ΔRII_t是本章的核心解释变量人民币国际化指数。从图7－1中可以看到人民币国际化指数存在比较强的自相关性（自相关系数为0.84），参考以往的研究选择变动率的形式纳入回归分析中，以消除核心解释变量主要受时间趋势因素所驱动对回归结果产生的干扰（Kaviani等，2020）。θ_i捕捉企业的固定效应，可缓解企业异质性产生的逆选择问题。λ_q赋值为1，2，3，4，捕捉季节性变化，由于党和国家的重要会议常常在特定月份举办，季节性虚拟变量可控制政策制定和发布的季节性因素。$\epsilon_{i,t}$为误差项。参考企业汇率风险的相关研究（He和Ng，1998；He等，2021），并结合中国市场特点，选择以下七家企业层面的控制变量：企业规模（Size）、资产负债率（Leverage）、企业流动性（Quick）、成长机会（Book）、海外业务收入占比（Overseas）、外币借款占比（Floan）和海外子公司虚拟变量（Subsidiary）。[②] 对以上所有的企业层面的连续的控制变量，本章均做了上下1%的缩尾（Winsorize）处理以排除极端值影响。数据来源为CSMAR数据库和Wind数据库。样本的时间区间为2010年至2021年。

7.3.4 向量自回归分析

在讨论人民币国际化和企业汇率风险时，因为两个变量在维度上存在不一致，可能会出现宏观经济政策的微观影响探讨中的“合成分解谬误”，即分解到企业维度和加总到宏观维度的回归结果相悖。为此，本章在进行企业层面的回归分析之前，先借助向量自回归模型探究中国企业汇率风险的均值水平与人民币国际化之间的关系，具体模型如式（7－11）所示：

$$Y_t = \beta_0 + \beta_1 Y_{t-1} + \varepsilon_t \quad (7-11)$$

式（7－11）中，Y_t代表内生变量向量，具体包括人民币国际化指数

① 为了得到企业在季度时间序列上的汇率风险，本章采用了向后滚动4个季度（1年）的滚动窗口回归方法，即采用2010年第一季度至第四季度的日度数据测算得到的结果定义为2010年第一季度的汇率风险。由于存在停牌、退市、重组等行为因素，为保证度量的准确性，删除了样本区间内不足180个观测值的样本。

② 所有变量的描述性统计参见《中国工业经济》网站（http：//ciejournal.ajcass.org）附件。

(ΔRII)、M2 增长率、CPI 增长率、进出口额增长率、中美利差、美元兑人民币波动率、人民币实际有效汇率指数和企业汇率风险的均值。模型的特征根均位于单位圆内部，通过了平稳性条件检验。图 7－2 展示了企业汇率风险的均值水平对人民币国际化指数变动的正交化脉冲响应曲线。图中显示，企业的汇率风险均值水平受人民币国际化的影响显著为负，在冲击后 1 个季度反应最为剧烈，1 个单位标准差的人民币国际化程度上升使得企业汇率风险的均值下降约 0.0204，后逐渐恢复。同时，格兰杰因果检验的 F 值为 8.0502，P 值为 0.0076，表明人民币国际化是企业汇率风险均值的格兰杰原因。

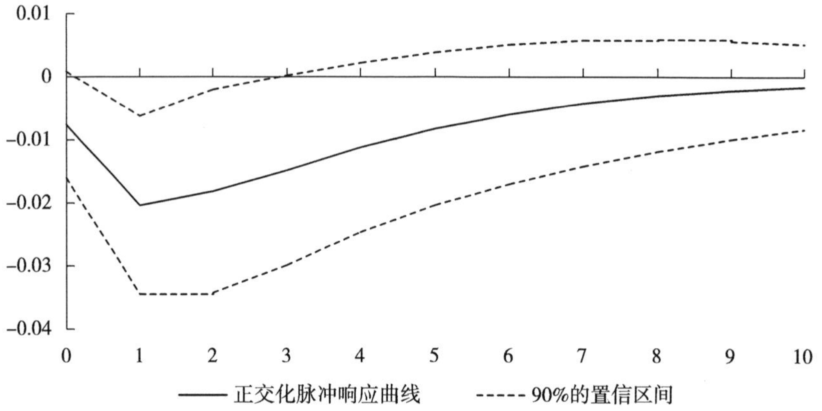

图 7－2　脉冲响应

7.4　主要实证结果和讨论

7.4.1　基础回归结果

根据式（7－10）回归方法得到的结果展示在表 7－2 之中。列（1）没有加入企业层面的控制变量，仅控制个体固定效应；列（2）在此基础上控制了一系列企业层面的控制变量；列（3）进一步控制了季节性；列（4）则是对海外业务收入占比超过 10% 的子样本进行回归的结果。上述四列展示了以式（7－9）计算的企业汇率风险作为被解释变量的回归结果，在列（5）中将被解释变量替换为以式（7－10）计算的企业汇率风险。从这五列结果中可以看到，人民币国际化能够在1%的水平上显著降低中国上市公司的汇率风险。从经济显著性上看，以列（3）为例，人民币国际化指数增长1个百分点，企业汇率风险降低0.0396，是均值0.3324的12%。

表7－2 基础回归结果

变量	(1)	(2)	(3)	(4)	(5)
ΔRII	-0.0569***	-0.0326***	-0.0396***	-0.0248***	-0.1035***
	(-17.46)	(-9.11)	(-9.95)	(-3.42)	(-14.54)
控制变量	No	Yes	Yes	Yes	Yes
企业固定效应	Yes	Yes	Yes	Yes	Yes
季节固定效应	No	No	Yes	Yes	Yes
企业数	3988	3820	3820	1728	3820
样本量	115062	109956	109956	36055	109956
调整后 R^2	0.1037	0.1063	0.1076	0.1205	0.2514

注：*、**、***分别表示在10%、5%和1%的显著性水平；括号中为在企业层面聚类稳健的t统计量。完整表格参见《中国工业经济》网站（http：//ciejournal.ajcass.org）附件，以下各表同。

人民币国际化降低企业汇率风险的原因可能体现在多个方面。（1）人民币在贸易和金融计价结算中发挥更大的作用。对于中国的企业而言，土地、人员、税收等大部分费用支出以人民币计价，并且财务报表的本位币选择的也是人民币。在以往人民币不占据计价结算优势地位的时候，每一笔业务交易都面临人民币与外币在不同时间、不同地点、不同合同上的汇兑风险，并且会计账面价值需要根据财务会计准则以特定时点的汇率进行换算，汇率风险充斥在公司业务流程的各个方面。随着人民币国际化的推进，企业可以用人民币作为计价货币签订合同，并最终以人民币结算货款（贷款），从而较少受到汇率在不同时点差异的影响。（2）人民币摆脱对美元的价值依赖，微观企业也开始强调人民币的主体地位。在人民币事实上盯住美元的时期，由于美元在国际货币体系中的核心地位，很多中国企业事实上以美元作为自己业务核算的币种，然后再将美元计价换算为人民币计价，从而面临人民币兑美元、美元兑第三方货币的双重汇率风险。随着人民币国际化地位的崛起和确立，人民币与非美元货币的交易开始活跃，衍生工具丰富，企业逐渐开始重视人民币的主体地位，将人民币作为涉外业务的核心币种进行经营和投融资、风险管理操作。(3) 境外主体对人民币的接受程度提升，选择人民币进行计价结算的代价降低。人民币是中国的法定货币，在国际化程度比较低的时候，缺少人民币的有效回流渠道，境外主体持有人民币的成本较高，导致在微观企业进行合同币种议价的时候，需要承担额外的成本来选择对自身有利的人民币。伴随着人民币国际化的推进，人民币计价的金融市场产品逐渐丰富，汇率风险管理手段不断齐全，境外主体持有人民币不仅拥有了使用的渠道和保值增值的手段，并且人民币计价产品的收益率较高，提升了持有人民币的主观意愿，有助于中国企业在涉外交易中采用人民币计价。

7.4.2 对不同币种汇率风险的异质性结果

为了进一步探究人民币国际化如何影响企业的汇率风险，在此节利用式 (7-8) 对企业汇率风险进行重新估计，将汇率指数替换为不同的双边汇率，以及在 CFETS 货币篮子中剔除美元，并以此为被解释变量进行式 (7-10) 的回归分析。表 7-3 展示了暴露于不同币种的汇率风险作为被解释变量的回归结果，列 (1) 的被解释变量为对美元的汇率风险，人民币国际化系数在 1% 的置信水平上显著为正，说明人民币国际化程度提升会增加中国企业对美元的汇率风险。对于暴露于欧元的汇率风险，人民币国际化系数表现为不显著，对于英镑、日元和在 CFETS 货币篮子中剔除美元的回归结果中，人民币国际化在 1% 的水平上显著降低汇率风险，与本章的主结果保持一致。人民币即便作为世界上最主要的国际货币，中国企业兑美元、欧元的汇率风险并不会伴随着人民币国际化程度的提升而出现明显改善，反而还会增加兑美元的汇率风险。这一结果预示着，在人民币国际化的进程中，中国企业和政策部门依然要对国际货币的汇率风险给予重视，尤其是对美元的汇率风险。

表 7-3 对不同币种汇率风险的回归结果

变量	(1)	(2)	(3)	(4)	(5)
	USD	Non - USD	EUR	GBP	JPY
ΔRII	0.3465***	-0.0396***	-0.0038	-0.0100***	-0.0188***
	(23.32)	(-9.97)	(-1.01)	(-2.95)	(-5.65)

续表

变量	(1)	(2)	(3)	(4)	(5)
	USD	Non - USD	EUR	GBP	JPY
控制变量	是	是	是	是	是
企业固定效应	是	是	是	是	是
季节固定效应	是	是	是	是	是
企业数	3820	3820	3820	3820	3820
样本量	109956	109956	109956	109956	109956
调整后 R^2	0.1152	0.1077	0.1223	0.0754	0.1098

人民币兑美元汇率一直是中国最重要的双边汇率，在过去比较长的一段时间内，人民币事实上盯住美元或爬行盯住美元，直至人民币的多次市场化改革后，才表现出独立自主的币值走势（Ilzetzki 等，2019）。主要盯住美元的汇率制度实质上体现了国家对于企业的呵护，由于人民币与美元的汇率稳定或预期稳定，中国涉外业务即使由美元计价企业也不会遭受巨大的汇率波动风险，其他货币计价交易则可利用丰富的美元衍生品工具，以“货币掉期 + 利率互换”锁定大部分货币的波动风险，因此企业在交易中不太会额外关心合同中计价货币的选择，而是对不同的计价货币有不同的处理方法。然而，人民币国际化的推进，让人民币在支付、计价、结算上占据更加主动的地位。一方面，少数企业没有正确树立“财务中性”的汇率风险管理意识，而是单方向的“赌”人民币兑美元的价格变动，反而增加了汇率风险；另一方面，拥有财务管理知识的企业，在确立人民币的核心地位后，发现相应的汇率风险管理工具缺失或成本过高。根据中国外汇交易中心披露的数据，仅有 24 种货币可以与人民币直接交易，且在这 24 种货币中美元交易量占据绝大部分，其次为欧元，其他货币的交易量很低，人民币尚无法实现与全部货币的交易和对冲，对美元、欧元之外货币的对冲成本较高。这导致的结果是企业将尽量避免以人民币、美元之外的其他货币进行计价，人民币国际化提升伴随着美元计价的比例提升

和其他货币计价的比例下降。① 另外，在当前的国际货币体系下，美元依然处于核心地位，并伴随着欧债危机、英国脱欧等事件的发生还在不断强化。美元的币值变动是外汇市场中的系统性风险，美国的货币政策和风险偏好是驱动全球金融周期的核心因素。在这一背景下，人民币国际化进程中需要额外关注企业对美元的汇率风险，引导企业通过合理的合同策略、经营对冲和金融对冲方式化解所面临的汇率风险问题。中国政府和监管机构也应该意识到，深植于国际货币体系中的汇率风险是无法通过微观个体的行为进行化解的，这是一种系统性风险，需要坚定不移地有序推进人民币国际化，虽然在前期会面临一定的成本和使用上的不便利，但是从中长期看是从根本上化解企业汇率风险的要义之举。

7.4.3 主导货币的影响

人民币在不断提升国际化程度的过程中，还会受到目前世界上的主导货币——美元的影响。Gopinath（2015）和 Boz 等（2020）使用世界各国的贸易计价统计数据证实了美元在国际贸易计价中处于主导地位，并进一步指出美元的这种主导地位最重要的体现是在大宗商品贸易（Commodity Trade）之中。根据 Eurostat 的统计，2020 年欧盟出口货物中欧元计价的占比为 48%，美元计价的占比为 29%，进口货物中美元计价的占比为 48%，欧元计价的占比为 38%。美元力压欧元成为欧盟国家进口货物的第一计价货币，主要原因是欧盟进口的石油、天然气、农产品等大宗商品几乎全部以美元计价，即使来源国是美国之外的国家或者是与美国敌对的国家。为了验证美元的主导货币地位是否会影响人民币国际化在化解微观企业汇率风险方面的成效，表 7－4 的前四列提供了一些异质性结果。列（1）和列（2）分别展示了大宗商品行业和非大宗商品行业的异质性结果，发现大宗商品行业中人民币国际化程度的提升并不能显著降低企业的汇率风险。对比之下，列（2）展示的非大宗商品行业中，人民币国

① 这一结果在宏观上也有相应的印证，根据 Ilzetzki 等（2019）的数据描述，人民币国际化地位的提升带动了美元区（锚定美元的国家和地区）占比达到了布雷顿森林体系解体后的最高水平。2022 年国际货币基金组织（IMF）调整特别提款权中的货币权重，人民币和美元的权重分别由 10.92% 和 41.73% 上升至 12.28% 和 43.38%，其他货币的权重均有所下降。

际化的提升能够显著降低企业的汇率风险。进一步地，本章根据国家统计局公布的投入产出表，将大宗商品投入占中间投入比重超过20%的行业记为大宗商品投入占比高的行业。① 占比高和低的回归结果分别展示在列（3）和列（4）中。可以看到，大宗商品投入占比高低并不会影响人民币国际化的显著性水平，人民币国际化在两个回归中均能在1%的显著性水平上降低企业的汇率风险。从上述实证结果可以看出，美元作为世界的主导货币也会影响人民币国际化作用的发挥，最主要的是体现在大宗商品计价上。相关行业中的企业作为市场主体，在激烈的国际竞争中若追求人民币计价来降低汇率风险，破除美元计价的主导范式，必然会在合同议价时面临诸多困难，甚至可能会产生利润损失。因而，在相关领域必须由国家进行带头突破，争取人民币在大宗商品领域的定价权，这一方面可以直接降低相关行业的汇率风险，另一方面能通过产业链、供应链的传递影响下游行业的计价行为和汇率风险。

表7-4 主导货币和对冲行为影响的结果

变量	(1)	(2)	(3)	(4)	(5)	(6)
ΔRII	-0.0174 (-1.35)	-0.0420*** (-10.02)	-0.0510*** (-4.27)	-0.0404*** (-9.03)	0.0057*** (2.91)	0.4266*** (12.92)
控制变量	是	是	是	是	是	是
企业固定效应	是	是	是	是	是	是
季节固定效应	是	是	是	是	否	否
企业数	320	3500	269	3231	3430	3430
样本量	11200	98756	9483	89273	28832	28832
调整后R^2	0.0827	0.1105	0.1019	0.1091	0.3494	0.6966

7.4.4 对冲工具的供给

根据推论7.3，人民币国际化作用于企业汇率风险非常重要的一个机制，是为企业进行汇率风险管理提供对冲工具。在一个全球化时代，企业将无可避免地面临汇率风险的问题，此时有充足的汇率风险管理工具对于化解汇率风险

① 具体的行业划分标准参见《中国工业经济》网站（http://ciejournal.ajcass.org）附件。

非常关键。在缺少对冲工具的时候，企业只能依靠合同策略、自然对冲、汇率传递等有限的方法进行汇率风险管理，并且这些方法有一个非常明显的弊端：严重依赖企业所处的行业以及企业在行业中的地位。以合同策略为例，在人民币汇率波动剧烈的时期，企业可以选择将合同签订周期由 3 个月变为 1 个月来降低汇率波动的影响，但这仅有规模化、生产周期短的制造业才能实现，并且仅有话语权强的企业才能说服对手方频繁签订合同。行业千差万别，企业的生产经营活动差异更为复杂，因而需要种类齐全、币种丰富、成本低廉的对冲工具服务于企业的汇率风险管理，人民币国际化恰好能够在这方面发挥作用。为了进行实证检验，从企业年报中获得了金融对冲和经营对冲的相关数据，参考 Allayannis 和 Ofek（2001）和 Pantzalis 等（2001），以企业当年是否购买外汇衍生品衡量金融对冲，以企业当年海外子公司分布的国家数衡量经营对冲，并以企业—年度的面板数据[①]分析了人民币国际化是否能够起到提高对冲工具供给的作用，表 7－4 中列（5）和列（6）分别提供了对应金融对冲和经营对冲的实证回归结果。结果表明，人民币国际化程度提升在 1% 的显著性水平上提高了企业的金融对冲和经营对冲水平，说明人民币国际化让更多的企业可以从事金融对冲和经营对冲，为化解企业的汇率风险提供了更多的对冲工具。从推论 7.3 可知，对冲工具的使用并不会必然降低企业的汇率风险，也有可能推高企业汇率风险。事实上，所有企业在对冲工具的使用上都有一个学习的过程，也必然会面临失败的挫折，但这并不意味着对冲工具的供给是一个“坏事情”。在经过不断学习和实践经验积累后，企业管理者将会更加科学地运用对冲工具，服务于本企业的汇率风险管理。

7.5 稳健性检验

7.5.1 考虑汇率制度和其他宏观因素的影响[②]

本章研究中一个比较大的挑战：是否存在其他宏观变量，尤其是与人民币

① 因为企业进行对冲的数据只有年报披露，所以这部分回归的样本由季度变为年度，样本量有所减少。
② 所有稳健性检验结果参见《中国工业经济》网站（http：//ciejournal. ajcass. org）附件。

汇率相关的变量，共同驱动了企业汇率风险的变化和人民币国际化。为了克服这一潜在的遗漏变量问题，本节将针对性地解决汇率制度和其他宏观因素对本章结果的影响，聚焦于识别人民币国际化的影响。（1）本章在基础回归的基础上额外控制了与汇率制度相关的变量，包括汇率指数波动率、人民币离岸在岸价差绝对值、中美利差、VIX指数、M1同比增长率。（2）进一步考虑更广大范围的宏观因素的影响，本章参考Pukthuanthong和Roll（2009）、Kaviani等（2020）的研究，选取了与中国经济和世界经济密切相关的10个变量，从中提取特征根大于1的4个主成分因子。利用人民币国际化对这些主成分因子和时间趋势项进行回归，所得的残差作为解释变量。（3）2015年8月11日中国进一步推动人民币汇率形成机制的市场化改革，这是本章研究样本时间区间中最重要的汇率制度变革。在“8·11汇改”之后，国际货币基金组织发布的《汇兑安排与汇兑限制年报》也认定中国的事实汇率制度由爬行盯住转为其他管理浮动。本章以此为界将2010—2021年的时间区间划分为2010—2015年和2016—2021年，进行不同区间的回归分析。所有结果依然稳健。

7.5.2 工具变量回归

人民币国际化和企业汇率风险在实证探讨上可能会面临内生性的顾虑。（1）在同一个宏观冲击下，人民币国际化和企业汇率风险同时发生变化。上一小节仔细探讨了宏观变量和汇率制度对本章结果的影响，表明是一致稳健的。（2）受制于核心解释变量是宏观变量，无法控制时间虚拟变量，本章的结果可能是由宏观变量背后的时间序列因素所驱动。本章在对人民币国际化取差分之后，序列平稳，不存在时间趋势，并且其他稳健性检验中减弱了这一顾虑。（3）可能存在不能度量的潜在遗漏变量同时影响人民币国际化和企业汇率风险。本章接下来使用工具变量回归的方法尽量消除这一顾虑。

货币国际化的驱动力大体可以分为市场需求推动和政府顺势推动，因而本章从两个角度出发寻找工具变量。（1）本章采用美元指数的波动率（USDX）作为工具变量。无论是根据VaR和CoVaR等风险评估手段，还是外汇衍生品的定价规则，当美元汇率波动增加的时候，微观主体将会为持有美元、以美元计价、购买美元衍生工具支付更高的交易成本，从而会选择使用其他货币。Bruno 和 Shin（2017）发现美元汇率波动会降低以美元计价债券的比重，尤其体现在发展中国家。Gopinath（2015）认为，美元指数波动率是一个影响货币计价的重要宏观经济冲击因素，当波动率过高的时候会有企业开始破除"网络效应"，尝试使用美元以外的货币进行计价。市场主体在看到美元波动率过高的时候，开始寻找其他货币进行替代，从而增加了人民币进行计价的份额。因而，预期美元指数波动率的提升会通过市场需求推动人民币国际化。因为美元指数的构成货币中并没有人民币，所以人民币的币值变动并不会对美元指数波动产生直接的影响。（2）本章使用当年政府工作报告对当年工作任务的展望中是否包含"人民币国际化"政策内容（Policy）作为工具变量，即政府工作报告中提及"人民币国际化"相关内容赋值为1，否则为0。从相关性上看，中国政府具有极强的执行力，国务院总理向全国人大代表汇报当年的政府工作报告，其中提到的当年工作任务一定会由各级人民政府认真贯彻执行。放到人民币国际化上也是如此，只要当年政府工作报告将人民币国际化作为当年工作的重点，就大概率伴随一系列政府推动政策的出台。以 2010 年为例，政府工作报告中提到，推进跨境贸易人民币结算试点，逐步发展境外人民币金融业务，次月中央银行便出台政策——全面推进跨境贸易人民币结算试点，财政部、海关总署、商务部、税务总局、证监会、银监会也在当年有相应的政策出台。从排他性约束上看，政府采取措施推动人民币国际化与人民币国际化之间的关系非常直接，因而其主要是通过人民币国际化的渠道作用于企业汇率风险，不太可能有其他具备显著性的替代渠道。第一阶段结果显示，USDX 和 Policy 均与人民币国际化显著正相关。第二阶段回归结果显示，人民币国际化依然在 1% 的水平上降低企业的汇率风险，证明了本章结论的稳健性。

7.5.3 其他稳健性检验

（1）替换模型设定。在式（7-10）的回归分析中，本章使用了绝对值的形式作为被解释变量，这会使得模型的残差项不符合正态分布的设定，可能有

损于结果的稳健。将被解释变量替换为 $\sqrt{|\gamma_{i,t+1}|}$，以此来满足回归模型的前提假定。为了避免上一阶段误差的影响和干扰，使用上一阶段估计标准差的倒数作为权重进行 WLS 回归分析，赋予估计误差大的样本更低的权重。

（2）替换被解释变量。CFETS 货币篮子中的货币涵盖一些交易不频繁的货币，且很多货币在 2016 年之前没有中间价数据，因而本章以 SDR 货币篮子重新计算人民币汇率指数，进而计算企业汇率风险。另外，为了缓解潜在的内生性分析，本章将被解释变量的汇率风险再向后移动了一个季度，用 $|\gamma_{i,t+2}|$ 作为被解释变量进行回归分析。

（3）替换核心解释变量。在主结果中使用的是人民币国际化指数，这是一个综合性指标。本节选取国际清算银行（BIS）数据库国际债券发行额的币种结构中的人民币计价的国际债券份额季度数据作为单一指标的代表对人民币国际化进行度量。此外，本章还采用了函数方法（多项式函数和双曲函数）消除人民币国际化中的时间趋势。所有回归结果显示本章的结论依然稳健。

7.6 异质性分析

人民币国际化作为一种宏观制度，对企业活动的影响会存在一定的差异性。为了捕捉人民币国际化对不同企业汇率风险的异质性影响，本章从产品特征、市场话语权和国际市场竞争三个维度进行讨论。通过异质性检验进一步分析人民币国际化的政策效果，以期更好地服务于相关政策的制定和评估。

7.6.1 产品特征

根据企业生产的产品特征，一般将其分为标准化产品、差异化产品、服务产品三大类，产品的市场壁垒依次提升。标准化产品生产商面对同质竞争的市场，往往面临更加严重的市场不确定性，客户更换供应商或解除合作关系的成本较低，企业同时面临订单变动风险和汇率变动风险。此时，企业若想克服网络效应，单方面选择对自己有利的计价货币，被动面临订单收入降低的巨大风险。例如，粮食市场的产品虽然在质量上存在差异，但在产品基本功能方面并没有明显差别，各地生产的粮食在世界市场上进行接近于同质化竞争。在平稳的市场环境下，中国企业想依靠自身力量在美元计价的大背景下采用人民币计价非常困难。然而经营较为独特的产业化产品往往拥有较为稳定的销售市场，其客户更换供应商的成本和难度较高，产品壁垒带来的议价能力和稳定的供应商关系，让相关企业更加关注计价货币所带来的成本和收益，享受人民币国际化对自身经营风险的改善。以汽车产业链为例，每一个零部件厂商和整车厂商在整车设计、安装、销售、售后等各个环节保持深度合作，供应链上下游的企业关系稳固，在谈判桌上进行商讨空间更大，买卖双方也会更加照顾对方的客观诉求，相较而言更容易凭借企业的努力实现人民币作为产品的计价货币。服务产品作为市场壁垒最强的一类产品，一般专注于在特定市场服务于特定客户，相关企业直接受益于人民币国际化程度的提升。例如，随着人民币国际化程度提升，境外开展的建筑工程可以使用人民币作为结算货币，几乎可以规避企业所面临的大部分汇率风险。本章参考 Giannetti 等（2011）的研究，将样本企业按其经营产品的特征进行分类，分为差异性产品、标准化产品以及服务三大类。[①] 从表 7－5 的结果中可以看出，对于三种不同类型的产品，人民币国际化均可以在一定程度上降低企业面临的汇率风险。从系数大小上看，标准化产品估计系数的绝对值最小，而服务产品的估计系数最大，说明人民币国际化对于市场壁垒强的产品市场作用更为明显。进一步地，本章参考 Cleary（1999）的研究，采用自抽样（Bootstrap）法来检验组间差异的显著性。结果说明，人民币国际化在降低企业汇率风险上对于不同的产品特征存在异质性，随着产品的市场壁垒的提高及供应链—消费者关系的日趋稳定，人民币国际化的作用体系更为明显。在寻求汇率风险降低上，企业和国家利益具有一致性，人民币国际化程度的提升为企业在谈判桌上寻求对自己有利的计价结算货币提供了使用基础和信用背书，帮助企业通过合同策略实现自身汇率风险的降低。

① 具体的行业划分标准参见《中国工业经济》网站（http：//ciejournal. ajcass. org）附件。

表7-5 产品特征的异质性检验

变量	(1)	(2)	(3)
	标准化产品	差异化产品	服务产品
ΔRII	-0.0229***	-0.0324***	-0.0584***
	(-3.18)	(-4.52)	(-9.22)
控制变量	是	是	是
企业固定效应	是	是	是
季节固定效应	是	是	是
企业数	1123	1528	1169
样本量	34676	39091	36189
调整后R^2	0.1072	0.1072	0.1134
系数差异检验	(1) - (2)	(1) - (3)	(2) - (3)
	0.009**	0.036***	0.026***
检验P值	0.040	0.000	0.000

7.6.2 市场话语权

对于一家企业而言，在宏观和行业等环境因素给定的情况下，企业的市场话语权会影响汇率风险，拥有更强话语权的企业能够在合同中争取更有利于自身的计价、支付、结算的币种和时间安排。借鉴Aghion等（2013）、Dass等（2015）的研究，本章使用企业的营业利润率作为企业市场话语权的代理变量。企业拥有市场话语权在企业财务信息上的体现就是有较高的经营利润（Gross Profit Margin），企业可以通过强大的市场议价能力压缩上下游企业利润，提升最终消费者的价格支付，增强自身的利润水平。这种市场话语权在与汇率风险相关的订单买卖、合同制定中同样存在。市场话语权强的企业在谈判桌上占据优势地位，更有可能实现对自身汇率风险管理有利的币种选择、时间安排和结算方式，压迫对手方让步利润空间，降低自身暴露于汇率波动中的风险。从表7-6的回归结果可以看到，企业的营业利润率能够在边际上降低人民币国际化对企业汇率风险的改善作用。这意味着，对于缺乏市场话语权的企业，人民币国际化的作用要更加明显，而对于那些具备市场话语权的企业，人民币国际化也会降低企业的汇率风险，但在边际上要弱于没有话语权的企业。这一结果预示着，人民币国际化程度的提升更大程度上缓解了缺乏市场话语权企业的汇率风险。由于自身在市场中处于弱势地位，难以通过有效的合同策略降低自身的汇率风险，企业会更加依赖宏观制度创造的环境来提升自身的汇率风险管理能力。人民币国际化作为其中的重要依托，对于中国广大处于弱势地位的中小企业和位于产业链边缘的企业，因人民币计价结算对于双方企业的收益提升，而更有可能获得有利于企业自身的币种选择和结算方式，降低企业所面临的汇率风险，增强自身在人民币汇率波动环境下的收益稳定性。

表 7－6　市场话语权的异质性检验

变量	(1)	(2)	(3)	(4)
ΔRII	－0.0609***	－0.0373***	－0.0712***	－0.0443***
	(－16.44)	(－9.31)	(－17.68)	(－10.12)
ΔRII × Power	0.0185**	0.0216***	0.0185**	0.0218***
	(2.37)	(2.64)	(2.36)	(2.67)
Power	－0.0152***	－0.0085	－0.0155***	－0.0087
	(－2.86)	(－1.55)	(－2.92)	(－1.57)
控制变量	否	是	否	是
企业固定效应	是	是	是	是
季节固定效应	否	否	是	是
企业数	3988	3820	3988	3820
样本量	115062	109956	115062	109956
调整后 R^2	0.1038	0.1063	0.1052	0.1077

7.6.3　国际市场竞争

在理论模型的建构中，国际竞争环境是影响汇率风险的重要因素（Bodnar 等，2002）。在实证分析中，不同行业的国际市场竞争情况也会催生企业汇率风险的差异性（Griffin 和 Stulz，2001）。国际市场竞争不仅会通过企业的竞争战略和竞争行为影响企业的汇率风险，也会改变企业的对冲意愿和对冲的难易程度。[①] 本小节试图去检验不同行业所面临的国际市场竞争状况是否会影响企

① 例如，在普通轿车市场中，市场份额的竞争十分激烈，此时终端消费者对于价格十分敏感，汇率波动产生的价格差异对于企业影响很大。在豪车市场中，虽然市场竞争依然激烈，但终端消费者对于价格敏感度低，企业可以通过价格变动将汇率波动的风险转移到消费者上。

业的汇率风险。由于难以获得每家行业在各个国家的市场份额数据，所以参考张策等（2022）的研究，利用资本市场股价变动的数据，在中国，如果该行业在10%的水平上面临来自其他国家的产业竞争，将其定义为高国际市场竞争，赋值为1，其他行业赋值为0。将该行业是否面临显著的国际市场竞争作为交乘项加入回归之中，结果展示在表7-7中，可以看到，面临较高国际市场竞争的企业，人民币国际化对它们汇率风险的改善效果要更强。人民币国际化体现在国家整体宏观维度上的竞争力，在作用于企业汇率风险之中，也能内化为企业的一种竞争力。在国际市场竞争中，汇率是价格比对的核心，币种选择体现的是对币种背后购买力和支付能力的客观考量。人民币国际化程度的提升，使境外主体持有人民币不仅有更多的使用渠道，还能获得较高的资本收益，持有的主观意愿提升。中国企业选择人民币计价结算，是汇率风险最低、成本最低的选择。在激烈的国际市场竞争环境下，若人民币国际化持续推进，帮助中国企业确立交易中人民币的核心地位，则能够改善企业的汇率风险，降低汇率风险管理难度，形成新的国际市场竞争力。

表7-7 国际市场竞争的异质性检验

变量	(1)	(2)	(3)	(4)
ΔRII	-0.0492***	-0.0259***	-0.0596***	-0.0329***
	(-12.66)	(-6.18)	(-14.26)	(-7.26)
ΔRII × Competition	-0.0254***	-0.0222***	-0.0255***	-0.0222***
	(-3.57)	(-2.98)	(-3.58)	(-2.97)
控制变量	否	是	否	是
企业固定效应	是	是	是	是
季节固定效应	否	否	是	是
企业数	3988	3820	3988	3820
样本量	115062	109956	115062	109956
调整后 R^2	0.1038	0.1063	0.1051	0.1077

7.7 本章小结

人民币国际化降低了中国企业的汇率风险吗？本章以中国A股上市公司为

样本，采用中国人民大学国际货币研究所编制的人民币国际化指数作为度量，得出了肯定的结论。本章的研究发现，人民币国际化能够降低微观企业的汇率风险，这种作用主要源于人民币国际化降低了企业对非美元货币的汇率风险，对于美元的汇率风险反而因人民币国际化程度的提升而有所增加，这一结论在考虑汇率制度和宏观因素的影响、使用美元指数的波动率和政府工作报告对当年工作任务的展望中是否包含“人民币国际化”政策内容作为工具变量的最小二乘法回归，以及一系列其他稳健性检验的情况下依然成立。在美元占据国际主导货币地位的时候，人民币国际化主要通过非大宗商品计价和对冲工具供给来服务于企业汇率风险的改善。进而，本章从产品特性、市场话语权和国际竞争格局三个维度研究发现，人民币国际化的影响在产品、企业和行业层面存在异质性，更具异质性的产品、缺乏市场话语权的公司和面临激烈国际竞争的行业，会格外受益于人民币国际化程度的提升。

本章提出如下政策启示：(1）有序推进人民币国际化，可以服务于企业的汇率风险管理和国际市场竞争。在俄乌冲突等重大国际事件的冲击下，企业参与国际市场面临越来越多的不确定性。汇率风险作为企业涉外业务中不得不面临的风险点，本章研究证实了人民币国际化对于缓解企业汇率风险具有积极作用。中国政府可以思考如何借助人民币国际化的制度红利来降低企业承担的汇率风险，帮助更多的企业在日趋激烈的国际市场竞争中生存和胜出。(2）有序推进人民币的过程中，需要重视人民币兑美元的汇率波动。本章的研究指出，虽然人民币国际化可以降低企业整体的汇率风险，但是可能会增大对美元的汇率风险。监管当局应该意识到，美元处于国际货币体系的核心地位，其与人民币的汇率仍旧是中国最重要的双边汇率，对中国企业汇率风险的影响较大。因而，监管当局应持续、密切关注人民币与主要国际货币的币值走势，及时进行预期引导，必要时进行市场干预，避免汇率大幅波动对企业造成重大伤害。(3）国家需要积极争取大宗商品定价权。美元目前的主导货币地位主要体现在大宗商品计价上，依靠企业的力量难以在大宗商品领域争取人民币计价。这就需要国家力量积极主动争取大宗商品领域的定价权，并引导产业链、供应链的上下游企业积极使用人民币计价。(4）中国应该继续丰富外汇衍生品市场，降低企业进行套保的成本。对冲工具的供给作为人民币国际化作用于企业汇率风险的重要机制，在本章中得到了检验。虽然媒体经常爆出中国企业使用外汇衍生品遭致巨额亏损的新闻，但是应该认识到对冲工具的供给为企业化解汇率风险提供了可能，企业学习并逐渐熟练使用外汇衍生品需要一个过程，并且过程之中也会存在反复和调整。国家应保持战略定力，继续扩大对冲工具的供给，降低对冲工具的获取成本，并辅之以汇率风险管理的培训，帮助企业更快、更好地掌握对冲工具的使用技巧。（5）企业应学会乘借人民币国际化的东风，降低自身参与国际大循环的汇率风险。人民币国际化的有序、稳慎推进，丰富了人民币计价资产的供给，提升了境外主体持有人民币的意愿。相关企业可以借势商讨使用人民币作为合同的计价和结算币种，降低在国际政治经济不确定性下的汇率风险。

第 8 章　汇率风险与公司的贷款成本

本章基于中国 A 股上市公司 2009—2018 年的贷款和财务数据，首次实证检验了汇率风险对企业公司成本的影响，结果发现，汇率风险增加将使公司承担更高的贷款利率。其中，汇率风险每增加 1 个标准差，将使公司的贷款利率显著上升 1.28～1.97 个基点。对于境外收入更高、境外子公司投资更多和使用外汇衍生品的公司，其在相同汇率风险下承担更高的贷款成本。进一步分析发现，“8·11 汇改”和贷款利率市场化改革后，汇率风险将更显著地增加公司的贷款成本。另外，银企关系更密切与股东和债权人利益冲突更严重的公司，相同的汇率风险将使它们承担更高的贷款成本，而市值较高的公司，相同的汇率风险将使它们承担相对较低的贷款成本。

8.1　引言

自我国 2005 年实行汇率制度改革以来，人民币汇率形成机制不断市场化，人民币对世界主要货币的波动幅度逐渐扩大，形成了以市场供求为基础、参考一篮子货币进行调节，有管理的浮动汇率制度。2015 年“8·11 汇改”进一步完善了人民币汇率的中间价形成机制，人民币兑美元汇率也由单一预期驱动转为双向波动。然而，伴随着人民币汇率弹性的增强，人民币汇率波动对金融体系稳定性的影响日益显著。特别是近年来，随着中美之间贸易摩擦的加剧，人民币汇率波动进一步加大，中国股票市场也出现了较大的震荡。时任中国人民银行行长易纲在接受《证券时报》采访时表示：“当前的人民币汇率都处于合适水平。虽然近期受到外部不确定性因素影响，人民币汇率有所波动，但我对人民币继续作为强势货币充满信心。”可一个不争的事实是，伴随着汇率波动不确定性的增加，我国企业汇率风险问题日益突出，汇率风险已经成为影响企业日常经营和管理的重要因素（He 等，2021a）。[①] 由此可见，如何防范和化解汇率风险是当前亟待解决的重大问题。回答这一问题的关键在于深入了解我国企业的汇率风险特征，厘清其对企业投融资等行为的影响和作用机制。关于该问题，至今尚无进行系统研究的文献。

在我国以银行为主导的金融体系下，银行的信贷资金是企业资金的重要来源。企业的贷款成本直接影响了企业的投资决策，进而影响了企业的经营绩效和长期竞争力（Allen 等，2012；He 等，2017），这使银行信贷成为汇率风险影响企业经营管理的重要渠道。那么，汇率风险对企业的贷款成本影响如何？作用机制是什么？这是本章关注的重点问题。企业的贷款成本反映了银行对企业的经营风险和贷款违约可能性的预期（Bolton 和 Freixas，2000 ；Ertugrul 等，2017）。国内外学者对我国企业贷款成本影响因素的研究主要集中于宏观上的经济政策的不确定性、政治政策的不确定性及制度环境和产业政策（宋全云等，2019；李广子和刘力，2020；Ashraf 和 Shen，2019），微观上的银行所有权制度、银企关系、公司信息披露等层面（郝项超，2013；邓超等，2010；王雄元和曾敬，2019）。然而，鲜有学者对汇率风险与企业贷款成本之间的关系进行深入的研究。特别是，随着汇率波动不确定性的增加、利率市场化改革的进一步深入，厘清汇率风险与企业贷款成本之间的关系不仅有利于增强我国企业应对汇率风险的能力，也对提升金融机构的风险定价能力、引导金融机构服务实体企业具有重要的政策指导意义。

本章使用中国上市公司 2009—2018 年所有 A 股主板上市公司的数据研究了汇率风险对企业贷款成本的影响。研究结果表明，汇率风险增加导致企业的贷款成本显著上升。负向汇率风险较正向汇率风险更显著地增加了公司的贷款

① 所谓汇率风险（Exchange Rate Exposure），即企业在经营活动或投资活动中，由于汇率不可预期的变动（汇率风险）而影响企业价值的程度。He 等（2021a）利用本章 2005—2018 年的上市公司数据系统地探究了企业在不同时期、对不同币种的汇率风险比例和影响程度。研究结果表明，在“8·11 汇改”前 11.8%的公司表现出显著的美元汇率风险，汇改后，伴随着汇率波动的加剧，这一比例上升到 20.6%。

成本，这表明，银行倾向于提高贷款利率来规避汇率风险，特别是负向汇率风险所引致的潜在贷款违约风险。调节效应检验中，境外收入更高、境外子公司投资更多和外汇衍生品使用更多的公司，汇率风险增加会导致企业承担更高的贷款成本。这在一定程度上说明，我国企业境外经营的风险分散能力较差，且可能存在外汇衍生品的误用。通过研究“8·11 汇改”和“利率市场化改革”两项外生政策带来的冲击，我们发现，经历“8·11 汇改”和贷款利率市场化改革后，汇率风险将使公司承担更高的贷款成本。基本结论在使用广义矩估计方法（GMM）、替代指标的构建以及分组回归等方法下依然稳健。

我们进一步比较了不同的银企关系、不同抵押品价值以及不同股东和债权人利益冲突的公司中汇率风险对企业贷款成本影响的异质性，从而探究汇率风险影响企业贷款成本的潜在机制。我们发现，更密切的银企关系和更激烈的股东债权人利益冲突下，汇率风险将使企业承受更高的贷款成本。更高的抵押品价值下，汇率风险使公司承担更低的贷款成本。

相较既有的研究，本章的贡献在于：首先，本章首次详细论证了汇率风险对我国企业贷款成本影响的程度和机制。该研究成果对商业银行应对汇率风险、降低信贷市场的融资成本、引导金融服务实体经济具有重要意义。其次，本章基于异质性检验探究了汇率风险对于公司贷款成本的影响机制。基于美国市场，Francis 和 Hunter（2012）探讨了汇率风险和贷款成本的关系，然而影响机制尚不清晰。本章在此基础上，进一步讨论了企业的境外经营、投资以及外汇衍生品使用对公司汇率风险和其贷款成本的调节效应。本章还通过实证证据，从银企关系、公司的抵押品价值和股东债权人利益冲突这三个视角对汇率风险影响贷款成本的作用机制进行了解释。最后，已有文献并没有解决汇率风险和贷款成本关系的内生性问题（Francis 和 Hunter，2012）。本章借助贷款利率市场化改革和“8·11 汇改”这两项外生冲击识别了汇率风险与贷款利率之间的因果关系，再次验证了本章主要实证结果的稳健性。

本章按照如下几部分展开：第二部分回顾了与本章密切相关的主要文献，并提出了研究假设；第三部分阐述了本章的研究设计；第四部分展示了本章主要的实证结果；第五部分讨论了本章研究中的内生性问题，同时进行了稳健性检验；第六部分做了进一步的检验和分析；第七部分总结全章内容并提出相应的政策建议。

8.2 文献回顾与研究假设

出于盈利性的考量，银行倾向于提高贷款利率水平来规避各种潜在的贷款违约风险（Bolton 和 Freixas，2000；Ertugrul 等，2017）。汇率风险的增加，致使企业经营活动的现金流不确定性增加，投资决策也会面临更大的不确定性（Gulen 和 Ion，2016），这增加了银行评估企业经营风险和监控企业偿付能力的难度。在不完美的金融市场中，不确定性的增加会导致潜在违约概率的上升（Gilchrist 等，2014），银行作为企业信息的“准内部人”，有动机将增加的违约可能性计入企业的贷款成本之中。

汇率风险上升所引致的潜在贷款违约风险增加主要表现在两个方面。一方面，汇率风险增加致使公司的价值波动加大，不确定性上升（He 等，2021a），从而削弱公司整体作为担保品的价值。汇率风险上升可能会导致公司出现资产价值低于负债的现象（资不抵债），增加了贷款违约风险（Francis 和 Hunter，2012）。另一方面，汇率风险升高会激化公司内部股东债权人的利益冲突，增加公司陷入财务困境的可能性和潜在的违约风险（Wei 和 Starks，2013）。具体而言，内容如下。

首先，银行通常被认为是拥有公司非公开信息的“准内部投资者”（Diamond，1984），并且这些非公开信息将用于贷款利率的考量（Plumlee 等，2015）。银行掌握的非公开信息包括公司潜在汇率风险。具体来说，相较其他的外部投资者，银行更了解公司海外业务收入和境外投资情况，也更了解公司是否正确使用外汇衍生工具对冲其自身的汇率风险。以本币贬值为例，当本国货币贬值时，汇率风险为正的公司价值将下降，违约概率将上升，企业将承担更高的贷款成本（Francis 和 Hunter，2012）。因此，在汇率风险上升时，银行有动机将增加的成本转嫁给企业，这将导致企业贷款成本上升。

其次，从抵押品价值角度考虑，公司总价值在公司贷款时相当于公司给予银行的抵押品。受汇率变动影响，公司现金流和价值波动幅度加大，公司资产价值低于债务价值的可能性将上升，这将降低公司整体作为抵押品的价值，公司破产清算价值和贷款违约后可回收比率也随之下降（Costello，2019；Grunert和Weber，2009）。银行对于抵押品价值下降的公司将要求更高的利率、更严格的贷款条件（Cerquerio等，2016）。有关实证证据证实了抵押品价值与公司贷款条款的关系：公司价值因行业竞争受损后，可抵押的财产的价值将下降，这使公司承担更高的贷款成本（Valta，2012）。公司抵押品价值因同行业内其他公司破产而受损后，这家公司将承担更高的债务成本（Benmelech和Bergman，2011）。因此，汇率风险增加会损害公司作为抵押品的价值，降低公司的清算价值和违约后的可回收比率，从而增加公司贷款成本。

最后，从股东债权人利益冲突角度考虑，相较于债权人（贷款方），股东持有公司剩余价值的看涨期权，当公司整体价值上升时，股东获得剩余收益，当公司整体价值下降时，债权人承担额外损失。面对汇率风险的上升，股东更倾向于不使用衍生产品对冲风险（Wei和Starks，2013；Huston和Laing，2014），甚至从事以牺牲债权人利益为代价的过度投资（Chu，2018），使得公司更容易陷入财务困境，进一步激化股东和债权人之间的利益冲突。在预期到这种潜在损失的情况下，银行将倾向于提高利率水平来规避潜在的违约风险（Ericsson，2000）。诸多的实证研究证实了这一观点。[①] 因此，汇率风险的上升将激化股东与债权人的利益冲突，导致企业承担更高的借款成本。

基于以上的讨论，笔者提出本章的第一个假设。

假设8.1：汇率风险上升将显著增加公司的贷款利率。

汇率风险对公司贷款成本的影响，可能因公司的境外业务收入和投资而呈现出差异性。公司境外业务收入和投资对公司汇率风险的影响存在两种竞争性观点。

一方面，公司境外业务收入将增加公司自身的汇率风险，使公司暴露于更多的汇率风险中，最终损害公司的价值（Allayannis等，2001），导致贷款成本

① Beatty等（2012）的实证结果表明，未承诺使用衍生品对冲风险的公司将在贷款时承担较高的利率。Chu（2017）发现，较高的股东和贷款人的利益冲突将使公司承担更高的贷款成本。Jiang等（2010）证明了股东和贷款人的利益冲突被削弱后，公司的贷款成本将被减少。

的增加。由于参与海外市场付出了巨额的沉没成本和固定投资，境外经营的公司为了弥补这部分成本，在境外经营时通常表现得更为激进，非但不能发挥分散化收入降低风险的优势，反而承担了更多的汇率风险（Fillat 和 Garetto，2015）。由于原材料来源和销售上的相互联系，跨国经营的子公司和母公司之间的销售收入通常表现为紧密的联动关系，并没有分散销售收入的风险（Cravino 和 Levchenko，2017）。中国公司在境外经营和投资时，缺乏对目标国家政治经济风险的考量，甚至表现为过度承担风险的特征。这增加了中国企业跨国投资的经营风险（刘青等，2017）。此外，部分中国公司出于“避税”而非经营的目的开展海外投资（王永钦等，2014），增大了公司股价大幅震荡的风险（Kim 等，2011），进而增加了公司的贷款成本（Richardson 等，2020）。

另一方面，也有文献认为，企业跨国经营不仅可以降低业务收入之间的相关性，而且境外收入与外币贷款可以形成自然对冲。这样跨国经营就降低了汇率风险，增加了公司的价值，从而降低了公司的贷款成本。Choi 和 Jiang（2009）认为，经营范围较广的美国公司将面临更低的汇率风险。郭飞等（2014）通过案例分析得出结论：构建全球性的经营网络可以增加销售收入的计价币种，从而降低整个公司的汇率风险。Mora 等（2013）使用黎巴嫩的数据发现，拥有较大额度的外汇贷款的大型公司通常拥有较大额度的境外收入。外汇贷款和外汇收入形成的自然对冲，削弱了该国发生债务危机的可能性。郭飞等（2018）的实证结果表明，在 2005 年汇改后，中国跨国经营企业为规避人民币升值对其营业收入和资产价值造成的损失，借入与其外汇收入币种相对应的外币债务，使外币收入与外币支出形成自然对冲。

虽然部分文献认为公司境外收入会降低公司的汇率风险，但是目前中国公司境外业务收入和投资具有相对集中的特征。根据商务部 2019 年的统计数据[①]，中国对外投资存量的 91.7% 集中在世界经济发展水平排名前二十的国家和地区。因此，中国企业境外收入和境外投资较难通过多元化发挥分散汇率风险的作用。同时，中国企业未能充分利用境外收入和负债的自然对冲作用。尽管境外业务收入和境外借款成为影响企业业绩的重要因素，相关企业在日常经

① http：//english.mofcom.gov.cn/article/zt_cv/lanmua/201909/20190902901192.shtml.

营中却不注重匹配收入和负债的币种结构（如中国的采矿业，在新兴市场国家投资并开采矿产资源，同时借入美元债务（He 等，2021a）。这导致中国公司无法充分利用外汇收入和负债的自然对冲优势。因此，中国企业的境外收入和投资更可能加强而非削弱汇率风险对银行贷款成本的影响。据此，笔者提出本章的第二个假设。

假设 8.2：拥有境外收入和参与境外投资的公司，汇率风险将更加显著地增加公司的贷款利率。

企业外汇衍生产品的使用也是调节汇率风险和贷款成本关系的重要因素。传统的金融风险对冲理论认为：外汇衍生品可以降低公司的现金流波动，稳定经理人的报酬，提升管理层和股东目标的一致性，降低公司的代理冲突（Stulz，1984）。外汇风险对冲可以降低企业利润的随机扰动因素，增加盈利信息的真实性，降低股东和管理层之间的信息不对称，缓解代理冲突（Demarzo 和 Duffie，1995）。Allayannis 等（2001）认为外汇衍生品降低了上市公司的汇率风险。郝项超和梁琪（2019）认为外汇衍生品可以降低中国公司的债务融资成本，鼓励创新。

然而，部分中国企业对外汇衍生品使用不当，反而放大了企业的汇率风险。例如，Brown（2001）研究发现，企业可能出于资本市场投机的目的使用外汇衍生产品。郭飞等（2019）发现，中国上市银行借助外汇衍生品复杂性，操纵贷款损失准备来进行盈余管理。此外，衍生产品的使用在规避和转移汇率风险的同时，可能会增加企业日常经营活动中的道德风险（Holmstrom 和 Tirole，1997）。相关实证证据表明：使用信用衍生工具后，银行会放松对借款人的监管，增加借款人过度承担风险的倾向（Parlour 和 Winton，2013）。并且在信用衍生工具的影响下，借款人即使在违约后，仍将保留原来的投资规模（Chakraborty 等，2021）。

因此，基于金融风险对冲理论和道德风险理论考虑，外汇衍生品对于汇率风险和公司贷款成本的调节效应并不一致。笔者提出本章的两个竞争性假设。

假设 8.3a：外汇衍生品将使公司在相同的汇率风险下承担更低的贷款成本。

假设8.3b：外汇衍生品将使公司在相同的汇率风险下承担更高的贷款成本。

8.3 研究设计

8.3.1 汇率风险的测算

现有文献中对汇率风险的度量方式主要采用公司股票收益在控制市场收益下对汇率风险的敏感性作为度量公司汇率风险的指标（Adler 和 Dumas，1984；Bartram，2004；Dominguez 和 Tesar，2006；Huston 和 Laing，2014；Francis 等，2017；He 等，2021a）。具体估算汇率风险的模型设定如式（8－1）所示：

$$r_{jt} = \alpha_{jt} + \beta_{jt} r_{Mt} + \gamma_{jt} \text{index}\_n_t + \varepsilon_{jt} \quad (8-1)$$

式（8－1）中，r_{jt}是个股j在t期的月度市场收益率；r_{Mt}是t期月度市场收益率；index_n_t是月度人民币汇率指数变动率。参考 Francis 等（2017），我们考虑三种类型人民币汇率指数的变动率。当$n=c$时，n表示基于 CFETS 人民币汇率指数包含的全部24种货币①所计算的综合人民币汇率指数的变动率；当$n=d$时，n表示基于 CFETS 人民币汇率指数中的14种发达国家货币所计算的发达国家汇率指数变动率；当$n=e$时，n表示基于 CFETS 人民币汇率指数中的10种发展中国家货币所计算的发展中国家汇率指数变动率。在指数构建中，我们采用间接标价法下的人民币双边汇率。这样，当人民币汇率指数变动率为正时（$\text{index}\_n_t>0$）表明人民币相对全部（发达或发展中）国家货币升值；反之，则表明人民币相对全部（发达或发展中）国家货币贬值。

由于 CFETS 货币篮子中的货币种类在2017年1月1日之前为13种货币，之后才增加到24种货币，我们无法直接使用 CFETS 人民币汇率指数计算汇率变动率。因此，我们参考 CFETS 24种货币篮子的货币，选择2020年1月1日

① 在指数构建上，我们遵循了 CFETS 人民币汇率指数的构建方法，具体货币和权重参见《关于调整 CFETS 人民币汇率指数货币篮子的公告》，http：//www.chinamoney.com.cn/。另外，在计算发达国家和发展中国家汇率指数时，我们在原始权重的基础上，分别使用发达国家和发展中国家全部货币的权重之和，对每种发达国家和发展中国家货币的权重进行了归一化调整。

采用的货币权重,[①] 构建了如式（8－2）所示的人民币汇率指数：

$$index\_n_t = \prod_{k=1}^{24}\left[\frac{S_k(t)}{S_k(0)}\right]^{w_k} \qquad (8-2)$$

式（8－2）中，n 表示人民币汇率指数的类型，$n=c$ 时，n 表示人民币汇率指数；$n=d$ 时，n 表示发达国家人民币汇率指数；$n=e$ 时，n 表示发展中国家人民币汇率指数；k 表示货币的具体种类；$S_k(0)$ 表示货币指数的基期，我们选择的是 2005 年的 7 月；w_k 表示每种货币的权重。我们将式（8－2）取对数对时间求导，即可得到式（8－3）的汇率变动率。

$$index\_n_t = \frac{dindex\_n_t}{index\_n_t} = \sum_{k=1}^{24} w_k \frac{dS_k(t)}{S_k(t)} \qquad (8-3)$$

在具体的估计方法上，我们参照了 Francis 和 Hunter（2012）的方法，逐个对公司 j，以 48 个月为窗口使用 OLS 进行滚动估计。我国自 2005 年 7 月 21 日开始施行汇率制度改革，因此，我们按此方法计算而得到的公司汇率风险开始于 2009 年 7 月 21 日，用 γ_{jt} 表示。同时，按照公司股票收益率相对不同种类的人民币汇率指数变动率的敏感性划分，我们将 γ_{jt} 重新定义为三类汇率风险：公司股票收益率相对综合人民币汇率指数变动率的敏感性，即综合汇率风险（$Exposure\_c_{jt}$）；公司股票收益率相对发达国家人民币汇率指数变动率的敏感性，即发达国家汇率风险（$Exposure\_d_{jt}$）；公司股票收益率相对发展中国家人民币汇率指数变动率的敏感性，即发展中国家汇率风险（$Exposure\_e_{jt}$）。

当公司汇率风险大于 0 时（$Exposure\_n_{jt}>0$，n 表示汇率风险的类型，下同），人民币升值（$index\_n_{jt}>0$）将正向影响公司的股价收益率。当公司汇率风险小于 0 时（$Exposure\_n_{jt}<0$），人民币贬值（$index\_n_{jt}<0$）将正向影响公司的股价收益率。汇率风险为正的公司，通常包括净进口或承担境外债务的公司，汇率风险为负的公司通常包括净出口或拥有境外资产的公司。然而，不直接参与境外经营的公司可能因产业链的传导和竞争效应表现出正向或负向的汇率风险。

---

① 自 2014 年 12 月 31 日首次发布基于 24 种货币计算的人民币汇率指数开始，相关货币的权重共调整过三次，但每次货币权重的调整幅度均较小，不会显著影响实证结果。

8.3.2 基准回归模型

由于公司的汇率风险有正有负，为了便于对结果的分析理解，我们取绝对值来一般化地度量上市公司汇率风险的程度（Bartram 等，2010；Wei 和 Starks，2013；Hutson 和 Laing，2014），[①] 并采用式（8－4）的基准回归模型：

$$\text{Interest}_{ijt} = \delta_0 + \delta_1 \text{Exposure}\_n\_\text{abs}_{jt-3} + \sum \text{Controls} + \varepsilon_{ijt} \quad (8-4)$$

式（8－4）中，Interest_{ijt}为公司j在t月内的第i笔贷款的利率；$\text{Exposure}_n_\text{abs}_{jt-3}$为公司$j$在$t-3$月的汇率风险的绝对值（即滞后了1个季度），其余的控制变量我们采用滞后1个财政年的数据与之匹配。如果δ_1大于0，表示汇率风险越高公司将承担更高的贷款成本；反之，如果δ_1小于0，表示汇率风险越高的公司要承担更低的贷款成本。

控制变量（Controls）的选择上，参考 Francis 和 Hunter（2012）和宋全云等（2019），我们分别考虑了贷款层面、公司层面和宏观层面三个维度的控制变量。在贷款层面上，我们选择了公司j第i笔贷款的规模（$\text{Loan}\_\text{scale}_{ijt}$），公司$j$第$i$笔贷款的期限的对数（$\text{Term}_{ijt}$），对公司$j$发放第$i$笔贷款的银行类型（$\text{Bank}\_\text{type}_{ijt}$）。在公司层面上，我们选择了公司规模（$\text{Asset}_{jt}$）、资产负债率（$\text{Lev}_{jt}$）、息税折旧摊销前利润（$\text{EBITDA}_{jt}$）、固定资产（$\text{TANG}_{jt}$）、公司的Z指数（$Z-\text{score}_{jt}$）、公司最近4年内的自由现金流波动率（$\text{Volatility}_{jt}$）、公司是否国有（$\text{SOE}_{jt}$）、公司的WW指数（$\text{WW}_{jt}$）。在宏观层面上，我们控制了$k$省地方人均GDP对数（$\text{GDP}_{kt}$）和经济不确定性指数（$\text{EPU}_t$，根据 Baker 等，2016）。同时，为了缓解内生性问题，我们将公司层面和宏观层面的主要控制变量进行了滞后一期处理。具体的相关变量的定义在表8－1中列示，供读者查阅。

表8－1 主要变量的定义及解释

变量	变量解释
被解释变量	
Interest	银行贷款利率（%）

① 我们也在第四部分，分别对负汇率风险、正汇率风险分组进行了分析。

续表

变量	变量解释
核心解释变量	
Exposure _ *c* _ abs	综合汇率风险（绝对值）
Exposure _ *d* _ abs	发达国家汇率风险（绝对值）
Exposure _ *e* _ abs	发展中国家汇率风险（绝对值）
控制变量	
Loan _ scale	Log（贷款规模 +1）
Term	Log（贷款年限 +1）
Bank _ type	3 = 五大行，2 = 股份制银行，1 = 城市商业银行和农村商业银行
Asset	公司规模（10 亿元人民币）
Lev	资产负债率
EBITDA	EBITDA（总资产标准化）
TANG	固定资产（总资产标准化）
Z – score	1.2 × 营运资本 +1.4 × 总资产收益率 +3.3 × 息税前利润 +0.999 × 营业收入（总资产标准化） （Francis 和 Hunter，2012）
Volatility	公司前 4 年的自由现金流波动率
SOE	公司是否国有，1 = 国有，0 = 非国有
WW	WW（2006）融资约束指数
EPU	经济不确定性指数（Baker 等，2016）
GDP	省级地方人均 GDP（对数）

8.3.3 主要变量的描述性统计

本章选择中国上市公司 2009—2018 年的公司贷款样本作为研究对象。剔除创业板和科创板公司、ST 类型公司以后，剩余的非金融类公司有 1472 家，贷款共计 30364 笔，其中，利率、贷款期限完整且财务数据完整的贷款共计 19262 笔。我们将主要变量在 1% 和 99% 分位数上进行了缩尾处理。在数据来源上，公司贷款和财务层面的数据均来源于国泰安数据库，上市公司是否使用外汇衍生工具的数据基于手工整理的上市公司财务报表附注。在表 8 – 2 中，我们列出了本章主要变量的描述性统计结果。

表8－2 主要变量的描述性统计

变量	样本数	平均值	标准差	最小值	中位数	最大值
被解释变量						
Interest	19262	5.027	0.791	3.915	4.350	6.900
核心解释变量						
Exposure _ *c*	19262	0.843	0.509	0.001	0.797	4.059
Exposure _ *d*	19262	0.866	0.512	0.000	0.822	3.932
Exposure _ *e*	19262	0.522	0.448	0.000	0.396	3.947
控制变量						
Loan _ scale	19262	9.442	1.382	6.217	9.210	13.592
Term	19262	0.829	0.348	0.010	0.693	3.258
Bank _ type	19262	1.770	0.812	1.000	2.000	3.000
Asset	19262	1.516	1.884	0.061	0.740	11.678
Lev	19262	0.531	0.168	0.050	0.542	0.880
EBITDA	19262	0.079	0.044	−0.051	0.071	0.296
TANG	19262	0.227	0.155	0.002	0.197	0.787
Z－score	19262	1.149	0.616	−0.108	1.078	6.060
Volatility	19262	0.133	0.087	0.004	0.113	0.680
SOE	19262	0.364	0.481	0.000	0.000	1.000
WW	19262	−1.026	0.090	−1.177	−1.038	−0.613
EPU	19262	1.699	0.910	0.573	1.368	4.382
GDP	19262	10.988	0.443	9.147	11.055	11.768

8.4 实证结果

8.4.1 汇率风险与贷款成本的基准模型结果分析

为了正确估计汇率风险对公司贷款成本的影响，我们遵照研究设计在不同的模型设定下对式（8－4）进行了估计。根据表8－3中列（1）的结果，综合汇率风险（Exposure _ *c* _ abs）在1%的显著性水平下增加了公司的贷款成本。

综合汇率风险每正向变动1个标准差将导致公司的贷款成本上升1.43个基点。[①] 这意味着，当公司汇率风险增加时，相同的汇率变动下将使公司价值发生更大幅度的波动，公司价值不确定性增加，贷款风险上升，银行将对这类公司索取更高的贷款利率以弥补不确定性增加的风险。同样地，如表8-3中列(2)和列(3)所示，发达国家和发展中国家的汇率风险的系数均在1%的显著性水平下显著。具体来说，发达国家汇率风险每增加1个标准差将使公司的贷款成本上升1.28个基点，发展中国家汇率风险每增加1个标准差将使公司的贷款成本上升1.97个基点。

进一步地，为了观察正、负向汇率风险对公司贷款成本的影响差异，同时为了保证估计系数的一致性，我们使用汇率风险的绝对值分别在正向和负向汇率风险的组内重新估计了式(8-4)。结果如表8-3中列(4)和列(5)所示。

由列(4)的结果可知，在综合汇率风险为正的组内(Exposure_$c>0$)，综合汇率风险不能显著增加公司的贷款成本。[②] 对此我们的解释是，我们的样本大部分源于2015年"8·11汇改"之前，人民币汇率基本处于升值周期内。这段时间人民币存在较为稳定的升值预期，有利于汇率风险为正的公司价值的增加，由于人民币贬值风险较小，银行不会将正向的汇率风险视为风险计入贷款的价格之中。[③] 由列(5)、列(6)、列(7)的结果可知，在汇率风险为负的组内(Exposure_$n<0$)，不同种类汇率风险均显著增加了贷款成本。这证明了我们基本结果的稳健性。

此外，控制变量与贷款利率之间的关系基本上与已有的文献一致，贷款期限显著正向影响公司的贷款利率，四大国有银行贷款利率显著低于股份制银行和地方性银行，经济不确定性显著增加公司贷款利率(宋全云等，2019)。

上述实证结果验证了我们的假设8.1：汇率风险的上升将显著增加公司的

---

① 此处的计算方法为，给定综合汇率风险的标准差为0.509，综合汇率风险每增加1个标准差将使贷款成本提升1.43(0.028×0.509)个基点。之后的基于发达国家汇率风险和发展中国家汇率风险的经济显著性计算依此类推。

② 限于篇幅，我们没有汇报发达国家正向汇率风险(Exposure_$d>0$)和发展中国家正向汇率风险(Exposure_$e>0$)组内的结果。

③ 在稳健性检验中，我们使用2015年12月31日之后的子样本，重新检验综合汇率风险与公司贷款成本的关系。

贷款利率。在后续的分析中，由于正向汇率风险组中的汇率风险不能显著增加公司的贷款成本，我们主要汇报全样本和负向汇率风险组内的实证结果。

表8-3 汇率风险与公司贷款成本

变量	Interest	Interest	Interest	Interest	Interest	Interest	Interest
	(1)	(2)	(3)	(4)	(5)	(6)	(7)
	n=c	n=d	n=e	n=c	n=c	n=d	n=e
	全样本	全样本	全样本	Exposure_c>0	Exposure_c<0	Exposure_d<0	Exposure_e<0
Exposure_n_abs	0.028***	0.025***	0.043***	-0.000	0.032***	0.030***	0.041***
	(0.003)	(0.003)	(0.005)	(0.004)	(0.006)	(0.005)	(0.006)
Loan_scale	-0.002**	-0.002**	-0.002*	-0.006***	0.001	0.002	-0.000
	(0.001)	(0.001)	(0.001)	(0.001)	(0.002)	(0.002)	(0.002)
Term	0.232***	0.232***	0.231***	0.307***	0.169***	0.164***	0.207***
	(0.006)	(0.006)	(0.006)	(0.010)	(0.010)	(0.010)	(0.010)
Bank_type	-0.010***	-0.010***	-0.010***	-0.010***	-0.012***	-0.011***	-0.008**
	(0.002)	(0.002)	(0.002)	(0.002)	(0.003)	(0.003)	(0.003)
Asset	0.006***	0.006***	0.006***	0.007***	0.010***	0.011***	0.010***
	(0.002)	(0.002)	(0.002)	(0.002)	(0.003)	(0.003)	(0.002)
Lev	0.057***	0.058***	0.054***	0.021*	0.072***	0.050**	0.069***
	(0.013)	(0.013)	(0.013)	(0.012)	(0.021)	(0.019)	(0.018)
EBITDA	-0.221***	-0.222***	-0.220***	-0.150***	-0.303***	-0.331***	-0.368***
	(0.047)	(0.047)	(0.046)	(0.042)	(0.080)	(0.083)	(0.076)
TANG	-0.038**	-0.038**	-0.031**	-0.019	-0.015	-0.020	-0.035
	(0.015)	(0.015)	(0.015)	(0.016)	(0.021)	(0.021)	(0.022)
Z-score	-0.002	-0.002	-0.003	-0.020***	0.023***	0.020***	0.010
	(0.004)	(0.004)	(0.004)	(0.005)	(0.006)	(0.006)	(0.006)
Volatility	-0.024	-0.024	-0.020	0.027	-0.038	-0.030	-0.021
	(0.015)	(0.015)	(0.015)	(0.020)	(0.026)	(0.026)	(0.023)
SOE	-0.001	-0.001	-0.002	0.015***	-0.015**	-0.014**	-0.012**
	(0.004)	(0.004)	(0.004)	(0.006)	(0.006)	(0.006)	(0.005)
WW	-0.046**	-0.045**	-0.041**	-0.062**	0.010	0.024	-0.054**
	(0.018)	(0.018)	(0.018)	(0.028)	(0.024)	(0.025)	(0.023)
EPU	0.005***	0.004**	0.005***	0.002	0.021***	0.024***	0.013***
	(0.002)	(0.002)	(0.002)	(0.002)	(0.008)	(0.009)	(0.004)

续表

变量	Interest	Interest	Interest	Interest	Interest	Interest	Interest
	(1)	(2)	(3)	(4)	(5)	(6)	(7)
	$n=c$	$n=d$	$n=e$	$n=c$	$n=c$	$n=d$	$n=e$
	全样本	全样本	全样本	Exposure _ $c>0$	Exposure _ $c<0$	Exposure _ $d<0$	Exposure _ $e<0$
GDP	-0.011 **	-0.011 **	-0.011 **	-0.021 ***	-0.016 **	-0.020 ***	-0.011
	(0.005)	(0.005)	(0.005)	(0.006)	(0.007)	(0.007)	(0.007)
常数项	4.912 ***	4.918 ***	4.921 ***	4.450 ***	5.636 ***	5.715 ***	5.366 ***
	(0.065)	(0.065)	(0.065)	(0.081)	(0.092)	(0.100)	(0.095)
行业固定效应	Yes	Yes	Yes	Yes	Yes	Yes	Yes
年份固定效应	Yes	Yes	Yes	Yes	Yes	Yes	Yes
N	19262	19262	19262	10212	9050	8968	10545
Adj - R^2	0.924	0.924	0.924	0.693	0.855	0.857	0.889

注：括号内为系数聚集在公司贷款层面的标准误；*、**、*** 分别表示在 10%、5%、1% 的水平上显著。

8.4.2 境外业务对汇率风险的调节效应

我们在基准回归中，引入高境外业务收入①的虚拟变量（Over _ rev）及高境外业务收入与汇率风险的交乘项（Exposure _ n _ abs × Over _ rev）来检验境外业务收入对汇率风险和企业贷款成本的调节效应。

表 8 - 4 中列（1）、列（3）、列（5）的结果表明，在全样本下，不同种类汇率风险与境外业务收入的交乘项系数均在 1% 的显著性水平下显著为正。这说明对于境外收入更高的公司，相同的综合（发达国家、发展中国家）汇率风险均将使其承担更高的贷款成本。对于汇率风险为负的子样本（Exposure _ $n<0$），如表 8 - 4 中列（2）、列（4）、列（6）所示，不同种类汇率风险与境外收入的交乘项系数也均在 1% 的显著性水平下显著。这说明对于汇率风险为

① 在这里，我们按照公司境外业务收入的高低，将全部公司的境外业务收入同时按行业和年份分为 4 组，将境外业务收入最高的前 25% 分位公司标记为 1，其余标记为 0。同时，在稳健性检验中，我们仅将同一年内的公司，按境外收入的高低分为 4 组，将境外业务收入最高的前 25% 分位数内的公司标记为 1，其余标记为 0，进行了稳健性检验。

负且拥有较高的境外业务收入的公司，相同的汇率风险更多地增加公司的贷款成本。因此，我们验证了假设8.2所述的：拥有境外收入和参与境外投资的公司，汇率风险将更加显著地增加公司的贷款成本。

表8-4 境外业务收入、汇率风险和贷款成本

变量	Interest	Interest	Interest	Interest	Interest	Interest
	(1)	(2)	(3)	(4)	(5)	(6)
	全样本	Exposure _ c <0	全样本	Exposure _ d <0	全样本	Exposure _ e <0
	n = c	n = c	n = d	n = d	n = e	n = e
Exposure _ n _ abs	0.024 ***	0.026 ***	0.021 ***	0.024 ***	0.037 ***	0.034 ***
	(0.004)	(0.006)	(0.004)	(0.006)	(0.005)	(0.005)
Over _ rev	-0.035 ***	-0.041 *	-0.031 ***	-0.040 *	-0.031 ***	-0.047 ***
	(0.009)	(0.022)	(0.009)	(0.021)	(0.006)	(0.012)
Exposure _ n _ abs * Over _ rev	0.031 ***	0.040 **	0.025 ***	0.038 **	0.044 ***	0.056 ***
	(0.007)	(0.016)	(0.007)	(0.016)	(0.008)	(0.011)
Loan _ scale	-0.002	0.002	-0.002 *	0.002	-0.002	0.000
	(0.001)	(0.002)	(0.001)	(0.002)	(0.001)	(0.002)
Term	0.232 ***	0.169 ***	0.232 ***	0.164 ***	0.232 ***	0.207 ***
	(0.006)	(0.010)	(0.006)	(0.010)	(0.006)	(0.010)
Bank _ type	-0.010 ***	-0.012 ***	-0.010 ***	-0.012 ***	-0.010 ***	-0.008 **
	(0.002)	(0.003)	(0.002)	(0.003)	(0.002)	(0.003)
Asset	0.006 ***	0.010 ***	0.006 ***	0.011 ***	0.006 ***	0.010 ***
	(0.002)	(0.003)	(0.002)	(0.003)	(0.002)	(0.002)
Lev	0.055 ***	0.067 ***	0.056 ***	0.048 **	0.049 ***	0.063 ***
	(0.013)	(0.020)	(0.013)	(0.019)	(0.013)	(0.017)
EBITDA	-0.228 ***	-0.305 ***	-0.228 ***	-0.331 ***	-0.218 ***	-0.380 ***
	(0.047)	(0.080)	(0.047)	(0.083)	(0.046)	(0.078)
TANG	-0.037 **	-0.014	-0.037 **	-0.020	-0.030 **	-0.031
	(0.015)	(0.021)	(0.015)	(0.020)	(0.015)	(0.021)
Z - score	-0.002	0.023 ***	-0.002	0.020 ***	-0.003	0.009
	(0.004)	(0.006)	(0.004)	(0.006)	(0.004)	(0.006)
Volatility	-0.022	-0.036	0.022	-0.028	-0.018	-0.020
	(0.015)	(0.026)	(0.015)	(0.026)	(0.015)	(0.024)

续表

变量	Interest	Interest	Interest	Interest	Interest	Interest
	(1)	(2)	(3)	(4)	(5)	(6)
	全样本	Exposure _ $c<0$	全样本	Exposure _ $d<0$	全样本	Exposure _ $e<0$
	$n=c$	$n=c$	$n=d$	$n=d$	$n=e$	$n=e$
SOE	-0.001	-0.015 **	-0.001	-0.014 **	-0.003	-0.012 **
	(0.004)	(0.006)	(0.004)	(0.006)	(0.004)	(0.005)
WW	-0.046 **	0.009	-0.045 **	0.022	-0.044 **	-0.058 **
	(0.018)	(0.024)	(0.018)	(0.025)	(0.018)	(0.024)
EPU	0.005 ***	0.019 **	0.004 **	0.023 ***	0.005 ***	0.013 ***
	(0.002)	(0.008)	(0.002)	(0.009)	(0.002)	(0.004)
GDP	-0.011 **	-0.016 **	-0.011 **	-0.020 ***	-0.011 **	-0.010
	(0.005)	(0.007)	(0.005)	(0.007)	(0.005)	(0.007)
常数项	4.907 ***	5.645 ***	4.913 ***	5.716 ***	4.917 ***	5.356 ***
	(0.065)	(0.091)	(0.065)	(0.100)	(0.064)	(0.095)
行业固定效应	Yes	Yes	Yes	Yes	Yes	Yes
年份固定效应	Yes	Yes	Yes	Yes	Yes	Yes
N	19262	9050	19262	8968	19262	10545
Adj - R^2	0.921	0.849	0.921	0.852	0.921	0.885

注：括号内为系数聚集在公司贷款层面的标准误；*、**、*** 分别表示在 10%、5%、1% 的水平上显著。

接下来，为了验证境外业务对汇率风险和贷款成本调节效应的稳健性，我们将表示高境外业务收入的虚拟变量（Over _ rev）替换为公司境外子公司和联营公司的数量（Subsidiary）①，并引入公司汇率风险与境外子公司数量的交乘项（Exposure _ n _ abs × Subsidiary）。

如表 8-5 中列（1）、列（3）、列（5）所示，在全样本公司中，不同汇率风险与境外子公司数量的交乘项系数均在 1% 的显著性水平下显著为正。这说明对于全样本公司，当其投资较多的境外子公司时，相同的综合（发达国家、发展中国家）汇率风险会使其承担更高的贷款成本。而如表 8-5 中列

① 以下简称为境外子公司。

(2)、列(4)、列(6)所示，对于汇率风险为负的公司（Exposure _ n <0），综合汇率风险和发达国家汇率风险与境外子公司投资的交乘项系数显著为正。发达国家汇率风险与境外子公司投资交乘项系数较发展中国家汇率风险与境外子公司投资的交乘项系数更加显著。这说明对于汇率风险为负的公司，若其同时拥有较大的境外子公司投资规模，发达国家汇率风险较发展中国家汇率风险更加显著地增加这类公司的贷款成本。以上实证结果验证了表8－4实证结果的稳健性。表8－4和表8－5的实证结果共同验证了假设8.2提到的：对于拥有境外收入或参与境外投资的公司，汇率风险将更加显著地增加公司的贷款成本。

表8－5 境外子公司、汇率风险和贷款成本

变量	Interest	Interest	Interest	Interest	Interest	Interest
	(1)	(2)	(3)	(4)	(5)	(6)
	全样本	Exposure _ c <0	全样本	Exposure _ d <0	全样本	Exposure _ e <0
	n = c	n = c	n = d	n = d	n = e	n = e
Exposure _ n _ abs	0.021***	0.029***	0.018***	0.024***	0.035***	0.038***
	(0.004)	(0.005)	(0.004)	(0.005)	(0.005)	(0.005)
Subsidiary	−0.003***	−0.003***	−0.003***	−0.003***	−0.002***	−0.002***
	(0.000)	(0.000)	(0.000)	(0.000)	(0.000)	(0.001)
Exposure _ n _ abs* Subsidiary	0.002***	0.002***	0.002***	0.002***	0.003***	0.002**
	(0.000)	(0.000)	(0.000)	(0.000)	(0.001)	(0.001)
Loan _ scale	−0.002*	0.002	−0.002*	0.002	−0.002*	0.000
	(0.001)	(0.002)	(0.001)	(0.002)	(0.001)	(0.002)
Term	0.232***	0.168***	0.232***	0.162***	0.231***	0.205***
	(0.006)	(0.010)	(0.006)	(0.010)	(0.006)	(0.010)
Bank _ type	−0.010***	−0.012***	−0.010***	−0.011***	−0.010***	−0.008**
	(0.002)	(0.003)	(0.002)	(0.003)	(0.002)	(0.003)
Asset	0.008***	0.011***	0.008***	0.012***	0.008***	0.012***
	(0.002)	(0.003)	(0.002)	(0.003)	(0.002)	(0.002)
Lev	0.064***	0.076***	0.065***	0.054***	0.058***	0.074***
	(0.013)	(0.022)	(0.013)	(0.020)	(0.013)	(0.019)
EBITDA	−0.221***	−0.306***	−0.222***	−0.335***	−0.219***	−0.378***
	(0.047)	(0.079)	(0.047)	(0.082)	(0.046)	(0.075)

续表

变量	Interest	Interest	Interest	Interest	Interest	Interest
	(1)	(2)	(3)	(4)	(5)	(6)
	全样本	Exposure _ c <0	全样本	Exposure _ d <0	全样本	Exposure _ e <0
	n = c	n = c	n = d	n = d	n = e	n = e
TANG	-0.043***	-0.020	-0.043***	-0.028	-0.037**	-0.036*
	(0.015)	(0.021)	(0.015)	(0.021)	(0.015)	(0.022)
Z - score	0.000	0.023***	0.001	0.021***	-0.001	0.010
	(0.004)	(0.006)	(0.004)	(0.006)	(0.004)	(0.006)
Volatility	-0.022	-0.037	-0.022	-0.028	-0.016	-0.018
	(0.015)	(0.026)	(0.015)	(0.026)	(0.015)	(0.023)
SOE	-0.004	-0.017***	-0.004	-0.016***	-0.004	-0.013***
	(0.004)	(0.006)	(0.004)	(0.006)	(0.004)	(0.005)
WW	-0.048**	0.010	-0.048**	0.025	-0.040**	-0.049**
	(0.019)	(0.024)	(0.019)	(0.025)	(0.018)	(0.023)
EPU	0.005***	0.018**	0.004**	0.020**	0.005***	0.012***
	(0.002)	(0.008)	(0.002)	(0.009)	(0.002)	(0.004)
GDP	-0.009*	-0.014**	-0.009*	-0.018**	-0.009*	-0.009
	(0.005)	(0.007)	(0.005)	(0.007)	(0.005)	(0.007)
常数项	4.894***	5.620***	4.899***	5.702***	4.900***	5.348***
	(0.066)	(0.092)	(0.066)	(0.100)	(0.065)	(0.095)
行业固定效应	Yes	Yes	Yes	Yes	Yes	Yes
年份固定效应	Yes	Yes	Yes	Yes	Yes	Yes
N	19262	9050	19262	8968	19262	10545
Adj - R^2	0.924	0.855	0.924	0.857	0.924	0.889

注：括号内为系数聚集在公司贷款层面的标准误；*、**、*** 分别表示在 10%、5%、1% 的水平上显著。

8.4.3 外汇衍生工具对汇率风险的调节效应

由于公司境外收入和跨境直接投资将给公司带来额外的汇率风险，公司往往会倾向于使用外汇衍生品对冲自身的汇率风险。外汇衍生品的使用既可能增加公司的价值（Allayanis 等，2001；郭飞，2012；郝项超和梁琪，2019），也可能被公司用作投机的工具（Brown，2001）。为此，我们构建了公司是否使用外汇衍生工具的虚拟变量（Hedge），并检验外汇衍生工具对汇率风险和贷款成本的调节效应。

根据表8-6中列（1）、列（3）、列（5）的结果，在全样本下，不同类型的汇率风险与外汇衍生品交乘项的系数均显著为正。对于汇率风险为负的公司，我们也得到了类似的结果［见列（2）、列（4）、列（6）的结果］。上述实证结果表明，上市公司使用外汇衍生品非但不能降低汇率风险所带来的贷款成本，反而使相同的汇率风险更加显著地增加了公司的贷款成本，这支持了假设8.3b。

我们也发现，上市公司使用外汇衍生品更加显著地增加了发展中国家汇率风险对贷款成本的影响。对此可能的解释是，由于缺乏发展中国家货币的衍生品，公司只能使用世界主要货币计价的外汇衍生工具来间接对冲汇率风险，这更容易产生外汇衍生工具的误用。

表8-6 外汇衍生品、汇率风险和贷款成本

变量	Interest	Interest	Interest	Interest	Interest	Interest
	(1)	(2)	(3)	(4)	(5)	(6)
	全样本	Exposure _ $c<0$	全样本	Exposure _ $d<0$	全样本	Exposure _ $e<0$
	$n=c$	$n=c$	$n=d$	$n=d$	$n=e$	$n=e$
Exposure _ n _ abs	0.025***	0.027***	0.022***	0.023***	0.044***	0.037***
	(0.004)	(0.006)	(0.004)	(0.006)	(0.005)	(0.005)
Hedge	-0.026***	-0.019	-0.020**	-0.029*	-0.033***	-0.048***
	(0.009)	(0.019)	(0.009)	(0.017)	(0.008)	(0.013)
Exposure _ n _ abs × Hedge	0.017**	0.024*	0.008	0.031***	0.039***	0.055***
	(0.008)	(0.012)	(0.008)	(0.011)	(0.013)	(0.017)
Loan _ scale	-0.002	0.001	-0.002	0.001	-0.002	-0.000
	(0.001)	(0.002)	(0.001)	(0.002)	(0.001)	(0.002)
Term	0.235***	0.167***	0.235***	0.164***	0.235***	0.210***
	(0.007)	(0.010)	(0.007)	(0.010)	(0.007)	(0.009)
Bank _ type	-0.010***	-0.011***	-0.010***	-0.011***	-0.010***	-0.007**
	(0.002)	(0.003)	(0.002)	(0.003)	(0.002)	(0.003)

续表

变量	Interest	Interest	Interest	Interest	Interest	Interest
	(1)	(2)	(3)	(4)	(5)	(6)
	全样本	Exposure _ c<0	全样本	Exposure _ d<0	全样本	Exposure _ e<0
	n=c	n=c	n=d	n=d	n=e	n=e
Asset	0.006***	0.009***	0.006***	0.009***	0.006***	0.010***
	(0.002)	(0.003)	(0.002)	(0.003)	(0.002)	(0.002)
Lev	0.073***	0.078***	0.074***	0.064***	0.071***	0.076***
	(0.016)	(0.022)	(0.016)	(0.021)	(0.016)	(0.020)
EBITDA	-0.256***	-0.308***	-0.255***	-0.325***	-0.263***	-0.376***
	(0.052)	(0.083)	(0.052)	(0.085)	(0.052)	(0.077)
TANG	-0.044***	-0.040*	-0.045***	-0.044*	-0.037**	-0.034
	(0.017)	(0.023)	(0.017)	(0.023)	(0.017)	(0.022)
Z-score	0.002	0.022***	0.003	0.020***	0.003	0.013*
	(0.005)	(0.006)	(0.005)	(0.006)	(0.005)	(0.007)
Volatility	-0.021	-0.053*	-0.022	-0.039	-0.018	-0.007
	(0.019)	(0.028)	(0.019)	(0.027)	(0.018)	(0.026)
SOE	-0.004	-0.015**	-0.004	-0.016***	-0.006	-0.013***
	(0.004)	(0.006)	(0.004)	(0.006)	(0.004)	(0.005)
WW	-0.055***	-0.001	-0.054***	0.006	-0.049**	-0.064***
	(0.020)	(0.024)	(0.020)	(0.024)	(0.020)	(0.024)
EPU	0.006**	0.026**	0.006**	0.029***	0.006**	0.025***
	(0.003)	(0.010)	(0.003)	(0.011)	(0.003)	(0.006)
GDP	-0.005	-0.014*	-0.005	-0.017**	-0.005	-0.005
	(0.006)	(0.007)	(0.006)	(0.008)	(0.006)	(0.008)
常数项	4.946***	5.654***	4.951***	5.715***	4.942***	5.323***
	(0.074)	(0.096)	(0.074)	(0.102)	(0.072)	(0.098)
行业固定效应	Yes	Yes	Yes	Yes	Yes	Yes
年份固定效应	Yes	Yes	Yes	Yes	Yes	Yes
N	16156	8735	16156	8646	16156	10020
Adj-R^2	0.917	0.834	0.917	0.834	0.917	0.877

注：括号内为系数聚集在公司贷款层面的标准误；*、**、***分别表示在10%、5%、1%的水平上显著。

8.5 稳健性检验

8.5.1 内生性问题

我们借助发生“8·11汇改”和发生于2013年7月20日的利率市场化改革来识别汇率风险与银行贷款成本之间的因果关系。

8.5.1.1 “8·11汇改”的外生冲击

2015年“8·11汇改”进一步完善了人民币汇率的中间价形成机制，人民币汇率的波动弹性大幅上升（He等，2021a）。如果汇率风险对企业贷款成本的影响是因果关系而非简单的相关关系，那么，汇改后，汇率波动对贷款成本的影响将增加，表现为相同程度的汇率风险将导致企业承担更高的贷款成本。

我们将汇改后两年内（2016年1月1日至2017年12月31日）定义为汇改后时段，即Shock =1，将汇改当年和前两年（2012年1月1日至2015年12月31日）定义为汇改前时段，即Shock =0，并引入其与不同层次汇率风险的交乘项（Exposure _ n _ abs × Shock），进而观察汇改冲击下汇率风险对贷款成本的影响。同时，由于表征汇改前后的虚拟变量（Shock）被年份固定效应吸收，我们不能估计该一次项的系数。

表8-7中Panel A列（1）、列（3）和列（5）展示了全样本的结果，而列（2）、列（4）和列（6）展示了综合（发达国家或发展中国家）汇率风险为负的样本的结果。我们发现，不同汇率风险与汇改冲击的交乘项均为正，大部分都在5%显著性水平显著。这表明，在“8·11汇改”后（Shock =1），对于全部的公司，综合（发达国家或发展中国家）汇率风险均更加显著地增加公司的贷款成本。此外，相较发展中国家汇率风险，综合和发达国家汇率风险将在“汇改后”更显著地增加公司的贷款成本。这可能说明人民币对发达货币变得更有弹性。同时，人民币在发展中经济体的影响力提升，发展中国家货币与人民币联动性增强，从而在一定程度上缓解了中国企业所面临的发展中国家的汇率风险（何青等，2019）。

8.5.1.2 利率市场化改革的外生冲击

我国的利率市场化改革是资金价格由行政政策决定转向市场供求决定的改革过程，它赋予了银行市场化定价和竞争的能力（刘澜飚和李博韬，2021）。对于银行贷款利率的市场化改革而言，2013 年 7 月 20 日中央银行取消了金融机构贷款利率的下限，学术界一般将这个时间点作为银行贷款利率完成市场化改革的政策时点（杨筝等，2019；张伟华等，2018）。因此，在 2013 年 7 月 20 日之后，银行在贷款利率的选择上更有效地反映了市场的风险，也就更有能力将汇率风险考虑到公司的贷款成本中。

我们以 2013 年 7 月 20 日为政策时点，将“6 · 19 汇改”至贷款利率市场化改革（2010 年 6 月 19 日至 2013 年 7 月 20 日）定义为利率市场化改革前时段（Int _ lib =0），将贷款利率市场化改革后两年至“8 · 11 汇改”前时段（2013 年 7 月 20 日至 2015 年 8 月 11 日）定义为利率市场化改革后时段（Int _ lib =1），并引入其与不同汇率风险的交乘项（Expsoure _ n _ abs × Int _ lib）。同时，由于表征贷款利率市场化改革前后的虚拟变量（Int _ lib）被年份固定效应吸收，我们不能估计该一次项的系数。

表 8 –7 中 Panel B 列（1）、列（3）和列（5）展示了全样本的结果，而列（2）、列（4）和列（6）展示了综合（发达国家或发展中国家）汇率风险为负的样本的结果。不同种类汇率风险与利率市场化改革的交乘项系数均显著为正。这说明利率市场化改革后，银行更有能力将公司的汇率风险纳入贷款定价的考量之中，相同的汇率风险使企业承担了更高的贷款成本。

表 8 –7 “8 · 11”汇改和贷款利率市场化改革

Panel A						
变量	Interest	Interest	Interest	Interest	Interest	Interest
	(1)	(2)	(3)	(4)	(5)	(6)
	全样本	Exposure _ $c<0$	全样本	Exposure _ $d<0$	全样本	Exposure _ $e<0$
	$n=c$	$n=c$	$n=d$	$n=d$	$n=e$	$n=e$
Exposure _ n _ abs	0.025 ***	0.042 ***	0.022 ***	0.034 ***	0.065 ***	0.080 ***
	(0.005)	(0.008)	(0.004)	(0.007)	(0.008)	(0.010)

续表

变量	Interest	Interest	Interest	Interest	Interest	Interest
	(1)	(2)	(3)	(4)	(5)	(6)
	全样本	Exposure _ $c<0$	全样本	Exposure _ $d<0$	全样本	Exposure _ $e<0$
	$n=c$	$n=c$	$n=d$	$n=d$	$n=e$	$n=e$
Exposure _ n _ abs × Shock	0. 039 *** (0. 008)	0. 277 *** (0. 086)	0. 033 *** (0. 008)	0. 152 *** (0. 056)	0. 046 ** (0. 022)	0. 082 (0. 053)
控制变量	Yes	Yes	Yes	Yes	Yes	Yes
行业固定效应	Yes	Yes	Yes	Yes	Yes	Yes
年份固定效应	Yes	Yes	Yes	Yes	Yes	Yes
N	17200	7618	17200	7595	17200	8887
Adj - R^2	0. 925	0. 859	0. 925	0. 862	0. 925	0. 895

Panel B

变量	Interest	Interest	Interest	Interest	Interest	Interest
	(1)	(2)	(3)	(4)	(5)	(6)
	全样本	Exposure _ $c<0$	全样本	Exposure _ $d<0$	全样本	Exposure _ $e<0$
	$n=c$	$n=c$	$n=d$	$n=d$	$n=e$	$n=e$
Exposure _ n _ abs	0. 039 *** (0. 006)	0. 048 *** (0. 007)	0. 035 *** (0. 007)	0. 039 *** (0. 007)	0. 070 *** (0. 007)	0. 065 *** (0. 007)
Exposure _ n _ abs × Int _ lib	0. 017 *** (0. 005)	0. 012 ** (0. 005)	0. 013 *** (0. 005)	0. 009 ** (0. 005)	0. 037 *** (0. 007)	0. 039 *** (0. 007)
控制变量	Yes	Yes	Yes	Yes	Yes	Yes
行业固定效应	Yes	Yes	Yes	Yes	Yes	Yes
年份固定效应	Yes	Yes	Yes	Yes	Yes	Yes
N	7154	6912	7154	6887	7154	6927
Adj - R^2	0. 710	0. 709	0. 709	0. 706	0. 712	0. 712

注：括号内为系数聚集在公司贷款层面的标准误；*、**、*** 分别表示在 10%、5%、1% 的水平上显著；我们控制了表 8 - 3 中全部的控制变量，但限于篇幅，没有展示。

8.5.1.3 “8·11 汇改”对不同公司的差异性冲击

为了进一步缓解汇率风险和公司贷款成本之间的内生性问题，我们依据全部公司在 2015 年外币负债下降的幅度，将外币负债下降前 25% 分位数的公司定义为 1，记作（Repay = 1），其余公司定义为 0，记作（Repay = 0）。根据时任国家外汇管理局局长潘功胜在2017年接受专访时的说明，2015年8月11日汇率制度改革后，企业提前偿还外币债务是跨境资本流出的重要渠道之一。[①] 公司提前偿还债务的行为是其主动进行经营性对冲的一种体现。公司主动调整外币负债，外债和利息与公司境外业务收入实现匹配，这将降低公司整体的汇率风险，最终将降低公司层面的贷款成本。

在表8－8中，我们引入汇率风险、“8·11汇改”和提前偿还外债的三项交乘项（Exposure _ n _ abs × Shock × Repay），并控制了对应的两项交乘项（Exposure _ n _ abs × Shock，Exposure _ n _ abs × Repay，Shock × Repay）和一次项（Exposure _ n _ abs 和 Shock）。

如表8－8中列（1）、列（3）、列（5）所示，在全样本下，交乘项（Exposure _ n _ abs × Shock × Repay）均在5%的显著性水平下为负，这说明如果公司在“8·11汇改”前后，采用经营性对冲，提前偿还了债务，那么“8·11汇改”后，在相同的汇率风险下，这类将承担相对较低的贷款成本。如表8－8中列（2）、列（4）、列（6）所示，对于汇率风险为负的公司，交乘项（Exposure _ n _ abs × Shock × Repay）系数也基本至少在5%的显著性水平下显著。这个实证结果印证了，对于汇率风险为负的公司，如果它们在“8·11汇改”前后，偿还了自身的外币债务，那么“8·11汇改”后，这类公司也将承担更低的贷款成本。

表8－8　汇率风险、经营性对冲与贷款成本

变量	Interest	Interest	Interest	Interest	Interest	Interest
	(1)	(2)	(3)	(4)	(5)	(6)
	全样本	Exposure _ $c<0$	全样本	Exposure _ $d<0$	全样本	Exposure _ $e<0$
	$n=c$	$n=c$	$n=d$	$n=d$	$n=e$	$n=e$
Exposure _ n _ abs	0.038***	0.025***	0.030***	0.019**	0.077***	0.058***
	(0.010)	(0.009)	(0.010)	(0.008)	(0.013)	(0.013)
Repay	−0.301***	−0.139***	−0.265***	−0.126**	−0.337***	−0.302***
	(0.048)	(0.049)	(0.049)	(0.051)	(0.045)	(0.047)

① http://m.safe.gov.cn/safe/2017/0213/6754.html.

续表

变量	Interest	Interest	Interest	Interest	Interest	Interest
	(1)	(2)	(3)	(4)	(5)	(6)
	全样本	Exposure _ $c<0$	全样本	Exposure _ $d<0$	全样本	Exposure _ $e<0$
	$n=c$	$n=c$	$n=d$	$n=d$	$n=e$	$n=e$
Exposure _ n _ abs × Shock	0.017	0.294***	0.016	0.132**	0.037	0.130**
	(0.012)	(0.084)	(0.012)	(0.057)	(0.025)	(0.054)
Exposure _ n _ abs × Repay	0.224***	0.115***	0.180***	0.099***	0.404***	0.366***
	(0.035)	(0.035)	(0.033)	(0.034)	(0.057)	(0.059)
Shock × Repay	0.255***	0.385***	0.207***	0.003	0.366***	0.390***
	(0.047)	(0.075)	(0.050)	(0.058)	(0.050)	(0.080)
Exposure _ n _ abs × Shock × Repay	−0.209***	−2.208***	−0.150***	−0.282	−0.646***	−1.018***
	(0.035)	(0.183)	(0.035)	(0.629)	(0.126)	(0.313)
Loan _ scale	0.002	0.008***	0.002	0.009***	0.001	0.006***
	(0.002)	(0.002)	(0.002)	(0.002)	(0.002)	(0.002)
Term	0.267***	0.192***	0.267***	0.190***	0.263***	0.231***
	(0.012)	(0.014)	(0.012)	(0.014)	(0.012)	(0.015)
Bank _ type	−0.014***	−0.010***	−0.014***	−0.012***	−0.014***	−0.008**
	(0.003)	(0.004)	(0.003)	(0.004)	(0.003)	(0.004)
Asset	−0.001	0.002	−0.001	−0.000	−0.001	0.003
	(0.002)	(0.003)	(0.002)	(0.003)	(0.002)	(0.003)
Lev	0.086***	0.100***	0.087***	0.080***	0.081***	0.090***
	(0.020)	(0.027)	(0.020)	(0.026)	(0.019)	(0.024)
EBITDA	−0.261***	−0.197**	−0.264***	−0.210**	−0.247***	−0.310***
	(0.078)	(0.090)	(0.078)	(0.092)	(0.075)	(0.096)
TANG	−0.023	−0.030	−0.024	−0.039	−0.016	−0.030
	(0.022)	(0.029)	(0.022)	(0.028)	(0.022)	(0.029)
Z − score	0.007	0.025***	0.008	0.025***	0.007	0.012
	(0.007)	(0.007)	(0.007)	(0.007)	(0.007)	(0.009)
Volatility	−0.006	−0.028	−0.006	−0.026	0.004	0.013
	(0.024)	(0.030)	(0.023)	(0.030)	(0.024)	(0.031)
SOE	0.006	0.002	0.005	0.007	0.005	0.005
	(0.005)	(0.007)	(0.005)	(0.007)	(0.005)	(0.005)

续表

变量	Interest (1) 全样本 n = c	Interest (2) Exposure _ c < 0 n = c	Interest (3) 全样本 n = d	Interest (4) Exposure _ d < 0 n = d	Interest (5) 全样本 n = e	Interest (6) Exposure _ e < 0 n = e
WW	-0.012	0.039	-0.011	0.061 **	-0.001	0.005
	(0.024)	(0.028)	(0.024)	(0.029)	(0.024)	(0.030)
EPU	-0.015 ***	-0.040 ***	-0.015 ***	-0.045 ***	-0.015 ***	-0.051 ***
	(0.004)	(0.010)	(0.004)	(0.010)	(0.004)	(0.007)
GDP	-0.003	-0.003	-0.003	-0.007	-0.005	-0.006
	(0.007)	(0.008)	(0.007)	(0.008)	(0.007)	(0.009)
常数项	4.899 ***	5.439 ***	4.904 ***	5.521 ***	4.942 ***	5.301 ***
	(0.091)	(0.109)	(0.091)	(0.114)	(0.090)	(0.110)
行业固定效应	Yes	Yes	Yes	Yes	Yes	Yes
年份固定效应	Yes	Yes	Yes	Yes	Yes	Yes
N	10810	6322	10810	6325	10810	7062
Adj - R^2	0.899	0.840	0.898	0.842	0.899	0.873

注：括号内为系数聚集在公司贷款层面的标准误；*、**、*** 分别表示在 10%、5%、1% 的水平上显著。

8.5.1.4 广义矩估计方法（GMM）

为了进一步证明汇率风险与企业贷款成本的因果关系，我们使用了广义矩估计方法，重新估计了我们在表 8 - 3 中的基本回归结果，结果如表 8 - 9 所示。

在表 8 - 9 中，过度识别约束识别检验中，Sargan 统计量不显著，这证明工具变量其他线性组合与扰动项无关。同时，误差项一阶序列相关统计量（AR1）显著异于 0，二阶序列相关统计量（AR2）与 0 无显著差异，证明我们的广义矩估计模型设定合理。根据表 8 - 9 中列（1）、列（3）、列（5）的实证结果，对于全样本公司来说，不同种类汇率风险在 1% 的显著性水平下增加了公司的贷款成本；而根据表 8 - 9 中列（2）、列（4）、列（6）的结果，对于汇率风险为负的公司，不同种类汇率风险也显著增加了它们的贷款成本。这个基本结论与表 8 - 3 估计的结论一致，进一步验证了基本结果的稳健性。

表8－9 汇率风险与公司贷款成本（GMM方法估计）

变量	Interest	Interest	Interest	Interest	Interest	Interest
	(1)	(2)	(3)	(4)	(5)	(6)
	GMM	GMM	GMM	GMM	GMM	GMM
	全样本	Exposure _ c < 0	全样本	Exposure _ d < 0	全样本	Exposure _ e < 0
	n = c	n = c	n = d	n = d	n = e	n = e
Exposure _ n _ abs	0.095***	0.170***	0.071***	0.160***	0.191***	0.233***
	(0.000)	(0.002)	(0.001)	(0.003)	(0.002)	(0.002)
Loan _ scale	-0.002***	0.004***	-0.002***	0.004***	-0.002***	0.002***
	(0.000)	(0.000)	(0.000)	(0.000)	(0.000)	(0.000)
Term	0.354***	0.299***	0.354***	0.281***	0.354***	0.315***
	(0.000)	(0.001)	(0.000)	(0.001)	(0.000)	(0.000)
Bank _ type	-0.009***	-0.008***	-0.009***	-0.007***	-0.009***	-0.005***
	(0.000)	(0.000)	(0.000)	(0.000)	(0.000)	(0.000)
Asset	0.062***	0.075***	0.062***	0.111***	0.066***	0.055***
	(0.001)	(0.005)	(0.001)	(0.005)	(0.001)	(0.002)
Lev	-0.083***	-0.148***	-0.077***	-0.100***	-0.101***	-0.031
	(0.007)	(0.021)	(0.007)	(0.022)	(0.006)	(0.022)
EBITDA	-0.301***	-0.150*	-0.294***	-0.283***	-0.248***	-0.707***
	(0.033)	(0.078)	(0.025)	(0.064)	(0.025)	(0.062)
TANG	-0.080***	-0.459***	-0.095***	-0.554***	-0.041***	-0.146***
	(0.011)	(0.030)	(0.011)	(0.032)	(0.011)	(0.025)
Z - score	0.041***	0.080***	0.041***	0.088***	0.035***	0.109***
	(0.004)	(0.011)	(0.003)	(0.009)	(0.003)	(0.007)
Volatility	0.240***	0.251***	0.249***	0.186***	0.256***	0.276***
	(0.012)	(0.026)	(0.009)	(0.025)	(0.010)	(0.020)
SOE	0.095***	0.111**	0.092***	0.195***	0.101***	0.173***
	(0.005)	(0.053)	(0.006)	(0.055)	(0.017)	(0.039)
WW	-0.114***	0.118***	-0.114***	0.123***	-0.114***	0.051***
	(0.006)	(0.006)	(0.004)	(0.008)	(0.005)	(0.006)
EPU	0.000**	0.028***	-0.001***	0.029***	0.003***	0.005***
	(0.000)	(0.002)	(0.000)	(0.001)	(0.000)	(0.000)

续表

变量	Interest	Interest	Interest	Interest	Interest	Interest
	(1)	(2)	(3)	(4)	(5)	(6)
	GMM	GMM	GMM	GMM	GMM	GMM
	全样本	Exposure _ $c<0$	全样本	Exposure _ $d<0$	全样本	Exposure _ $e<0$
	$n=c$	$n=c$	$n=d$	$n=d$	$n=e$	$n=e$
GDP	-0.066***	0.140**	-0.044***	0.204***	-0.014**	0.180***
	(0.008)	(0.058)	(0.008)	(0.068)	(0.006)	(0.031)
常数项	5.680***	1.727***	5.607***	0.708	5.125***	2.445***
	(0.093)	(0.635)	(0.091)	(0.747)	(0.062)	(0.326)
行业固定效应	Yes	Yes	Yes	Yes	Yes	Yes
年份固定效应	Yes	Yes	Yes	Yes	Yes	Yes
N	11351	5481	11351	5384	11351	6252
Palue (Sargan)	1.000	1.000	1.000	1.000	1.000	1.000
AR1 (p - value)	0.025	0.001	0.024	0.001	0.026	0.000
AR2 (p - value)	0.536	0.823	0.550	0.746	0.510	0.159

注：括号内为系数经 Windmeijer（2005）调整后的稳健性标准误；*、**、*** 分别表示在 10%、5%、1% 的水平上显著。

8.5.2 不同的变量选择和模型设定

我们在不同的变量选择和模型设定下进一步验证实证结果的稳健性。

8.5.2.1 更多的控制变量

如表 8-10 中 Panel A 所示，我们在基准回归中引入了更多的控制变量重新检验汇率风险与公司贷款成本的关系。在表 8-10 的列（1）中，表示三类银行类型的变量（Bank _ type）被替换为两个虚拟变量（Banktype1 和 Banktype2）。我们发现，汇率风险显著增加了公司的贷款成本。这里，城市商业银行和农村商业银行是基准组银行，Banktype1 取 1 对应股份制银行，Banktype2 取 1 对应工商银行、农业银行、中国银行、建设银行、交通银行五大国有银行。Banktype1 和 Banktype2 的系数显著为负表明，相较于城市商业银行、农村商业银行，股份制银行和五大国有银行的客户质量更高，风险更低，因此这两类银行平均收取更低的贷款利率。在表 8-10 的列（2）中，我们加入抵押或担保贷款的虚拟变量（Guarantee），汇率风险仍在1%的显著性水平下增加了公司的贷款成本。表8-10中列（3）加入了表示地方金融市场化程度（Finmarket）的控制变量（谭小芬等，2016）。表8-10中列（4）控制了地区金融竞争度的指标，我们采用地区前三大银行支行数量占比（CR3）来度量（姜付秀等，2019）。在表8-10列（5）中，我们同时加入了表示地区金融市场化程度和银行业竞争度的控制变量（Finmarket和CR3）。结果表明，不同的控制变量下，汇率风险显著增加了公司的贷款成本，这说明我们的结果基本稳健。

我们在表8-10的Panel A列（6）~列（10）中，按照表8-10中Panel A列（1）~列（5）的模型设定，在综合汇率风险为负的公司中（Exposure _ c < 0），重新检验了汇率风险与公司贷款成本的关系。我们发现，表8-10中Panel A列（6）~列（10）的结果与表8-10中Panel A列（1）~列（5）的实证结果系数大小基本一致，且汇率风险均显著增加了公司的贷款成本。

8.5.2.2 不同的滚动计算周期和滞后阶数

在表8-10的Panel B中，我们分别按照不同的滚动周期计算了汇率风险，并且选取不同滞后阶数的汇率风险重新检验了汇率风险与公司贷款成本的关系。如表8-10中Panel B列（1）和列（2）所示，我们分别以36个月和60个月为周期，滚动计算了公司的汇率风险。在这两种计算方法下，汇率风险与公司贷款利率的关系依然稳健。同时，为了确保不同的滞后阶数不会对实证结果造成显著影响，在表8-10的Panel B列（3）、列（4）、列（5）中，我们分别以48个月、36个月和60个月为周期计算了公司的汇率风险，并滞后了12个月。可以看出，在不同滚动周期下计算得到的汇率风险依然显著正向影响了公司的贷款成本。

进一步来说，为了确保在汇率风险为负的组内（Exposure _ $c<0$），汇率风险仍显著增加了公司的贷款成本，我们遵照表8-10中Panel B列（1）~列（5）的模型设定，针对汇率风险为负的样本在表8-10的Panel B列（6）~列（10）中重新估计了汇率风险与公司贷款成本的关系，实证结果依然稳健。

8.5.2.3 个体固定效应

我们在表8-10的Panel C中加入了公司个体层面的固定效应，并重新检验了汇率风险与公司贷款成本的关系。表8-10中PanelC列（1）、列（3）、列（5）展示了全样本下，加入个体固定效应后，不同种汇率风险对贷款成本的影响。表 8 – 10 中 PanelC 列（2）、列（4）、列（6）展示了负向汇率风险公司，加入个体固定效应后，不同种汇率风险对贷款成本的影响。结果表明，汇率风险均显著增加了公司的贷款成本。

8.5.2.4 不同的样本期和指标构建方式

为了验证人民币波动幅度加大的情况下正向汇率风险是否被计入银行的贷款成本中，我们选取了 2015 年 12 月 31 日之后的子样本（“8·11 汇改”后），检验了这个时间段内正向汇率风险与公司贷款成本的关系。如表 8 – 10 中 Panel D 列（1）所示，在“8·11 汇改”后，对于综合汇率风险为正的样本（$Exposure\_c>0$），综合汇率风险显著增加了公司的贷款成本。这验证了我们之前的猜想——“8·11 汇改”后，正向汇率风险更有可能被纳入贷款成本的定价因子之中。

进一步来说，由于不同行业本身境外业务收入的差别很大，为了避免境外收入较低行业内的高境外收入公司被划入高境外收入组中，我们重新构建了高境外收入的度量指标，仅在同一年内依据境外收入的高低将全部的公司分为 4 组，将位于最高 25% 分位内的公司定义为高境外收入公司（$Over\_rev1=1$）。在表 8 – 10 的 Panel D 列（2）、列（3）和列（4）中，在全样本公司中，我们引入了汇率风险与高境外收入的交乘项（$Exposure\_n\_abs\times Over\_rev1$）。高境外业务收入使公司在相同的综合（发达国家、发展中国家）汇率风险下承担了更高的贷款成本。

并且，我们将样本限定于负向汇率风险的组别中（$Exposure\_n<0$），如表 8 – 10 中 Panel D 列（5）~列（7）所示，高境外收入的公司中，综合（发达国家、发展中国家）汇率风险让这类公司承担了更高的公司贷款成本。

8.5.2.5 汇率风险与公司的财务费用

由于单笔贷款数据的局限性（数量、浮动利率、期限差异等因素）的影响，本章的样本量相对有限。为了解决这一问题，确保本章主要实证结果的稳健性，我们使用公司的财务费用（Fincost）作为公司贷款成本的替代变量，并且控制了公司的长期负债（Long_debt）和外币负债（Foreign_debt），实证检验了公司汇率风险对公司财务费用的影响。

表 8-10 不同稳健性检验下的实证结果

Panel A

变量	Interest	Interest	Interest	Interest	Interest	Interest	Interest	Interest	Interest	Interest
	(1)	(2)	(3)	(4)	(5)	(6)	(7)	(8)	(9)	(10)
	全样本	全样本	全样本	全样本	全样本	Exposure _ $c<0$	Exposure _ $c<0$	Exposure _ $c<0$	Exposure _ $c<0$	Exposure _ $c<0$
Exposure _ c _ abs	0.028***	0.025***	0.038***	0.027***	0.034***	0.031***	0.030***	0.035***	0.030***	0.034***
	(0.003)	(0.003)	(0.004)	(0.003)	(0.004)	(0.005)	(0.005)	(0.006)	(0.005)	(0.006)
Bank _ type1	-0.023***	-0.021***	-0.032***	-0.024***	-0.029***	-0.028***	-0.027***	-0.028***	-0.029***	-0.026***
	(0.004)	(0.004)	(0.005)	(0.004)	(0.005)	(0.007)	(0.006)	(0.007)	(0.007)	(0.007)
Bank _ type2	-0.018***	-0.018***	-0.027***	-0.018***	-0.026***	-0.022***	-0.022***	-0.023***	-0.023***	-0.023***
	(0.004)	(0.004)	(0.005)	(0.004)	(0.005)	(0.007)	(0.007)	(0.007)	(0.007)	(0.007)
Guarantee		0.088***			0.092***		0.071***			0.073***
		(0.012)			(0.014)		(0.016)			(0.016)
Firmarket			0.008***		0.007***			0.010***		0.011***
			(0.001)		(0.001)			(0.002)		(0.002)
CR3				-0.166***	-0.024				-0.158***	0.028
				(0.036)	(0.048)				(0.051)	(0.058)
N	19262	19262	14027	19262	14027	9050	9050	8800	9050	8800
Adj - R^2	0.924	0.925	0.904	0.924	0.905	0.855	0.856	0.839	0.855	0.840

续表

Panel B

变量	Interest	Interest	Interest	Interest	Interest	Interest	Interest	Interest	Interest	Interest
	（1）	（2）	（3）	（4）	（5）	（6）	（7）	（8）	（9）	（10）
	全样本	全样本	全样本	全样本	全样本	Exposure _ $c<0$	Exposure _ $c<0$	Exposure _ $c<0$	Exposure _ $c<0$	Exposure _ $c<0$
Exposure _ c _ abs	0.019 ***	0.038 ***	0.067 ***	0.056 ***	0.037 ***	0.010 ***	0.038 ***	0.124 ***	0.076 ***	0.058 ***
	（0.004）	（0.004）	（0.004）	（0.003）	（0.004）	（0.003）	（0.006）	（0.008）	（0.006）	（0.006）
滚动周期（月）	36	60	48	36	60	36	60	48	36	60
滞后期数（月）	3	3	12	12	12	3	3	12	12	12
N	17705	17316	17507	17507	15770	10712	9208	9128	9316	10051
Adj - R^2	0.925	0.926	0.925	0.925	0.926	0.950	0.905	0.886	0.877	0.912

续表

Panel C

变量	Interest	Interest	Interest	Interest	Interest	Interest
	(1)	(2)	(3)	(4)	(5)	(6)
	全样本	Exposure _ $c<0$	全样本	Exposure _ $d<0$	全样本	Exposure _ $e<0$
	$n=c$	$n=c$	$n=d$	$n=d$	$n=e$	$n=e$
Exposure _ n _ abs	0.046 ***	0.059 ***	0.042 ***	0.058 ***	0.082 ***	0.086 ***
	(0.005)	(0.008)	(0.005)	(0.008)	(0.007)	(0.008)
控制变量	Yes	Yes	Yes	Yes	Yes	Yes
个体固定效应	Yes	Yes	Yes	Yes	Yes	Yes
年份固定效应	Yes	Yes	Yes	Yes	Yes	Yes
N	19156	8954	19156	8869	19156	10445
Adj - R^2	0.935	0.887	0.935	0.889	0.936	0.914

Panel D

变量	Interest	Interest	Interest	Interest	Interest	Interest	Interest
	(1)	(2)	(3)	(4)	(5)	(6)	(7)
	汇改后	全时期	全时期	全时期	全时期	全时期	全时期
	Exposure _ $c>0$	全样本	全样本	全样本	Exposure _ $c<0$	Exposure _ $c<0$	Exposure _ $c<0$
Exposure _ n _ abs	0.008 **	0.023 ***	0.021 ***	0.036 ***	0.025 ***	0.024 ***	0.035 ***
	(0.004)	(0.004)	(0.004)	(0.005)	(0.006)	(0.006)	(0.006)
Over _ rev1		-0.028 ***	-0.025 ***	-0.030 ***	-0.037 **	-0.028 *	-0.030 ***
		(0.007)	(0.007)	(0.005)	(0.014)	(0.015)	(0.009)
Exposure _ n _ abs * Over _ rev1		0.018 ***	0.014 **	0.033 ***	0.025 **	0.021 **	0.025 ***
		(0.006)	(0.006)	(0.007)	(0.010)	(0.010)	(0.009)
控制变量	Yes	Yes	Yes	Yes	Yes	Yes	Yes
行业固定效应	Yes	Yes	Yes	Yes	Yes	Yes	Yes
年份固定效应	Yes	Yes	Yes	Yes	Yes	Yes	Yes
N	9799	19262	19262	19262	9050	8968	10545
Adj - R^2	0.329	0.924	0.924	0.924	0.855	0.857	0.889

续表

Panel E						
变量	Fincost	Fincost	Fincost	Fincost	Fincost	Fincost
	(1)	(2)	(3)	(4)	(5)	(6)
	全样本	Exposure _ c <0	全样本	Exposure _ d <0	全样本	Exposure _ e <0
Exposure _ n _ abs	0. 425 **	0. 116 **	0. 429 ***	0. 146 ***	0. 224 ***	0. 131 **
	(0. 168)	(0. 045)	(0. 155)	(0. 042)	(0. 082)	(0. 066)
Long _ debt	8. 811 ***	9. 616 ***	8. 774 ***	9. 842 ***	8. 746 ***	9. 852 ***
	(1. 030)	(1. 303)	(1. 038)	(1. 283)	(0. 962)	(1. 223)
Foreign _ debt	-1. 428 ***	-1. 225 ***	-1. 415 ***	-1. 173 ***	-1. 520 ***	-1. 209 ***
	(0. 126)	(0. 102)	(0. 124)	(0. 105)	(0. 134)	(0. 081)
控制变量	Yes	Yes	Yes	Yes	Yes	Yes
行业固定效应	Yes	Yes	Yes	Yes	Yes	Yes
年份固定效应	Yes	Yes	Yes	Yes	Yes	Yes
N	25534	10181	25534	10145	25490	12334
Adj - R^2	0. 045	0. 507	0. 045	0. 499	0. 040	0. 548

注：括号内为系数聚集在公司贷款层面的标准误；*、**、*** 分别表示在 10%、5%、1% 的水平上显著；我们控制了表 8-3 中全部的控制变量，但限于篇幅，没有展示。

表 8-10 中 Panel E 列（1）、列（3）、列（5）报告了全样本下汇率风险对公司财务费用的影响，表 8-10 中 Panel E 列（2）、列（4）、列（6）报告了负向汇率风险组中（Exposure _ n <0）汇率风险对公司财务费用的影响。根据表 8-10 中 Panel E 的实证结果，在不同的模型设定下，控制公司的长期负债和外币负债后，公司的汇率风险均显著增加了公司的财务费用，这说明汇率风险增加公司贷款成本的结果是稳健的。

8.5.2.6 不同的分组

汇率风险不仅存在于具有境外业务收入的公司中，没有境外业务收入的公司也可能由于产业链的传递效应（Adler 和 Dumas，1984；Bartram 等，2010；He 等，2021a）和竞争效应（Hodder，1982；Francis 等，2017；He 等，2021b）的影响而具有汇率风险。对于传递效应，以国内供电公司为例，虽然它没有直接涉及境外经营的业务，但是其产业链下游的用电客户参与了境外经营和投资，这样国内供电公司因产业链的传递效应间接暴露于汇率风险之中。同时，在竞争效应的影响下，一家企业即使没有海外收入和外汇业务，也会因同行业其他公司的汇率风险而作出经营策略的调整，从而产生汇率风险（Hodder, 1982）。为了验证这一情况，我们根据有无境外业务分组（Over = 1 或 0），在不同的组别内部检验汇率风险与公司贷款成本的关系，如表 8 - 11 所示。

根据表 8 - 11 中列（1）和列（2）所示，在有境外收入和没有境外收入的组中，汇率风险均显著增加了公司的贷款成本。有境外收入组内样本得到汇率风险的系数大于无境外收入组内样本得到的汇率风险的系数。我们根据 Cleary（1999）计算了两组样本回归系数的差异，系数差值显著为正。这说明汇率风险无论在有无境外收入的公司中，都能显著增加公司的贷款成本。有境外收入的公司中，汇率风险将使公司承担更高的贷款成本。如表 8 - 11 中列（5）和列（6）所示，我们在汇率风险为负的公司中，按照有无境外收入分组，重新检验汇率风险与公司贷款成本的关系，将得到和全样本下相同的结论。这与表 8 - 3 和表 8 - 4 的结论一致。

目前，企业的财务报表附注中一般会汇报公司的汇兑损益，为了检验在有无汇兑损益样本中汇率风险对公司贷款成本是否有异质性的影响，我们在表 8 - 11 中根据公司有无汇兑损益分组（Exchange = 1 或 0），分组检验汇率风险与公司贷款成本的关系。同时考虑到汇兑损益金额与外币借款水平和利率有关，因此我们控制了外币借款占总借款的比例（*F* _ debt）和美国联邦基金利率（Fed _ rate）。其中，汇兑损益的数据来源于 CSMAR 数据库，外币借款和美国联邦基金利率数据来源于 Wind 数据库。如表 8 - 11 中列（3）和列（4）所示，在存在汇兑损益的公司中，汇率风险显著增加了公司的贷款成本，在没有汇兑损益的公司中，汇率风险也显著增加了公司的贷款成本。同时，有汇兑损益的组中汇率风险前的系数显著大于没有汇兑损益组中汇率风险前的系数。这说明，汇兑损益虽然不能改变汇率风险和贷款成本的关系，但是在有汇兑损益的公司中，汇率风险将使公司承担更高的贷款成本。为了确保实证结果的稳健性，我们在汇率风险为负的公司中重新做了上述检验，得到了类似的实证结果［见表 8 - 11 中列（7）和列（8）］①。

---

① 这个结果与 Bartrov 和 Bodnar（1994）的结果类似，有无汇兑损益不会显著影响汇率风险。直接的汇兑损益包含了汇率变动之外经济因素的噪声，并不能完美地度量公司的汇率风险。为了进一步确认汇兑损益对汇率风险和公司贷款成本的影响，我们分别按汇兑损益的方向分组，并且尝试将汇兑损益加入回归中。结果表明，汇兑损益的方向也不会干扰汇率风险与公司贷款成本的关系。

表 8-11　不同境外收入和汇兑损益下汇率风险与公司的贷款成本

变量	Interest	Interest	Interest	Interest	Interest	Interest	Interest	Interest
	(1)	(2)	(3)	(4)	(5)	(6)	(7)	(8)
	全样本	全样本	全样本	全样本	全样本	全样本	全样本	全样本
	Over_rev = 1	Over_rev = 0	Exchange = 1	Exchange = 0	Over_rev = 1	Over_rev = 0	Exchange = 1	Exchange = 0
					Exposure_c < 0	Exposure_c < 0	Exposure_c < 0	Exposure_c < 0
Exposure_c_abs	0.021***	0.020***	0.029***	0.021***	0.035***	0.030***	0.030***	0.030***
	(0.005)	(0.006)	(0.005)	(0.005)	(0.007)	(0.009)	(0.007)	(0.009)
F_debt	-0.013	0.016	0.015	-0.059***	-0.023	-0.009	0.017	-0.132***
	(0.010)	(0.018)	(0.012)	(0.013)	(0.026)	(0.032)	(0.027)	(0.030)
Fed_rate	-0.013	-0.010	-0.027*	-0.003	-0.572***	-0.439***	-0.436***	-0.420***
	(0.009)	(0.023)	(0.015)	(0.017)	(0.083)	(0.102)	(0.088)	(0.098)
Loan_scale	0.001	-0.003	-0.006***	0.001	0.003	0.002	0.004	-0.003
	(0.001)	(0.002)	(0.002)	(0.002)	(0.003)	(0.004)	(0.003)	(0.003)
Term	0.261***	0.210***	0.266***	0.198***	0.204***	0.135***	0.188***	0.144***
	(0.009)	(0.009)	(0.011)	(0.009)	(0.014)	(0.014)	(0.013)	(0.016)
Bank_type	-0.009***	-0.013***	-0.013***	-0.006*	-0.014***	-0.015***	-0.012***	-0.011**
	(0.002)	(0.003)	(0.003)	(0.003)	(0.004)	(0.005)	(0.004)	(0.005)
Asset	-0.002*	0.012***	0.000	0.010***	-0.002	0.019***	-0.011	0.018***
	(0.001)	(0.003)	(0.002)	(0.003)	(0.003)	(0.005)	(0.007)	(0.004)
Lev	0.015	0.115***	0.087***	0.019	0.029	0.159***	0.117***	0.055*
	(0.015)	(0.027)	(0.017)	(0.018)	(0.028)	(0.036)	(0.030)	(0.031)
EBITDA	-0.073	-0.387***	-0.218***	-0.217***	-0.160	-0.455***	-0.394***	-0.130
	(0.058)	(0.084)	(0.063)	(0.069)	(0.118)	(0.116)	(0.116)	(0.104)
TANG	0.001	-0.072***	-0.019	-0.040**	0.057*	-0.087**	0.055*	-0.046
	(0.020)	(0.026)	(0.018)	(0.020)	(0.032)	(0.034)	(0.033)	(0.031)

续表

变量	Interest	Interest	Interest	Interest	Interest	Interest	Interest	Interest
	(1)	(2)	(3)	(4)	(5)	(6)	(7)	(8)
	全样本	全样本	全样本	全样本	全样本	全样本	全样本	全样本
	Over _ rev = 1	Over _ rev = 0	Exchange = 1	Exchange = 0	Over _ rev = 1	Over _ rev = 0	Exchange = 1	Exchange = 0
					Exposure _ c < 0	Exposure _ c < 0	Exposure _ c < 0	Exposure _ c < 0
Z - score	-0. 008	0. 003	0. 001	-0. 003	-0. 000	0. 026 ***	0. 028 ***	0. 006
	(0. 006)	(0. 006)	(0. 007)	(0. 006)	(0. 010)	(0. 008)	(0. 008)	(0. 009)
Volatility	-0. 064 ***	0. 021	0. 042 *	-0. 100 ***	-0. 034	-0. 073 *	0. 013	-0. 091 **
	(0. 018)	(0. 028)	(0. 022)	(0. 028)	(0. 031)	(0. 042)	(0. 036)	(0. 042)
SOE	0. 001	-0. 001	0. 019 ***	-0. 024 ***	-0. 003	-0. 028 ***	0. 009	-0. 037 ***
	(0. 005)	(0. 006)	(0. 005)	(0. 007)	(0. 008)	(0. 009)	(0. 008)	(0. 010)
WW	-0. 054 **	-0. 131 ***	-0. 088 ***	-0. 013	-0. 015	0. 014	-0. 087 ***	0. 083 **
	(0. 023)	(0. 032)	(0. 025)	(0. 028)	(0. 033)	(0. 046)	(0. 029)	(0. 039)
EPU	0. 007 ***	0. 008	0. 007 *	0. 006	0. 067 ***	0. 055 ***	0. 066 ***	0. 037 **
	(0. 002)	(0. 006)	(0. 004)	(0. 005)	(0. 011)	(0. 017)	(0. 014)	(0. 018)
GDP	-0. 014 **	-0. 007	0. 004	-0. 019 ***	-0. 020 **	-0. 009	0. 027 ***	-0. 044 ***
	(0. 006)	(0. 007)	(0. 006)	(0. 007)	(0. 010)	(0. 010)	(0. 010)	(0. 010)
常数项	4. 869 ***	4. 847 ***	4. 653 ***	5. 115 ***	5. 706 ***	5. 635 ***	5. 020 ***	6. 201 ***
	(0. 065)	(0. 099)	(0. 074)	(0. 091)	(0. 110)	(0. 148)	(0. 124)	(0. 136)
行业固定效应	Yes	Yes	Yes	Yes	Yes	Yes	Yes	Yes
年份固定效应	Yes	Yes	Yes	Yes	Yes	Yes	Yes	Yes
N	11325	7937	10223	9039	4952	4098	4495	4555
Adj - R^2	0. 948	0. 891	0. 918	0. 931	0. 901	0. 799	0. 867	0. 850
系数差		0. 001		0. 010		0. 005		-0. 008
P - value		0. 000		0. 000		0. 000		0. 000

注：括号内为系数聚集在公司贷款层面的标准误；*、**、*** 分别表示在 10%、5%、1% 的水平上显著；我们控制了表 8-3 中全部的控制变量，但限于篇幅，没有展示。

8.6 进一步的检验和分析

为了探究汇率风险影响企业的借款成本的作用机制，本章进一步从银企关系、公司的抵押品价值和股东债权人利益冲突这三个视角，验证汇率风险与公司贷款成本的内在联系。

8.6.1 银企关系

基于本章的研究假设，银行是拥有更多客户非公开信息的“准内部人”（Diamond，1984），能够识别汇率风险，同时将汇率风险考虑到贷款成本中。如果我们假设正确的话，与企业建立有银企关系的银行将是拥有更多企业经营状况信息的内部人，它们提供的关系型贷款价格也将对公司的汇率风险更加敏感。Berger 和 Udell（1995）和 Cenni 等（2015）认为，公司和银行建立贷款关系的时间越久，银行越可能提供关系型贷款。因此，我们使用公司和银行建立贷款关系的年限来衡量银企关系的强弱（Age）。

表 8－12 中列（1）、列（3）、列（5）展示了全样本公司中银企关系年限对于汇率风险和贷款成本关系的调节效应。列（2）、列（4）、列（6）展示了负向汇率风险公司中银企关系年限对于汇率风险和贷款成本关系的调节效应。结果表明，不同种汇率风险与贷款年限交乘项的系数（Exposure _ n _ abs × Age）至少在 5% 的显著性水平上为正。这说明，银企关系年限越长，作为“准内部人”的银行对公司内部信息越了解，将使公司的汇率风险更多地计入公司的贷款成本中。

表 8－12 银企关系、汇率风险与贷款成本

变量	Interest	Interest	Interest	Interest	Interest	Interest
	(1)	(2)	(3)	(4)	(5)	(6)
	全样本	Exposure _ $c<0$	全样本	Exposure _ $d<0$	全样本	Exposure _ $e<0$
	$n=c$	$n=c$	$n=d$	$n=d$	$n=e$	$n=e$
Exposure _ n _ abs	0.020***	0.009	0.016***	0.009	0.036***	0.031***
	(0.006)	(0.008)	(0.006)	(0.009)	(0.006)	(0.006)

续表

变量	Interest	Interest	Interest	Interest	Interest	Interest
	(1)	(2)	(3)	(4)	(5)	(6)
	全样本	Exposure _ $c<0$	全样本	Exposure _ $d<0$	全样本	Exposure _ $e<0$
	$n=c$	$n=c$	$n=d$	$n=d$	$n=e$	$n=e$
Age	-0.001	-0.004**	-0.002*	-0.003*	-0.002*	-0.002
	(0.001)	(0.002)	(0.001)	(0.002)	(0.001)	(0.001)
Exposure _ n _ abs ×	0.001**	0.005***	0.002**	0.004**	0.002**	0.004**
Age	(0.001)	(0.001)	(0.001)	(0.001)	(0.001)	(0.002)
Loan _ scale	-0.002*	0.002	-0.002*	0.002	-0.003**	-0.000
	(0.001)	(0.002)	(0.001)	(0.002)	(0.001)	(0.002)
Term	0.233***	0.172***	0.233***	0.166***	0.228***	0.200***
	(0.007)	(0.011)	(0.007)	(0.011)	(0.006)	(0.010)
Bank _ type	-0.011***	-0.013***	-0.011***	-0.013***	-0.011***	-0.009***
	(0.002)	(0.003)	(0.002)	(0.003)	(0.002)	(0.003)
Asset	0.007***	0.012***	0.007***	0.013***	0.008***	0.011***
	(0.002)	(0.004)	(0.002)	(0.004)	(0.002)	(0.002)
Lev	0.060***	0.080***	0.061***	0.055***	0.052***	0.063***
	(0.015)	(0.023)	(0.015)	(0.020)	(0.013)	(0.019)
EBITDA	-0.229***	-0.307***	-0.229***	-0.350***	-0.231***	-0.368***
	(0.047)	(0.082)	(0.047)	(0.084)	(0.049)	(0.076)
TANG	-0.044***	-0.016	-0.044***	-0.020	-0.026*	-0.021
	(0.015)	(0.022)	(0.015)	(0.021)	(0.015)	(0.021)
Z - score	-0.003	0.021***	-0.003	0.019***	-0.003	0.010
	(0.004)	(0.006)	(0.004)	(0.006)	(0.005)	(0.007)
Volatility	-0.019	-0.031	-0.019	-0.023	-0.020	-0.012
	(0.015)	(0.026)	(0.015)	(0.026)	(0.016)	(0.024)
SOE	-0.000	-0.015**	-0.001	-0.014**	-0.005	-0.015***
	(0.004)	(0.006)	(0.004)	(0.006)	(0.004)	(0.005)
WW	-0.048**	0.011	-0.047**	0.026	-0.046**	-0.051**
	(0.020)	(0.025)	(0.020)	(0.026)	(0.018)	(0.024)

续表

变量	Interest	Interest	Interest	Interest	Interest	Interest
	(1)	(2)	(3)	(4)	(5)	(6)
	全样本	Exposure _ $c<0$	全样本	Exposure _ $d<0$	全样本	Exposure _ $e<0$
	$n=c$	$n=c$	$n=d$	$n=d$	$n=e$	$n=e$
EPU	0.003 *	0.011	0.003 *	0.013	0.007 ***	0.018 ***
	(0.002)	(0.008)	(0.002)	(0.009)	(0.002)	(0.004)
GDP	-0.007	-0.010	-0.008	-0.014 **	-0.015 ***	-0.013 *
	(0.005)	(0.007)	(0.005)	(0.007)	(0.005)	(0.007)
常数项	4.869 ***	5.587 ***	4.878 ***	5.666 ***	4.993 ***	5.404 ***
	(0.064)	(0.089)	(0.065)	(0.096)	(0.068)	(0.096)
行业固定效应	Yes	Yes	Yes	Yes	Yes	Yes
年份固定效应	Yes	Yes	Yes	Yes	Yes	Yes
N	18737	8742	18737	8663	18643	10453
Adj - R^2	0.924	0.856	0.923	0.858	0.923	0.888

注：括号内为系数聚集在公司贷款层面的标准误；*、**、*** 分别表示在 10%、5%、1% 的水平上显著；我们控制了表 8-3 中全部的控制变量，但限于篇幅，没有展示。

8.6.2 抵押品价值

公司拥有的房产和土地使用权是其重要的抵押品（Channey 等，2012；刘行等，2016）。因此，在给定相同的汇率风险下，抵押品价值较高的公司将承担更低贷款成本。我们使用公司的投资性房地产和无形资产之和作为公司抵押品价值的代理变量，记作 C _ value。

表 8-13 中列（1）、列（3）、列（5）展示了全样本中不同抵押品价值下汇率风险对贷款成本的影响。列（2）、列（4）、列（6）展示了负向汇率风险公司中抵押品价值对于汇率风险和贷款成本关系的调节效应。结果表明，不同种汇率风险与抵押品价值交乘项（Exposure _ n _ abs × C _ value）系数均至少在 5% 的显著性水平下为负。这表明，抵押品价值越高的公司违约风险相对较低，这类公司在相同的汇率风险下将承担较低的贷款成本。

表8-13 抵押品价值、汇率风险与贷款成本

变量	Interest	Interest	Interest	Interest	Interest	Interest
	(1)	(2)	(3)	(4)	(5)	(6)
	全样本	Exposure _ $c<0$	全样本	Exposure _ $d<0$	全样本	Exposure _ $e<0$
	$n=c$	$n=c$	$n=d$	$n=d$	$n=e$	$n=e$
Exposure _ n _ abs	0.051***	0.046***	0.049***	0.063***	0.051***	0.040***
	(0.009)	(0.013)	(0.009)	(0.012)	(0.011)	(0.013)
C _ value	0.007*	0.005	0.007*	0.014**	0.002	0.001
	(0.004)	(0.007)	(0.004)	(0.006)	(0.003)	(0.006)
Exposure _ n _ abs × C _ value	-0.012***	-0.008*	-0.011***	-0.015***	-0.008***	-0.006
	(0.003)	(0.004)	(0.003)	(0.004)	(0.003)	(0.004)
Loan _ scale	-0.004***	0.001	-0.004***	0.001	-0.003**	-0.001
	(0.001)	(0.002)	(0.001)	(0.002)	(0.001)	(0.002)
Term	0.235***	0.184***	0.235***	0.181***	0.234***	0.210***
	(0.008)	(0.011)	(0.008)	(0.011)	(0.008)	(0.011)
Bank _ type	-0.010***	-0.009***	-0.010***	-0.008**	-0.009***	-0.008***
	(0.002)	(0.003)	(0.002)	(0.003)	(0.002)	(0.003)
Asset	0.008***	0.010**	0.008***	0.011**	0.008***	0.010***
	(0.002)	(0.004)	(0.002)	(0.004)	(0.002)	(0.003)
Lev	0.045***	0.065***	0.045***	0.043*	0.041**	0.078***
	(0.017)	(0.025)	(0.017)	(0.023)	(0.017)	(0.022)
EBITDA	-0.044	-0.095	-0.041	-0.097	-0.057	-0.126
	(0.055)	(0.092)	(0.055)	(0.096)	(0.056)	(0.095)
TANG	-0.069***	-0.047*	-0.070***	-0.058**	-0.063***	-0.058*
	(0.024)	(0.028)	(0.024)	(0.029)	(0.024)	(0.031)
Z - score	-0.021***	0.001	-0.021***	-0.002	-0.022***	-0.011*
	(0.005)	(0.006)	(0.005)	(0.006)	(0.005)	(0.006)
Volatility	-0.042*	-0.093***	-0.042*	-0.076***	-0.040*	-0.060**
	(0.022)	(0.030)	(0.022)	(0.029)	(0.022)	(0.024)
SOE	0.006	-0.010	0.006	-0.010	0.005	-0.006
	(0.005)	(0.008)	(0.005)	(0.007)	(0.005)	(0.006)
WW	-0.065***	0.004	-0.065***	0.018	-0.061***	-0.061**
	(0.023)	(0.034)	(0.023)	(0.035)	(0.023)	(0.028)

续表

变量	Interest	Interest	Interest	Interest	Interest	Interest
	(1)	(2)	(3)	(4)	(5)	(6)
	全样本	Exposure _ $c<0$	全样本	Exposure _ $d<0$	全样本	Exposure _ $e<0$
	$n=c$	$n=c$	$n=d$	$n=d$	$n=e$	$n=e$
EPU	0. 003	0. 023 *	0. 003	0. 029 **	0. 004	0. 013
	(0. 002)	(0. 013)	(0. 002)	(0. 013)	(0. 002)	(0. 008)
GDP	-0. 005	-0. 008	-0. 005	-0. 010	-0. 005	-0. 000
	(0. 006)	(0. 009)	(0. 006)	(0. 009)	(0. 006)	(0. 008)
常数项	4. 911 ***	5. 576 ***	4. 920 ***	5. 612 ***	4. 933 ***	5. 298 ***
	(0. 084)	(0. 123)	(0. 083)	(0. 131)	(0. 084)	(0. 113)
控制变量	Yes	Yes	Yes	Yes	Yes	Yes
行业固定效应	Yes	Yes	Yes	Yes	Yes	Yes
年份固定效应	Yes	Yes	Yes	Yes	Yes	Yes
N	14366	7283	14366	7200	14366	8456
Adj - R^2	0. 920	0. 833	0. 920	0. 832	0. 920	0. 876

注：括号内为系数聚集在公司贷款层面的标准误；* 、** 、*** 分别表示在 10% 、5% 、1% 的水平上显著；我们控制了表 8 - 3 中全部的控制变量，但限于篇幅，没有展示。

8. 6. 3 股东和债权人的利益冲突

基于本章的文献推理，汇率风险会激化股东和债权人的利益冲突（Wei 和 Starks，2013；Huston 和 Laing，2014），导致企业承担较高的贷款成本（Chu，2017）。已有的文献表明（Jesen 和 Meckling，1976；Smith 和 Warner，1979；Chu，2018；Nikolov 等，2020），陷入财务困境即存在严重融资约束的公司中股东和债权人利益冲突更大。因此，我们使用 WW（2006）、Whited 和 Wu（2006）的融资约束指数间接度量了股东和债权人之间的利益冲突。并且，我们引入了公司汇率风险与公司融资约束程度的交乘项（Exposure _ n _ abs × WW）。如果股东和债权人利益冲突的作用机制成立，该交乘项系数应当显著为正。

表 8 - 14 中列（1）、列（3）、列（5）展示了全样本公司中融资约束指数对于汇率风险和贷款成本关系的调节效应。列（2）、列（4）、列（6）展示了负向汇率风险公司中融资约束指数对于汇率风险和贷款成本关系的调节效应。

结果表明，不同种类汇率风险与融资约束指数交乘项系数至少在5%的显著性水平上为正。这说明对于融资约束较高的公司，相同汇率风险将更加显著地增加公司的贷款成本。

表8-14 股东和债权人的利益冲突、汇率风险与贷款成本

变量	Interest	Interest	Interest	Interest	Interest	Interest
	(1)	(2)	(3)	(4)	(5)	(6)
	全样本	Exposure _ $c<0$	全样本	Exposure _ $d<0$	全样本	Exposure _ $e<0$
	$n=c$	$n=c$	$n=d$	$n=d$	$n=e$	$n=e$
Exposure _ n _ abs	0.197***	0.205***	0.199***	0.161***	0.175***	0.297***
	(0.036)	(0.053)	(0.037)	(0.053)	(0.033)	(0.048)
WW	-0.200***	-0.180***	-0.204***	-0.117*	-0.130***	-0.271***
	(0.042)	(0.067)	(0.042)	(0.067)	(0.029)	(0.046)
Exposure _ n _ abs × WW	0.165***	0.174***	0.170***	0.132**	0.130***	0.256***
	(0.035)	(0.051)	(0.036)	(0.051)	(0.031)	(0.046)
Loan _ scale	-0.002**	0.001	-0.002**	0.002	-0.002**	-0.001
	(0.001)	(0.002)	(0.001)	(0.002)	(0.001)	(0.002)
Term	0.233***	0.169***	0.233***	0.164***	0.231***	0.206***
	(0.006)	(0.010)	(0.006)	(0.010)	(0.006)	(0.010)
Bank _ type	-0.010***	-0.012***	-0.010***	-0.011***	-0.010***	-0.008**
	(0.002)	(0.003)	(0.002)	(0.003)	(0.002)	(0.003)
Asset	0.006***	0.009***	0.006***	0.010***	0.006***	0.009***
	(0.002)	(0.003)	(0.002)	(0.003)	(0.002)	(0.002)
Lev	0.054***	0.068***	0.054***	0.046**	0.051***	0.062***
	(0.013)	(0.021)	(0.013)	(0.020)	(0.013)	(0.018)
EBITDA	-0.231***	-0.312***	-0.231***	-0.337***	-0.233***	-0.388***
	(0.047)	(0.080)	(0.047)	(0.083)	(0.047)	(0.076)
TANG	-0.035**	-0.014	-0.035**	-0.019	-0.029*	-0.033
	(0.015)	(0.021)	(0.015)	(0.021)	(0.015)	(0.022)
Z-score	-0.001	0.024***	-0.001	0.020***	-0.002	0.010
	(0.004)	(0.006)	(0.004)	(0.006)	(0.004)	(0.006)
Volatility	-0.026*	-0.042	-0.026*	-0.034	-0.023	-0.022
	(0.015)	(0.026)	(0.015)	(0.026)	(0.015)	(0.023)

续表

变量	Interest	Interest	Interest	Interest	Interest	Interest
	(1)	(2)	(3)	(4)	(5)	(6)
	全样本	Exposure _ c <0	全样本	Exposure _ d <0	全样本	Exposure _ e <0
	n = c	n = c	n = d	n = d	n = e	n = e
SOE	-0.001	-0.014 **	-0.001	-0.014 **	-0.002	-0.011 **
	(0.004)	(0.006)	(0.004)	(0.006)	(0.004)	(0.005)
EPU	0.005 ***	0.022 ***	0.005 ***	0.025 ***	0.004 **	0.012 ***
	(0.002)	(0.008)	(0.002)	(0.009)	(0.002)	(0.004)
GDP	-0.012 **	-0.015 **	-0.012 **	-0.020 ***	-0.011 **	-0.010
	(0.005)	(0.007)	(0.005)	(0.007)	(0.005)	(0.007)
常数项	4.759 ***	5.435 ***	4.761 ***	5.569 ***	4.831 ***	5.151 ***
	(0.072)	(0.111)	(0.070)	(0.120)	(0.067)	(0.093)
行业固定效应	Yes	Yes	Yes	Yes	Yes	Yes
年份固定效应	Yes	Yes	Yes	Yes	Yes	Yes
N	19262	9050	19262	8968	19262	10545
Adj - R^2	0.924	0.855	0.924	0.857	0.924	0.889

注：括号内为系数聚集在公司贷款层面的标准误；*、**、*** 分别表示在 10%、5%、1% 的水平上显著。

8.7 本章小结

本章使用中国上市公司 2009 年至 2018 年的贷款数据研究了汇率风险对企业贷款成本的影响和作用机制。根据结果发现，汇率风险将使企业承担更高的银行贷款成本。公司的境外业务收入、境外子公司投资和外汇衍生产品的使用均使公司在相同的汇率风险下承担更高的贷款成本。在经历“8·11 汇改”和贷款利率市场化改革后，汇率风险将使公司承担更高的贷款成本。我们使用了广义矩估计方法（GMM），在不同的指标计算方法和模型设定下重新检验了汇率风险与公司贷款成本的关系，确保了基本实证结果的稳健性。

同时，我们从银企关系、抵押品及股东和债权人的利益冲突这三个角度进一步分析了汇率风险对企业贷款成本的影响。基于银企关系的角度，我们发现银企关系越紧密时，银行给企业提供的贷款利率更多地反映了公司的汇率风险。这是由于银行掌握了银企关系紧密的企业更多的非公开信息，更容易将汇率风险计入公司的贷款成本之中。市值越大的公司，公司整体的抵押品价值越高，相同的汇率风险将使这类公司承担较低的贷款成本。从股东债权人利益冲突的角度考虑，汇率风险将激化高融资约束企业中股东和债权人的利益冲突，最终导致公司承担更高的贷款成本。

本章对我国商业银行正确分析汇率风险以及实体企业降低融资成本具有重要的政策启发。根据以上结论，我们将提出以下几点政策建议：(1) 公司涉外经营和投资中应适当增加境外子公司投资和业务收入的区域分散性，充分利用分散化的方式化解当前过高的汇率风险，进而降低公司的贷款成本。(2) 在订立贷款合约时，银行应设置相应条款抑制公司在对冲行为下，过度承担汇率风险的行为。(3) 银行应继续注重银企关系的构建，注重对企业非公开信息的分析，即时将企业汇率风险反映到贷款成本中。(4) 银行应着重分析融资约束较高企业的汇率风险，警惕这类企业的股东在严重利益冲突下损害债权人利益的行为。

第 9 章　汇率风险和中国产业的国际竞争

9.1　引言

党的十九届五中全会在深入分析我国发展环境面临的深刻复杂变化的基础上提出，随着国际环境日趋复杂，不稳定性不确定性明显增加，中国应更加重视高质量发展。高质量发展的一个客观要求就是要把握好发展与安全的关系。在此背景下，现代化产业体系如何能够更好地利用两个市场、两种资源，管理好国际大循环过程中的各种风险，在高水平对外开放中实现快速发展，是新时代构建新发展格局、建设现代化经济体系、实现经济高质量发展的关键。尤其是 2022 年底的中央经济工作会议提出，国内经济发展面临需求收缩、供给冲击、预期转弱的三重压力，“稳字当头、稳中求进”是后疫情时代经济和产业发展的基调（张晓晶等，2022）。因而，现代化产业体系建设过程中的风险探讨不仅是当前理论研究的趋势和热点，也是具有实践价值的现实应用问题。

随着布雷顿森林体系的瓦解，世界各国之间的汇率开始由固定走向浮动，任何参与国际竞争的企业都不可避免地面临汇率波动的风险。可以说，汇率风险是中国产业走向世界面临的第一个问题。同时，人民币汇率问题也是美国向中国施压的重要议题。Williamson（2001）研究发现，20 世纪七八十年代日本汽车产业占领市场的主要原因就是日元的币值优势，因而美国参照 20 世纪日美贸易冲突的经验，希望通过迫使人民币升值、恶化贸易条件来遏制中国产业的国际竞争力。中国则在外部压力之下保持战略定力，适时、渐进地推进人民币汇率市场化改革。中美第一阶段经贸协议就汇率问题达成共识，双方均承诺避免竞争性贬值及避免将汇率用于竞争性目的，汇率交由市场决定。从产业层面看，这就意味着中国产业的发展需要更多地依靠创新驱动，不能再寄希望于汇率贬值的制度收益，并且在发展过程中要额外重视汇率波动的风险，合理评估产业发展面临的汇率风险。一国产业在国际市场竞争中所面临的汇率风险，与所处行业的需求稳定性、供给弹性、产品间可替代性、国际市场竞争格局密切相关（Marston，2001；Dekle，2005），而这些因素最终都会集中反映在企业价值之中。[①] 本章就尝试利用股价数据讨论中国产业国际化发展过程中面临的汇率风险和产业竞争。

本章采用2005年到2018年的数据，以美国为例综合评估中国企业面临的汇率风险和产业竞争。研究发现：第一，在中美共同的54个行业中有23个行业面临显著的汇率风险，其中煤炭、有色金属等资源品受到的影响最为严重，其次为服装配饰、通用化学品等可贸易品行业和运输服务、建筑工程等不可贸易品行业。第二，在中美共同的54个行业中有21个行业面临来自美国的产业竞争，两类企业受到的影响最大：其一是资源品行业；其二是生物工程、软件服务等创新驱动行业。同时，房地产服务、娱乐服务、银行等非贸易品行业也面临显著的产业竞争压力。第三，在稳健性检验中发现，净投资流出行业的产业竞争压力更大，市场份额提升并不能改善所有行业的产业竞争压力，产业政策支持在一定程度上帮助企业应对来自美国的产业竞争。

本章主要有以下三个方面的贡献。

第一，从产业层面的视角出发，丰富了中国企业汇率风险问题的讨论。现有的国内外文献在讨论中国汇率风险问题的时候都从企业层面进行分析和讨论，研究外汇衍生品、公司治理等因素的影响（郭飞等，2014），或仅在描述性统计上涉及行业汇率风险的简单分析（He等，2021），鲜有人聚焦于中国各个行业面临的汇率风险问题。然而，市场竞争和产品替代性的不同会深刻地影

① Williamson（2001）通过对1973—1995年日系车企、美系车企和德系车企的竞争进行研究发现：竞争体现在市场份额、收入、现金流的变化，但最终会反映在代表性企业的公司价值上。

响一个行业的汇率风险，在这个行业内的所有企业都不会幸免。在国际上，无论是讨论汇率风险建模的理论研究（Dekle，2005），还是分析“中美贸易摩擦”的政策研究（Triggs 和 McKibbin，2020），产业层面的汇率风险都是一个重要的议题。综合国内学者的讨论，尚缺少产业层面的汇率风险分析和讨论，本章期望能从这个角度进行较为翔实的讨论。

第二，首次利用资本市场股价变动的数据，提供了中美两国产业竞争的经验证据。现有的文献对中国产业在国际上的竞争优势进行了多角度的评价，包括调研数据、全球价值链、全球市场份额、抵御外部冲击的能力等（张其仔，2014；左世翔，2013；裴长洪和刘斌，2019；张俊彦等，2021）。然而，尚没有学者利用股价数据来评测两国之间的产业竞争。股价数据是市场资本“用脚投票”的结果，最能体现微观主体对各类信息的综合判断（Fama 和 Laffer，1971）。据笔者所知，本章是首次利用股价数据分析中国行业汇率风险和国际市场竞争的。

第三，本章为在“百年未有之大变局”“新发展格局”的背景下中国如何应对国际市场风险提供了补充思路。在百年未有之大变局下，中国的新发展格局更加重视发展和安全的关系。习近平总书记强调，新发展格局是开放的国内国际双循环，只有在整体上降低中国企业参与国际大循环面临的国际市场风险，才能带动企业在高水平的对外开放中实现更好发展，促进国内国际双循环。① 分析和评估以汇率风险和国际产业竞争为代表的国际市场风险，进而讨论如何提高企业管理汇率风险的能力、应对国际市场竞争、支持中国企业的国际化发展，能够帮助中国企业更好地利用两个市场、两种资源，在高水平的对外开放中实现高质量发展，也为我国汇率和产业政策的调整，应对未来经济发展的不确定性，进而保持中国产业竞争力的稳定提升，提供了一个分析思路。

本章的安排如下：第二部分回顾相关文献；第三部分介绍本章的研究设计和数据来源；第四部分分析中美产业竞争和汇率风险；第五部分是稳健性检验；第六部分是全章的总结和政策建议。

---

① 2020 年 7 月 21 日，中共中央总书记、国家主席、中央军委主席习近平在北京主持召开企业家座谈会并发表重要讲话。

9.2 文献回顾

汇率风险的研究起源于布雷顿森林体系的解体，各国之间的汇率由此开始从一种准固定汇率制度转为浮动汇率制度。然而，最开始学者们关注的汇率风险和现在的概念有较大差别。例如，Shapiro（1975）认为，由于公司的资产和负债在不同的账户（国家、币种）之间分配，汇率变动不可避免地会影响企业的会计账面价值。这种认为汇率风险仅体现在会计账面损益上的概念，也催生了一种观点，认为汇率风险是另外一种“货币幻觉”（Grauer 等，1976）。这一观点很快就被推翻，一家企业即使没有任何的外币业务也会间接面临汇率风险，如通过市场竞争（Alder 和 Dumas，1984）或国内通货膨胀（Hodder，1982）。在考虑经济汇率风险之后，本章定义的汇率风险是指未预期的汇率波动对企业价值产生的影响，影响可能通过外币计价和收付、外币转换产生，如直接投资境外子公司、拥有外币营业收入等，还可能通过市场竞争或宏观经济因素影响企业的实际经营状况，如汇率风险改变跨国企业的经营决策，改变市场竞争格局，进而影响纯国内企业的经营。

汇率风险早期的理论模型中，并没有考虑市场竞争的因素。事实上，产业竞争会多角度影响企业的汇率风险。以中国一家出口贸易企业为例，企业将产品出口到美国市场进行销售，若此时人民币兑美元升值，中国企业的生产成本上升，美国当地企业并不受影响。如果该产品需求弹性大，产品可替代性强，中国企业不会贸然提高最终产品价格，而是会独自承受汇率波动的风险。学者也利用多种建模方式分析产业竞争的影响，主流的模型是采用垄断厂商的模型（Bodnar 等，2002），有的采用古诺竞争模型（Marston，2001；Dekle，2005），这些模型均发现，行业特性决定了汇率风险情况，竞争性行业比垄断性行业对汇率变动更为敏感。此后，一些学者对模型进行了完善和拓展，如 Bartram 等（2010）拓展了 Bodnar 等（2002）的模型，认为企业的生产成本可能来自不同的国家。Salomao 和 Varela（2018）则将静态模型扩展到动态模型，但还是有很多因素在模型中没有涉及，比如中国企业和美国企业在德国市场进行竞争、中国企业在美国建厂进行生产等。经济汇率风险的影响途径复杂，相比于理论建模寻找“干净”的传导机制，最好的方式是用公司价值对货币风险的敏感程度进行综合度量（Adler 和 Dumas，1984）。利用上市公司的股价数据，在理论模型的校准和简化（calibration and reduced form）基础上，Dekle（2005）和 Bartram 等（2010）分析了市场结构对企业汇率风险的影响，发现产品间替代性越强、市场越趋于完全竞争，企业汇率风险越高。Williamson（2001）和 Griffin 和 Stulz（2001）则分析了国外产业竞争的影响，发现美国产业受到了来自日本的产业竞争，汇率在日美贸易战期间起到了关键作用。

中美贸易摩擦时期，关于产业竞争的研究再一次成为研究的热点。目前国内有关产业竞争研究的思路主要包括以下几种：第一，通过调研的方式来分析产业竞争。这既包括中国商务部驻各地的经商参处会不定期地发布各国的产业发展状况，以及同中国企业的竞争合作情况（如中国商务部发布的《德国五大优势产业简介》），也包括通过问卷调研等方式开展的产业竞争的相关研究（左世翔，2013）。这种方式好处在于能掌握产业发展的一手资料，可以洞悉技术、管理、人才、产品等领域的竞争力，从而可以评估产业竞争，还能直接得出可供参考借鉴的经验。缺点也非常明显——成本较大，主观性强。第二，考虑出口市场占有率的历史变迁分析产业竞争。张其仔（2014）利用联合国贸易数据库分析了中国各个行业在国际市场出口份额中的占比，发现占比越高竞争力越强。张咏华（2013）则利用增加值贸易方法计算的制造业出口规模来度量产业竞争。这种方法直接客观，是对产业竞争力进行描述性分析的最优指标之一。缺点在于，数据的统计常常具有时滞性，不能分析最新的产业竞争力变化情况，另外，利用进出口贸易数据无法分析不可贸易品的产业竞争情况。第三，利用全球价值链计算出口附加值，如余淼杰和崔晓敏（2018）、邵朝对和苏丹妮（2019）。相较于出口份额占比，出口国内附加值提供产业竞争的评价维度更丰富，但对数据的要求也更加苛刻，并且也无法对不可贸易品的产业竞争情况进行分析。

与上述三种产品竞争的研究思路相比，利用各国企业的股价数据进行产业竞争的分析有以下三个优点：第一，能够对非贸易品行业的产业竞争进行分析。产业竞争力体现在本国代表性企业的公司价值之中，上市公司不仅包括可贸易品行业公司，还有很多不可贸易品行业的上市公司，通过分析不同国家同一行业的股价变动，可以对不可贸易品行业的产业竞争力进行评估。第二，能够综合、全面反映产业竞争力的各个维度。新时代的产业竞争不仅体现在市场份额的争夺、产品附加值的提升，还会表现在技术创新、风险管理、资本运作等方方面面，这些信息都会经过微观主体的分析加工最终反映在企业价值之中。第三，客观分析汇率风险和产业竞争的影响。企业在国际市场竞争中首先面临的是汇率风险，出口份额和附加值的数据计算时均涉及不同币种之间的折算，难以将汇率因素和国外产业竞争因素完全区分开来。而汇率同样作为一种资产价格也具有高频数据，利用回归分析的方法可以在一定程度上将汇率波动和国外产业竞争的影响相分离。

9.3 研究设计和数据

中美贸易摩擦背景之下，我们更关心来自美国的产业竞争对中国的影响冲击。此节我们以美国为例说明研究设计和实证模型。中美两国的同一个行业若存在产业竞争，对美国行业的利好消息反映在中国同行业中则表现为利空消息。在估值上，美国行业指数的上涨是中国该行业的负面消息，中国行业指数会下跌。具体的回归方程如式（9－1）所示：

$$r_{\text{China}i} = a_i + b_i r_{\text{FX}} + c_i r_{\text{USA}i} + d_i r_{\text{market}} + \varepsilon_i \tag{9-1}$$

式（9－1）中，对于每一个行业 i，$r_{\text{China}i}$是中国行业指数的超额收益率，即中国行业 i 的对数收益减去世界该行业的对数收益率；$r_{\text{USA}i}$是美国行业指数的超额收益率，即美国行业 i 的对数收益减去世界该行业的对数收益率；r_{FX}是汇率变动率，即1单位人民币代表的美元数额的变动，取值为正表示人民币升值、美元贬值；r_{market}是 MSCI 世界指数的对数收益。数据的频率均采用周度，并采用头尾1%缩尾处理。

汇率变动率前面的估计系数 b_i 代表中国该行业的股价收益率对汇率变动的敏感程度，即汇率风险系数。如前所述，汇率通过多种渠道影响企业估值，该系数是所有渠道效应的净值。b_i 取值为正代表人民币贬值，会使行业指数收益率上升，取值为负代表人民币升值，会使行业指数收益率上升。美国行业指数收益率前的系数c_i定义了产业竞争。受行业特质性冲击和产业链协同溢出效应的影响，中美两国同行业的收益率应呈现相似的走势，即c_i取值为正；如果存在特质性信息，导致美国行业指数收益率上升，而中国的同行业指数收益率下降，则意味着两国行业存在产业竞争，对美国行业公司的利好消息对中国同行业反而是一个利空消息，体现为c_i取值为负。

行业指数收益率来自 Datastream 的 LEVEL－6 行业收益率，这套数据库基于在各个交易所上市的、来自不同国家的上市公司进行指数构建，提供了全球标准一致、高频的行业指数收益率数据。LEVEL－6 行业分为 8 大类、114 个小类。本章使用 LEVEL－6 行业分类中最详细的分类标准，即 114 个行业分类数据。[①] 本章回归选择的时间区间为 2005 年 8 月到 2018 年 7 月，在样本区间中，中美共同的行业包括 54 个，所以 i 取值为 54。所有的数据来源为 Datastream。

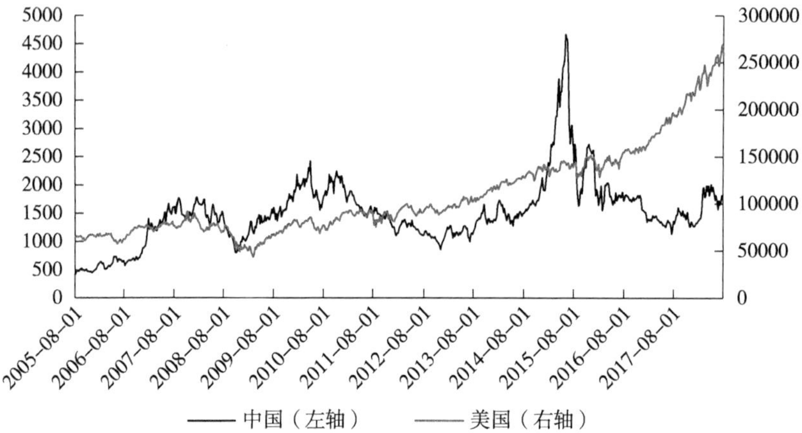

图 9－1　中美两国计算机软件行业指数

图 9－1 展示了计算机软件行业的股价走势图，从中可以看出两国该行业

① 如果使用的行业分类过于笼统，可能会导致将异质性企业归到一起，以致对产业效应的估计不准确。比如，用大类行业划分，石油开采和石油加工归属同一个行业，油价上涨利好石油开采，利空石油加工，截然相反的两种效应出现在同一个行业分类中会导致结果难以解读。

的走势存在相悖的情况。计算机软件行业属于服务贸易行业，在2014—2015年的A股牛市中，软件服务业是最受追捧的行业之一，但“大浪淘沙”之后，缺少业绩支撑的中国软件服务业股价走势开始停滞不前。美国的软件服务业在过去10年间一直处于高速增长阶段，背后的支撑就是全球计算机软件市场上的压倒性优势。股价走势图也说明了中国企业在计算机软件行业面临美国的激烈竞争。

9.4 基于中美两国数据的实证分析

本节主要展示中美两国汇率风险和产业竞争的结果。表9－1列示了式（9－1）即各行业指数超额收益率对汇率变动、美国同行业指数超额收益率以及市场收益率的回归结果。

首先，对于汇率风险系数 b_i，大部分行业的取值为负，即人民币对美元贬值带来行业股价的上升。从系数上看，资源品行业受汇率变动的影响最大，铝业、钢铁、有色金属等行业的汇率风险系数 b_i 都超过了－2，这表明人民币对美元贬值1%，相关行业指数收益率将上涨2%以上。服装配饰、通用化学品、专用化学品、商用车和货车等制造业，系数普遍在－1～－2，表明人民币对美元贬值1%，相关行业指数收益率将上涨1%～2%。除了这些可贸易品，在不可贸易品行业中，一些具有全球性质的服务贸易行业也面临显著的汇率风险，如运输服务、海上运输服务、建筑工程、可替代电等，系数一般在－1.5附近，意味着人民币对美元贬值1%，相关行业指数收益率将上涨1.5%。虽然大部分行业的汇率风险系数为负，但是也会存在一些行业体现为正的汇率风险系数，比如航空公司、媒体机构。这些行业普遍存在固定的外币支出，如航空公司的飞机租赁费、媒体公司的海外版权费。因而，人民币对美元贬值意味着需要支付更多的人民币来偿付固定的外币支出，体现为正的汇率风险系数。从A股上市公司的实践中也可以看到，在人民币大幅贬值期间，航空公司、有海外IP的媒体公司都有股价大幅下跌现象。整体而言，与中国A股企业层面的汇率风险相比，行业指数收益率对汇率波动的敏感程度要更大（He等，2021）。

其次，对于来自美国的产业竞争，系数 c_i 在不同行业中不仅正负有别，系数大小也有比较大的差别。传统的资源品行业，如铝业、煤炭、有色金属等行业产品异质性弱，可替代性强，各国的资源品市场属于类完全竞争的市场，不仅面临显著的汇率风险，同样也面临来自美国的产业竞争。以有色金属为例，美国同行业指数超额收益率上涨 1%，中国有色金属行业的指数超额收益率下降 0.184%。从产业竞争的系数大小来看，有两类行业受美国产业竞争的影响最大，第一类是以生物工程为代表的生物医药类，第二类是以软件服务为代表的信息技术类，这两类行业处于典型的创新驱动行业，前期投入大、产品周期长、市场潜力大的特性决定了这两类行业处于寡头竞争的格局。此时，行业中的每家企业都有一定的定价权，汇率变动带来的价格差异对这些行业的影响较小，汇率风险系数不显著。但是这些行业中，竞争对手的一举一动都会深刻影响自身的经营利益，如微软 Bing 搜索在全世界冲击 Google 搜索的市场份额。可以看到，这些行业的产业竞争系数都非常大，以生物工程为例，美国同行业的指数超额收益率上涨 1%，中国生物工程行业指数收益率下降 2.416%。由于地理因素、运输成本、口味偏好的不同，食品产业、酿酒、烈酒和葡萄酒等行业产业竞争的系数为正，意味着中美两国在这些产业上并不存在显著的产业竞争。另外，需要额外指出的是，不可贸易品行业同样会面临来自美国的产业竞争，这是以往利用跨国贸易数据库和产业价值链所不能分析得到的结论。软件服务、房地产服务、娱乐服务、投资服务、银行等行业都面临来自美国同行业的产业竞争。服务行业虽然也会面临币种转换的过程，但是服务行业一般为“一手交钱一手交货”，汇率风险的来源有限。同时，不同企业提供服务的差异性强、产品的可替代性弱也降低了这些行业对汇率波动的敏感性。在当今的社会中，信息技术的发展大大降低了提供远程技术咨询服务的成本，模糊了服务业的地理边界和国家边界，服务业的跨国竞争变得越来越激烈。以航空公司为例，美国航空公司指数超额收益率上涨 1%，中国航空公司指数超额收益率将下降 0.308%。随着中国高水平对外开放的跟进，服务业对外开放是“箭在弦上”，中国企业应该提前准备预案，迎接即将到来的国外服务行业的激烈竞争。

表9-1 各行业的产业竞争回归结果

可贸易品行业				不可贸易品行业			
行业名称	b_i	c_i	Adj_R^2	行业名称	b_i	c_i	Adj_R^2
航空航天	-0.734 (0.819)	-0.189 (0.276)	0.062	航空公司	0.244 (0.734)	-0.308*** (0.089)	0.068
铝业	-2.639*** (0.681)	-0.281*** (0.080)	0.090	银行	-0.405 (0.508)	-0.350*** (0.076)	0.199
汽车配件	-1.315** (0.602)	0.136 (0.128)	0.077	生物工程	-0.362 (0.629)	-2.416*** (0.415)	0.089
汽车	-1.067* (0.590)	0.071 (0.081)	0.071	分销商零售	-0.779 (0.646)	-1.019*** (0.197)	0.067
广播设备	-0.867 (0.728)	-0.799*** (0.296)	0.058	可替代电	-1.569*** (0.582)	-0.145 (0.144)	0.034
酿酒	-0.674 (0.601)	0.158** (0.078)	0.040	其他工业	-1.065 (0.759)	-0.116 (0.250)	0.077
建筑材料	-1.296* (0.721)	-0.110 (0.115)	0.052	建筑工程	-1.427** (0.637)	0.083 (0.068)	0.119
服装和配饰	-1.489** (0.677)	0.063 (0.098)	0.098	旅馆	-0.136 (0.747)	-0.143 (0.124)	0.076
煤炭	-1.351** (0.667)	-0.180*** (0.051)	0.096	工业供给	-0.895 (0.834)	0.266*** (0.085)	0.046
商用车和货车	-1.511** (0.622)	-0.252* (0.140)	0.141	投资服务	-1.018 (0.748)	-0.853*** (0.175)	0.105
通用化学品	-1.686*** (0.582)	0.181 (0.113)	0.127	海上运输服务	-1.460* (0.788)	0.150** (0.065)	0.034
计算机硬件	-0.417 (0.691)	-1.854*** (0.397)	0.111	媒体机构	0.024 (0.779)	-0.010 (0.145)	0.064
家用电子产品	-0.687 (0.730)	0.305*** (0.056)	0.112	出版业	-0.050 (0.767)	0.165 (0.141)	0.047
烈酒和葡萄酒	-1.494** (0.599)	0.170* (0.102)	0.043	房地产开发	-0.415 (0.620)	-0.051 (0.072)	0.062
药品零售	-0.971 (0.819)	-2.149*** (0.473)	0.060	铁路运输	0.064 (0.660)	0.732*** (0.280)	0.088

续表

可贸易品行业				不可贸易品行业			
行业名称	b_i	c_i	Adj _ R^2	行业名称	b_i	c_i	Adj _ R^2
耐用家居品	-1.026* (0.606)	-0.231* (0.127)	0.089	房地产服务	-0.242 (0.710)	-0.296*** (0.093)	0.118
电器元件及设备	-0.623 (0.567)	0.322*** (0.098)	0.143	娱乐服务	-0.267 (0.656)	-0.956*** (0.165)	0.118
电子设备	-0.382 (0.616)	0.258** (0.128)	0.083	软件服务	-0.029 (0.757)	-1.411*** (0.436)	0.062
油气勘探开发	-1.292 (0.787)	-0.468*** (0.171)	0.089	专业金融	-0.582 (0.597)	0.207*** (0.062)	0.182
食品产业	-0.844 (0.527)	0.211 (0.143)	0.019	专业零售商	-1.180 (0.720)	-0.867*** (0.218)	0.074
金矿开采	-1.551** (0.775)	-0.075 (0.117)	0.019	运输服务	-1.269** (0.510)	0.101* (0.060)	0.091
工业机械	-1.215* (0.627)	0.205* (0.117)	0.111	旅游业	-0.197 (0.610)	0.038 (0.073)	0.019
合成油气	-1.317** (0.542)	0.272* (0.153)	0.110	水	-1.260* (0.657)	0.095 (0.106)	0.024
钢铁	-2.411*** (0.681)	-0.078 (0.077)	0.159	废物处理	-0.630 (0.737)	-0.971*** (0.370)	0.048
移动通讯设备	-1.940*** (0.708)	-0.008 (0.067)	0.026				
有色金属	-2.896*** (0.723)	-0.184* (0.105)	0.115				
石油设备服务	-1.520** (0.658)	-1.323*** (0.272)	0.156				
制药	-0.443 (0.563)	-0.050 (0.182)	0.030				
专用化学品	-1.206** (0.533)	0.010 (0.143)	0.092				
电信设备	-0.133 (0.745)	-0.194 (0.229)	0.076				

注：表格中列示的左边四列为可贸易品行业，右边四列为不可贸易品行业。其中第一列和第五列是行业名称，第四列和第八列是调整后的拟合优度，每部分的中间两列为 b_i 和 c_i 的估计系数和稳健标准误（括号中），省略了常数项和 d_i 的估计结果。*、**、*** 分别代表在10%、5%、1%的水平上显著。

在表9－1数据的基础上进行汇总，可以得到中美两国行业汇率风险和产业竞争的描述性统计结果。从表9－2中可以看出，在中美共同的54个行业中，对汇率变动的平均反应为－0.961，代表人民币贬值1%行业指数上涨0.961%，其中有23个行业在10%的水平上显著为负，没有行业显著为正。这说明中国产业更多地受益于人民币对美元贬值，市场无须对人民币对美元贬值过度恐慌。可贸易品行业受人民币汇率变动的影响更大，有18个行业面临显著的汇率风险，平均反应系数为－1.233；不可贸易品行业所受的影响较小。只有5个行业面临显著的汇率风险，平均反应系数仅为可贸易品行业的一半。在产业竞争方面，平均反应系数为负，说明总体而言中国产业面临来自美国的产业竞争。54个中美共同行业中，有21个行业的产业竞争系数为负，面临来自美国的产业竞争，有11个行业的产业竞争系数为正，说明中美两国在该产业有协同作用。不可贸易品行业对产业竞争的反应更为激烈，一方面表现为c_i的估计系数的绝对值更大，美国同行业的指数超额收益率上涨1%对非贸易品行业的影响比贸易品行业高0.195%。另一方面表现为符号检验中显著为负的行业比例更高，不可贸易品行业有45.8%的行业对美国同行业的产业竞争敏感，而贸易品行业中仅有33.3%的行业对美国的产业竞争有显著反应。

表9－2 中美产业竞争的综合结果

	行业个数	b_i	c_i	Adj _ R^2	正负	b_i	c_i
所有行业	54	－0.961	－0.289	0.079	－	23	21
		－0.994	－0.094	0.073	+	0	11
可贸易品行业	30	－1.233	－0.202	0.081	－	18	10
		－1.253	－0.063	0.085	+	0	7
不可贸易品行业	24	－0.621	－0.397	0.076	－	5	11
		－0.498	－0.144	0.067	+	0	4

注：所有行业即所有中美共同的行业，可以分为可贸易品行业和不可贸易品行业。行业个数指每个分类中中美共同的行业个数。对于每一个行业组，表格中间汇报的是回归系数的统计结果，第一行汇报的是行业的平均值，第二行汇报的是行业的中位数。表格右侧汇报的是符号检验结果，分别表示系数b_i和c_i在10%的水平上显著为正和显著为负的行业个数。

9.5 进一步讨论

汇率风险和产业竞争是企业走向国际化所必然面临的风险和挑战。伴随着汇率市场化改革，中国企业面临来自汇率风险的挑战（何青等，2018；王爱俭和刘浩杰，2020），中美贸易摩擦让中国企业意识到产业竞争力所带来的话语权（何宇等，2020）。后疫情时代，企业将会面对更加复杂的国际形势、汇率变动和产业竞争，本节在基准结果的基础上进行分析讨论，一方面是对前文结果的稳健性检验，另一方面是为政府和企业应对和化解汇率风险和产业竞争风险提供针对性建议。

9.5.1 考虑直接投资

国家统计局公布了2003—2017年19个大类行业固定资产投资的资金来源，通过计算资金来源中利用外资占比的年平均值，将所有行业分为利用外资低和利用外资高两组，进行子样本的分析。从表9-3的结果中可以看出，在汇率风险上，无论是汇率风险系数的大小，还是符号检验中显著为负的比例，利用外资高的行业都要明显高于利用外资低的行业。这与Lane和Shambaugh（2010）的研究相一致，如果一家企业在资金来源上更多地依赖国外资本，则对汇率波动的敏感程度会更高。在产业竞争上，利用外资低的行业面临的产业竞争系数为-0.470，而利用外资高的行业产业竞争系数仅有-0.005，利用外资低的行业面临更高的来自美国产业竞争的压力。从比例中也可以得到相似的结论，利用外资低的行业有51.5%面临来自美国的产业竞争，比利用外资高的行业高出32.5%。中国某个行业能够吸引更多的外商直接投资，一方面，国外的资本更愿意投资中国的该行业，而不是其他国家或其他行业，说明中国的这个行业有一定的竞争比较优势；另一方面，基于纵向一体化或凭借先进技术、管理经验等无形资产投资中国的国外资本，投资的目的是与母公司形成协同效应，而不是与母公司进行直接竞争。因而，利用外资高的行业面临国际产业竞争的压力更小。后疫情时代，中国应继续扩大高水平对外开放，吸纳国外优秀企业来我国开展长期投资和经营。国外优秀企业进入中国有助于国内企业学习先进的公司治理经验，引进国外的先进技术，弥补我国在部分行业的劣势和不足。同时，随着外资企业在华的经营和业务的逐渐深入，中国市场将成为其利润组成中不可或缺的一部分，这将弱化国际产业竞争对我国行业的整体冲击。同时，当中国和其他国家发生经贸利益冲突时，这类企业可能成为居中调停斡旋的重要力量。

表9-3 考虑直接投资的中美产业竞争

	行业个数	b_i	c_i	Adj _ R^2	正负	b_i	c_i
利用外资低	33	-0.830	-0.470	0.080	-	13	17
		-0.971	-0.189	0.070	+	0	4
利用外资高	21	-1.167	-0.005	0.077	-	10	4
		-1.026	0.010	0.079	+	0	7

注：在中美共同的54个行业中，根据固定资产投资的资金来源，分为利用外资低和利用外资高两组。行业个数说明了每个分类中，中美共同的行业个数。对于每一个行业组，表格中间汇报的是回归系数的统计结果，第一行汇报的是行业的平均值，第二行汇报的是行业的中位数。表格右侧汇报的是符号检验结果，分别表示系数b_i和c_i在10%的水平上显著为正和显著为负的行业个数。

9.5.2 考虑市场份额

中国在全球贸易中的市场份额也可能会影响行业的汇率风险和产业竞争，为考虑市场份额的潜在影响，本章在基准模型式（9-1）中加入各行业的全球贸易份额作为交乘项进行分析，具体如式（9-2）所示：

$$r_{Chinai} = a_i + b_i r_{FX} + b'_i r_{FX} \times Share_i + c_i r_{USAi} + c'_i r_{USAi} \times Share_i + d_i r_{market} + \varepsilon_i \quad (9-2)$$

式（9-2）中，$Share_i$是中国i行业进出口占全球进出口总额的比值，为年度数据。针对所有可贸易品行业，利用HS编码与LEVEL-6行业编码匹配，计算出每个行业的进出口贸易份额。

表9-4列示了具体的回归结果。从汇率风险上来看，建筑材料、电子设备、石油设备服务等行业的市场份额可以降低该行业的汇率风险，从这些行业的特性中可以看出，它们都属于资本密集型行业，产品都具有生产长周期的特

征，从而更容易受到汇率风险的影响，但同时也会更加重视汇率风险管理（Pantzalis 等，2001）。这些行业如果拥有更高的市场份额，意味着需要更高的投资，资本密集型企业常常是大企业，因而更有成本优势去进行金融对冲等风险管理操作，降低企业的汇率风险。同时，这些行业的上游往往是完全竞争的行业，如果这些行业有更高的市场份额，意味着企业有更大的议价话语权，更容易将汇率风险转移到上游的其他企业。从产业竞争上来看，对于铝业、煤炭、钢铁、有色金属等资源品行业，市场份额的提升并不能在边际上改善汇率风险和产业竞争的影响。这是由资源品的行业属性决定的，资源品的可替代性强，产业发展更多地依靠资源禀赋，单单依靠企业并没有办法建立较高的行业壁垒，这就导致市场份额在不同年份之间变化很大，市场规模优势并不能直接转化为企业的核心竞争力。对于有一些行业竞争壁垒的行业，如石油设备服务、耐用家居品、家用电子产品，市场份额的抬升能够显著地降低来自美国企业的产业竞争压力。后疫情时代，贸易保护主义的抬头弱化了市场份额对汇率风险和产业竞争的边际改善，企业国际化应更加关注所处行业的竞争状况，制定差异化的竞争策略。处于优势行业内的企业，它们面临相对较低的国际产业竞争，贸易保护主义对它们的影响也较为有限，应当继续巩固当前的市场地位，积极与产业链上的其他企业协作，巩固我国相关行业在全球供应链上的优势地位。处于弱势行业内的企业，后疫情时代要学会借力打力，合理利用各国的政策措施和比较优势，差异化海外市场分布，逐步积累市场份额，提升自身在国际竞争中的话语权。

表 9-4　考虑产业链地位的中美产业竞争

行业名称	b_i	b_i'	c_i	c_i'	Adj_R^2
航空航天	-7.784*	58.251	1.111	-16.974	0.078
	(4.031)	(39.869)	(1.649)	(20.669)	
铝业	-10.471**	30.082	-1.175*	5.246	0.123
	(5.251)	(31.610)	(0.605)	(3.749)	
汽车配件	-3.097	6.620	-0.564	9.127*	0.086
	(2.532)	(22.262)	(0.419)	(5.429)	

续表

行业名称	b_i	b_i'	c_i	c_i'	Adj _ R^2
汽车	-6.224** (3.025)	36.697 (29.321)	-0.330 (0.225)	4.480* (2.669)	0.086
广播设备	-12.588 (12.029)	26.642 (32.837)	-3.063 (3.445)	6.016 (10.179)	0.073
酿酒	-6.264 (6.647)	16.921 (22.725)	0.877 (0.628)	-2.558 (2.256)	0.052
建筑材料	-12.850** (5.185)	43.633* (22.863)	-1.793 (1.190)	8.801 (6.181)	0.080
服装和配饰	-4.916 (4.906)	2.861 (7.419)	0.205 (0.414)	-0.241 (0.637)	0.119
煤炭	-1.868 (3.205)	-5.897 (31.922)	-0.247 (0.152)	0.088 (1.286)	0.122
商用车和货车	-0.196 (4.802)	-4.909 (8.556)	1.066 (0.938)	-2.283 (1.520)	0.168
通用化学品	-13.108 (10.671)	23.614 (27.374)	0.635 (1.061)	-1.316 (2.881)	0.155
计算机硬件	-2.998 (7.353)	3.105 (26.318)	8.371*** (2.591)	-44.764*** (10.901)	0.140
家用电子产品	-0.180 (11.028)	-2.210 (30.534)	-1.278** (0.574)	4.493*** (1.640)	0.125
烈酒和葡萄酒	-3.499** (1.619)	28.455 (20.541)	0.859** (0.376)	-19.388* (10.344)	0.061
药品零售	-2.059 (2.097)	9.062 (30.837)	-0.218 (1.539)	-67.914 (54.073)	0.051
耐用家居品	-19.120 (13.095)	47.940 (35.221)	-3.510** (1.507)	9.819** (4.319)	0.113
电器元件及设备	-14.616 (10.544)	35.435 (28.712)	-0.469 (0.904)	2.223 (2.614)	0.162
电子设备	-21.410** (10.254)	57.012** (27.997)	1.582 (0.998)	-4.114 (3.048)	0.097
油气勘探开发	-0.216 (9.774)	-10.680 (33.933)	2.241 (1.360)	-10.870** (5.273)	0.099

续表

行业名称	b_i	b'_i	c_i	c'_i	Adj _ R^2
食品产业	-2.677 (8.007)	1.527 (18.451)	2.617 ** (1.272)	-5.618 * (2.938)	0.038
金矿开采	-10.369 (9.324)	22.526 (32.909)	-1.934 ** (0.856)	7.287 ** (3.087)	0.047
工业机械	-14.607 ** (7.382)	40.993 (25.081)	0.598 (0.867)	-1.636 (3.514)	0.135
合成油气	-5.835 *** (2.125)	21.946 (16.640)	-0.242 (0.724)	7.613 (8.442)	0.142
钢铁	-7.333 ** (2.972)	11.913 (16.789)	-0.237 (0.517)	1.466 (3.355)	0.187
移动通讯设备	-10.523 (10.972)	21.819 (30.679)	-0.565 (0.672)	1.653 (1.896)	0.037
有色金属	-6.810 * (3.722)	1.674 (5.517)	0.056 (0.423)	-0.454 (0.600)	0.142
石油设备服务	-16.506 ** (6.646)	46.071 ** (23.399)	-5.870 ** (2.421)	17.456 * (9.156)	0.194
制药	-7.691 (5.859)	21.406 (20.367)	-0.110 (1.462)	0.085 (5.729)	0.038
专用化学品	-12.739 ** (6.307)	32.682 (20.125)	-0.405 (1.117)	1.506 (3.964)	0.111
电信设备	-3.772 (10.173)	7.120 (27.964)	-0.579 (1.812)	1.068 (5.338)	0.087

注：表格中第一列为所有可贸易品行业的行业名称，中间四列分别为b_i、b'_i、c_i和c'_i的估计系数和稳健标准误（括号中），省略了常数项和d_i的估计结果。*、**、*** 分别代表在 10%、5%、1% 的水平上显著。

9.5.3 考虑产业结构调整

对于中国而言，国家的产业政策支持是行业能够迅速发展的关键因素（林毅夫，2018），这一小节考察产业政策支持对于汇率风险和产业竞争的影响。根据 2011 年《产业结构调整指导目录》（2013 年修订版）中的鼓励类名单，将鼓励类行业列为支持产业，其他归为其他产业。以2011年为分界线，相关结果汇报在表9-5之中。从中可以看出，在汇率风险方面，支持产业和其他产业的差别并不大，无论是汇率风险系数还是符号检验中显著的比例。然而，在产业竞争方面，其他产业面临的产业竞争要明显强于支持产业。在2011年之前，支持产业的产业竞争系数为-0.308，与其他产业的-0.232相差不多。但到了2011年之后，支持产业受到来自美国的产业竞争的影响为-0.272，还不到其他行业产业竞争系数-0.598的一半。这一结果也在一定程度上说明了产业政策的支持能够增强本国产业的竞争力，降低来自美国同行业的竞争压力。然而，虽然适当的产业政策可以有效抵消国际产业竞争对我国相关行业价值的不利影响，为我国高技术产业的发展提供助力和支持，但是随着后疫情时代各国财政的吃紧，企业寄希望于产业政策谋求市场地位的突进是不现实的。

表9-5 考虑产业结构调整的中美产业竞争

	行业个数	b_i	c_i	Adj_R^2	正负	b_i	c_i
Panel A：2005—2010年							
支持产业	35	-3.917	-0.308	0.114	-	21	10
		-3.626	-0.110	0.100	+	0	4
其他产业	19	-3.394	-0.232	0.089	-	10	5
		-3.843	-0.001	0.090	+	0	5
Panel B：2011—2018年							
支持产业	35	-0.484	-0.272	0.074	-	9	11
		-0.446	-0.073	0.073	+	0	4
其他产业	19	-0.591	-0.598	0.060	-	3	8
		-0.631	-0.128	0.047	+	0	2

注：在中美共同的54个行业中，将《产业结构调整指导目录》中的鼓励类行业定义为支持行业，其他归为其他行业。表格分为两个部分，Panel A是2005年至2010年的统计结果，Panel B是2011年至2018年的统计结果。行业个数说明了每个分类中，中美共同的行业个数。对于每一个行业组，表格中间汇报的是回归系数的统计结果，第一行汇报的是行业的平均值，第二行汇报的是行业的中位数。表格右侧汇报的是符号检验结果，分别表示系数b_i和c_i在10%的水平上显著为正和显著为负的行业个数。

9.5.4 考虑宏观因素的影响

在基准回归式(9-1)中，我们加入更多的宏观变量进行分析。在式(9-1)

的基础上将依次加入 VIX（周度 VIX 对数收益）、Crisis（危机哑变量，2007—2009 年设为 1）、interest_rate_gap（中美利差，用 Shibor 和联邦基金利率隔夜拆借利率之差表示，周度）、real_GDP_gap（中美实际 GDP 增长率之差，源自世界银行年度数据）和 policy_uncertainty（中国政策不确定性指数的对数月度收益）。中国政策不确定性指数参照 Baker 等（2016）提供的数据等宏观变量，其他数据来源为 Wind。结果在表 9-6 中展示，可以看出，大部分宏观变量的加入均在不同程度上提高了行业对于汇率变动的敏感性，b_i 显著个数均有所增加。最明显的是中美利差变量和中美实际 GDP 增长率之差变量的加入，汇率风险系数和符号检验中负显著的个数都明显增加。而对于产业竞争而言，宏观经济变量的加入对系数和符号检验结果的影响都比较小。后疫情时代，全球政治经济不确定性加强，这加大了企业所面临的汇率风险和产业竞争压力，一方面，汇率风险叠加疫情带来的供给、需求和预期的三重压力，企业管理汇率风险的难度大大提高；另一方面，国际政治局势变化对企业的影响增强，全球产业链不稳定让企业之间的竞争合作关系更加复杂。此外，宏观因素的影响也必然包括技术破坏和监管共识，其中如何应对数字经济时代的挑战和"双碳"目标的影响，中国企业应随时做好准备。

表 9-6　考虑宏观变量的中美产业竞争

	b_i	c_i	Adj_R^2	正负	b_i	c_i
VIX	-0.977	-0.288	0.078	-	22	20
	-0.987	-0.087	0.073	+	0	12
	b_i	c_i	Adj_R^2	正负	b_i	c_i
Crisis	-1.027	-0.290	0.079	-	26	21
	-1.117	-0.089	0.073	+	0	10
	b_i	c_i	Adj_R^2	正负	b_i	c_i
interest_rate_gap	-1.146	-0.290	0.081	-	27	19
	-1.138	-0.088	0.076	+	0	10
	b_i	c_i	Adj_R^2	正负	b_i	c_i
real_GDP_gap	-1.101	-0.290	0.080	-	27	21
	-1.214	-0.087	0.076	+	0	11

续表

	b_i	c_i	Adj _ R^2	正负	b_i	c_i
policy _ uncertainty	-0.993	-0.289	0.079	-	25	21
	-1.019	-0.096	0.072	+	0	10

注：表格第一列汇报了在回归方程中额外增加的宏观因子。对于每一个增加宏观变量的回归结果，表格中间汇报的是回归系数的统计结果，第一行汇报的是行业的平均值，第二行汇报的是行业的中位数。表格右侧汇报的是符号检验结果，分别表示系数b_i和c_i在10%的水平上显著为正和显著为负的行业个数。

9.5.5　考虑其他国家

在本节，我们进一步讨论中国和美国之外其他国家的产业竞争关系。与式（9-1）相似，我们考虑中国和其他国家的相同行业，使用中国的行业指数收益率对双边汇率、市场指数和其他国家相同行业的指数收益率回归。本节选择了8个发达国家（日本、法国、德国、英国、韩国、瑞士、加拿大、荷兰），主要依据是世界500强公司的归属。表9-7汇报了其他国家产业竞争的结果，每个国家的第一行是两国所有的相同行业。从汇率风险系数b_i上看，所有国家的系数均值为正，即人民币升值推高行业指数收益率。其中法国最为明显，汇率风险系数b_i平均值较大，并且有17个行业在10%水平上对汇率变动显著敏感，均体现为正值。从产业竞争的反应系数c_i上看，中国行业更多地面临来自英国、法国等欧洲国家的产业竞争，日本、韩国等亚洲国家的产业竞争系数为正，并且反应系数c_i显著为正的个数也更多，尤其是日本，在系数绝对值和显著个数上均最大，这意味着中国与日本更多地表现为产业协同效应。本章的结论仅是方向性的，但也指出应与德国、日本、韩国等更多国家开展更深层次的经贸往来和人员交流合作，建立可替代性的供应链网络。

表9-7　考虑不同国家的产业竞争

	b_i	c_i	Adj _ R^2	正负	b_i	c_i
日本	0.069	0.121	0.079	-	0	5
	0.019	0.152	0.075	+	9	32
法国	0.252	0.021	0.084	-	0	6
	0.265	0.038	0.080	+	17	12

续表

	b_i	c_i	Adj _ R^2	正负	b_i	c_i
德国	0.194	0.071	0.075	-	0	4
	0.196	0.093	0.063	+	12	15
英国	0.166	-0.013	0.069	-	0	8
	0.150	-0.008	0.065	+	8	8
韩国	0.194	0.102	0.083	-	0	0
	0.234	0.102	0.076	+	7	16
瑞士	0.229	0.084	0.084	-	0	3
	0.278	0.099	0.077	+	14	13
加拿大	0.146	0.061	0.079	-	0	4
	0.156	0.081	0.075	+	6	18
荷兰	0.260	0.041	0.090	-	0	3
	0.291	0.029	0.083	+	9	6

注：依据世界500强公司的所在国家，选择了8个国家讨论汇率风险和产业竞争。表格第一列标注了国家名称。对于每一个国家进行回归后的统计结果在表格中间三列列示，第一行汇报的是行业的平均值，第二行汇报的是行业的中位数。表格右侧汇报的是符号检验结果，分别表示系数b_i和c_i在10%的水平上显著为正和显著为负的行业个数。

9.5.6 考虑不同时间段的影响

国际间产业竞争和汇率风险的情况并不是一成不变的，而是会随着国际政治经济形势、技术变革、产业链重构不断动态变化的。例如，在21世纪初期，各国的互联网行业都借助信息技术革命的浪潮迅猛发展，更多地体现为各国同行业的协同发展。然而在最近的5年间，随着市场日趋成熟和饱和，各个互联网企业之间的竞争关系更加明显。为了控制和把握这种关系的变化，本小节进行了两方面的尝试和改进。首先，在基准回归式（9-1）中，加入年份固定效应，用来控制每个年度不可观测因素的影响。表9-8汇报了增加年份固定效应的结果，从结果中可以看出，汇率风险系数稍有增大，呈现显著汇率风险的行业增加到25个，产业竞争的系数有所减少，呈现显著产业协同的行业增加到13个。总体来看，与表9-2的基准结果相比，并没有明显变化。其次，依照中国汇率形成机制改革的时间点进行不同时间段的分析。2010年6月19日和2015年8月11日是继2005年“7·21汇改”后，人民币汇率形成机制改革最重要的两个时间点，本小节依照这两个时间点将时间区间划分为2005—2009年、2011—2014年、2016—2018年三个时间区间，不同时间区间的结果展示在表9-9之中。从表9-9的结果中可以看到，随着汇改的推进，各行业面临汇率风险的形势也在发生变化。其中最重大的变化是各行业的汇率风险方向逐渐从负向转为正向，正如林毅夫（2021）所论述的，随着中国国内市场规模的扩大和产业结构的变化，出口对我国经济的拉动作用在逐年减弱。2015年以前各行业的发展比较依赖人民币贬值创造的贸易条件优势，因而体现为负向汇率风险。伴随国内消化产品能力增强和服务业占GDP比重提升，中国产业对汇率变动的敏感性在下降，尤其是不可贸易品行业。在产业竞争系数的变化上，随着时间的推移，产业竞争系数的绝对值在不断提升，也有更多的行业面临来自美国的产业竞争。裴长洪和刘斌（2019）指出，随着中国外贸竞争优势的初步形成，中国和美国在国际市场上的竞争冲突也会必然增加。从表9-9的结果中可以看出，2005—2009年只有13个行业面临来自美国的产业竞争，到2016年至2018年则有17个行业。

表9-8 加入年份固定效应的回归结果

	行业个数	b_i	c_i	Adj _ R^2	正负	b_i	c_i
所有行业	54	-1.010	-0.274	0.084	-	25	21
		-1.117	-0.072	0.081	+	0	13
可贸易品行业	30	-1.292	-0.185	0.086	-	19	10
		-1.259	-0.045	0.086	+	0	9
不可贸易品行业	24	-0.658	-0.386	0.081	-	6	11
		-0.607	-0.136	0.072	+	0	4

注：所有行业即所有中美共同的行业，可以分为可贸易品行业和不可贸易品行业。行业个数指每个分类中中美共同的行业个数。对于每一个行业组，表格中间汇报的是回归系数的统计结果，第一行汇报的是行业的平均值，第二行汇报的是行业的中位数。表格右侧汇报的是符号检验结果，分别表示系数b_i和c_i在10%的水平上显著为正和显著为负的行业个数。

表 9－9　分不同时间段的回归结果

	行业个数	b_i	c_i	Adj _ R^2	正负	b_i	c_i
Panel A：2005—2009 年							
所有行业	54	－2. 974	－0. 237	0. 107	0	13	13
		－2. 959	－0. 074	0. 101	0	0	9
可贸易品行业	30	－3. 526	－0. 143	0. 107	0	8	5
		－3. 103	－0. 049	0. 110	0	0	7
不可贸易品行业	24	－2. 283	－0. 355	0. 108	0	5	8
		－2. 834	－0. 136	0. 088	0	0	2
Panel B：2011—2014 年							
所有行业	54	－1. 370	－0. 320	0. 151	0	15	12
		－1. 186	0. 014	0. 132	0	0	8
可贸易品行业	30	－1. 243	－0. 263	0. 173	0	6	5
		－1. 137	0. 033	0. 174	0	0	7
不可贸易品行业	24	－1. 529	－0. 393	0. 125	0	9	7
		－1. 622	－0. 019	0. 118	0	0	1
Panel C：2016—2018 年							
所有行业	54	0. 027	－0. 421	0. 052	0	0	17
		0. 050	－0. 115	0. 029	0	2	5
可贸易品行业	30	－0. 163	－0. 344	0. 044	0	0	6
		－0. 116	－0. 018	0. 025	0	0	4
不可贸易品行业	24	0. 264	－0. 517	0. 061	0	0	11
		0. 255	－0. 341	0. 038	0	2	1

注：所有行业是指所有中美共同的行业，可以分为可贸易品行业和不可贸易品行业。表格分为三个部分，Panel A 是 2005 年至 2009 年的统计结果，Panel B 是 2011 年至 2014 年的统计结果，Panel C 是 2016 年至 2018 年的统计结果。行业个数是指每个分类中中美共同的行业个数。对于每一个行业组，表格中间汇报的是回归系数的统计结果，第一行汇报的是行业的平均值，第二行汇报的是行业的中位数。表格右侧汇报的是符号检验结果，分别表示系数b_i和c_i在 10% 的水平上显著为正和显著为负的行业个数。

9.6　本章小结

随着中美贸易摩擦的反复，产业竞争和汇率风险的研究变得更加重要和紧迫。本章分析了汇率风险和国外产业竞争对中国行业的影响，重点分析了中美之间的汇率风险和产业竞争。2005—2018 年，在中美共同的行业之中，有 42.6% 的行业面临汇率风险，其中资源品行业面临的汇率风险最为严重，并且有 38.9% 的行业显著地受到美国产业竞争的影响，这其中既包括钢铁、煤炭、商用车和货车、耐用家居品等可贸易品行业，也涵盖软件服务、银行、房地产业等非贸易品行业，可以说，中美之间的产业竞争体现在各个行业之中。对于汇率风险，人民币对美元贬值利好大部分国内发展，市场无须过分担忧人民币贬值。和日美贸易战时期相比，中国行业指数收益率对汇率的敏感性较低，尤其是非贸易品行业。在产业竞争上，市场份额的提升不一定会带来市场竞争力的上涨，产业政策支持在 2011 年之后起到了积极作用。除美国之外的其他国家对中国产业竞争较小，主要来自英国、法国等欧洲发达国家。

新冠疫情的产生和持续，让世界范围内的国家和企业开始重新思考国际产业分工的成本效率和供应链稳定安全之间的关系，各国不仅出台了力度空前的刺激政策，还衍生了一系列“逆全球化”的举措。中国提出新发展格局，倡导充分利用两个市场、两种资源，通过高水平对外开放推动中国经济高质量发展，成为“逆全球化”阴霾下的一抹亮色。在后疫情时代，全球政治经济不确定性增强提升了单个企业管理汇率风险的难度，贸易保护主义和产业链本土化、区域化强化了产业竞争对企业国际化的影响，各国空前的刺激政策缩小了政策空间，压制了产业政策的边际效果，中国企业面临更加严峻的国际化形势。作为全球第二大经济体、一个有完备工业体系的国家，中国具有很强的整体产业竞争力和发展韧性，在国内国际相互促进的新发展格局下，企业应认真思考和评估国际化的收益和风险，学会使用外汇衍生品降低不确定性汇率波动对自身经营活动的冲击，利用好直接投资的协同作用和各国的政策导向，强化自身的产业竞争优势。中国监管部门在维持中国宏观经济“稳字当头、稳中求进”的基础上，提升人民币的国际化使用，加强国际协调合作，扩大外汇衍生工具的供应，也能帮助中国企业在汇率风险和产业竞争加剧的后疫情时代赢得国际市场的竞争优势。

参考文献

[1] 白云霞，严梦莹，钟宁桦．保荐代表人变更与保荐制度的有效性——基于定向增发的实证研究［J］．金融研究，2014（3）：138－151.

[2] 邓超，敖宏，王翔，胡威．基于关系型贷款的大银行对小企业的贷款定价研究［J］．经济研究，2010（2）：83－96.

[3] 方红星，施继坤，张广宝．产权性质、信息质量与公司债定价——来自中国资本市场的经验证据［J］．金融研究，2013（4）：170－182.

[4] 管征，卞志村，范从来．增发还是配股？上市公司股权再融资方式选择研究［J］．管理世界，2008（1）：136－144.

[5] 郭飞．外汇风险对冲和公司价值：基于中国跨国公司的实证研究［J］．经济研究，2012（9）：18－31.

[6] 郭飞，李薇，张桂玲．衍生品复杂性影响商业银行盈余管理决策吗？［J］．国际金融研究，2019（2）：77－86.

[7] 郭飞，肖浩，史永．为什么人民币汇率波动的影响不显著？——基于美的电器的案例研究［J］．管理世界，2014（10）：163－171.

[8] 郭飞，游绘新，郭慧敏．为什么使用外币债务？——中国上市公司的实证证据［J］．金融研究，2018（3）：137－154.

[9] 郭晔，黄振，王蕴．未预期货币政策与企业债券信用利差——基于固浮利差分解的研究［J］．金融研究，2016（6）：67－80.

[10] 郝项超．商业银行所有权改革对贷款定价决策的影响研究［J］．金融研究，2013（4）：43－56.

[11] 郝项超，梁琪．外汇风险对冲能否促进中国上市公司创新［J］．世

界经济，2019（9）：151－172.

［12］何诚颖，卢宗辉．沪深股市限售股制度安排及流通效应分析［J］．管理世界，2009（4）：180－181.

［13］何平，金梦．信用评级在中国债券市场的影响力［J］．金融研究，2010（4）：15－28.

［14］何青，余吉双，涂永红．人民币与新兴市场货币的联动分析［J］．金融评论，2019（5）：5－17.

［15］纪志宏，曹媛媛．信用风险溢价还是市场流动性溢价：基于中国信用债定价的实证研究［J］．金融研究，2017（2）：5－14.

［16］姜付秀，蔡文婧，蔡欣妮，李行天．银行竞争的微观效应：来自融资约束的经验证据［J］．经济研究，2019（6）：72－88.

［17］李广子，刘力．产业政策与信贷资金配置效率［J］．金融研究，2020（5）：114－131.

［18］林晚发，钟辉勇，李青原．高管任职经历的得与失？——来自债券市场的经验证据［J］．金融研究，2018（6）：175－192.

［19］刘澜飚，李博韬．市场竞争、同业业务与银行风险承担［J］．经济学动态，2021（4）：38－53.

［20］刘青，陶攀，洪俊杰．中国海外并购的动因研究——基于广延边际与集约边际的视角［J］．经济研究，2017（1）：28－43.

［21］刘行，建蕾，梁娟．房价波动、抵押资产价值与企业风险承担［J］．金融研究，2016（3）：107－123.

［22］鲁晓东，刘京军，陈芷君．出口商如何对冲汇率风险：一个价值链整合的视角［J］．管理世界，2019（5）：92－105.

［23］史永东，田渊博．契约条款影响债券价格吗？——基于中国公司债市场的经验研究［J］．金融研究，2016（8）：143－158.

［24］宋全云，李晓，钱龙．经济政策不确定性与企业贷款成本［J］．金融研究，2019（7）：57－75.

［25］谭小芬，王雅琦，卢冰．汇率波动、金融市场化与出口［J］．金融

研究，2016（3）：15－30.

［26］王克敏，刘博．公开增发业绩门槛与盈余管理［J］．管理世界，2012（8）：30－42.

［27］王雄元，曾敬．年报风险信息披露与银行贷款利率［J］．金融研究，2019（1）：54－71.

［28］王雄元，高开娟．如虎添翼抑或燕巢危幕：承销商、大客户与公司债发行定价［J］．管理世界，2017（9）：47－64.

［29］王雄元，高开娟．客户集中度与公司债二级市场信用利差［J］．金融研究，2017（1）：130－144.

［30］王亚平，杨云红，毛小元．上市公司选择股票增发的时间吗？——中国市场股权融资之谜的一种解释［J］．金融研究，2006（12）：103－115.

［31］王永钦，杜巨澜，王凯．中国对外直接投资区位选择的决定因素：制度、税负和资源禀赋［J］．经济研究，2014（12）：126－142.

［32］辛清泉，孔东民，郝颖．公司透明度与股价波动性［J］．金融研究，2014（10）：193－206.

［33］杨筝，王红建，戴静，许传华．放松利率管制、利润率均等化与实体企业"脱实向虚"［J］．金融研究，2019（6）：20－38.

［34］易纲．再论中国金融资产结构及政策含义［J］．经济研究，2020（3）：4－17.

［35］张伟华，毛新述，刘凯璇．利率市场化改革降低了上市公司债务融资成本吗？［J］．金融研究，2018（10）：106－122.

［36］章卫东．定向增发新股与盈余管理——来自中国证券市场的经验证据［J］．管理世界，2010（1）：54－63.

［37］赵玉芳，余志勇，夏新平，汪宜霞．定向增发、现金分红与利益输送——来自我国上市公司的经验证据［J］．金融研究，2011（11）：153－166.

［38］钟宁桦，唐逸舟，王姝晶，沈吉．散户投资者如何影响债券价格？——基于交易所同一只信用债的价格差分析［J］．金融研究，2018（1）：

121 - 137.

[39] 朱红军，何贤杰，陈信元．定向增发“盛宴”背后的利益输送：现象、理论根源与制度成因——基于驰宏锌锗的案例研究［J］．管理世界，2008（6）：136 - 147.

[40] AABO, T., C. PANTZALIS and J. C. PARK. Multinationality and Opaqueness [J]. Journal of Corporate Finance, 2015, 30: 65 - 84.

[41] ADLER, M. and B. DUMAS. Exposure to Currency Risk: Definition and Measurement [J]. Financial management, 1984, 13 (2): 41 - 50.

[42] AIVAZIAN, V. A., J. QIU and M. M. RAHAMAN. Bank Loan Contracting and Corporate Diversification: Does Organizational Structure Matter to Lenders? [J]. Journal of Financial Intermediation, 2015, 24 (2): 252 - 282.

[43] AIZENMAN, J., Y. CHEUNG and X. QIAN. The Currency Composition of International Reserves, Demand for International Reserves, and Global Safe Assets [J]. Journal of International Money and Finance, 2020, 102.

[44] AKERLOF, G. A. The Market for "Lemons": Quality Uncertainty and the Market Mechanism [J]. The Quarterly Journal of Economics, 1970, 84 (3): 488 - 500.

[45] ALLAYANNIS, G., J. IHRIG and J. P. WESTON. Exchange - rate Hedging: Financial versus Operational Strategies [J]. American Economic Review, 2001, 91 (2): 391 - 395.

[46] ALLAYANNIS, G. and E. OFEK. Exchange Rate Exposure, Hedging, and the Use of Foreign Currency Derivatives [J]. Journal of International Money and Finance, 2001, 20 (2): 273 - 296.

[47] ALLAYANNIS, G. and J. IHRIG. Exposure and markups [J]. The Review of Financial Studies, 2001, 14 (3): 805 - 835.

[48] ALLEN, F., J. QIAN, C. ZHANG and M. ZHAO. China's Financial System: Opportunities and Challenges [M]. University of Chicago Press, 2012.

[49] ALTINKILIÇ, O. and R. S. HANSEN. Discounting and Underpricing in

Seasoned Equity Offers [J]. Journal of Financial Economics, 2003, 69 (2): 285 - 323.

[50] ANDREASEN, M. M. , T. ENGSTED , S. V. MØLLER and M. SANDER. The Yield Spread and Bond Return Predictability in Expansions and Recessions [J]. The Review of Financial Studies, 2021, 34 (6): 2773 - 2812.

[51] ANG, A. , J. BAI and H. ZHOU. The Great Wall of Debt: Real Estate, Political Risk, and Chinese Local Government Financing Cost [R]. Working Paper, 2018.

[52] ANG, A. , R. J. HODRICK , Y. XING and X. ZHANG. High Idiosyncratic Volatility and Low Returns: International and Further US Evidence [J]. Journal of Financial Economics, 2009, 91 (1): 1 - 23.

[53] ASHRAF, B. N. and Y. SHEN. Economic Policy Uncertainty and Banks' Loan Pricing [J]. Journal of Financial Stability, 2019, 44.

[54] AUTORE, D. M. Does Rule 10b - 21 Increase SEO Discounting? [J]. Journal of Financial Intermediation, 2011, 20 (2): 231 - 247.

[55] AUTORE, D. and T. KOVACS. Investor Recognition and Seasoned Equity Offers [J]. Journal of Corporate Finance, 2014, 25: 216 - 233.

[56] AZIZPOUR, S. , K. GIESECKE and G. SCHWENKLER. Exploring the Sources of Default Clustering [J]. Journal of Financial Economics, 2018, 129 (1): 154 - 183.

[57] BAE, K. , J. BAEK , J. KANG and W. LIU. Do Controlling Shareholders' Expropriation Incentives Imply a Link between Corporate Governance and Firm Value? Theory and Evidence [J]. Journal of Financial Economics, 2012, 105 (2): 412 - 435.

[58] BAKER, S. R. , N. BLOOM and S. J. DAVIS. Measuring Economic Policy Uncertainty [J]. The Quarterly Journal of Economics, 2016, 131 (4): 1593 - 1636.

[59] BALI, T. G. , S. J. BROWN and Y. TANG. Is Economic Uncertainty

Priced in the Cross - Section of Stock Returns? [J]. Journal of Financial Economics, 2017, 126 (3): 471 - 489.

[60] BARTH, M. E., W. R. LANDSMAN and D. J. TAYLOR. The JOBS Act and Information uncertainty in IPO firms [J]. The Accounting Review, 2017, 92 (6): 25 - 47.

[61] BARTOV, E. and G. M. BODNAR. Firm Valuation, Earnings Expectations, and the Exchange - Rate Exposure Effect [J]. The Journal of Finance, 1994, 49 (5): 1755 - 1785.

[62] BARTRAM, S. M. Linear and Nonlinear Foreign Exchange Rate Exposures of German Nonfinancial Corporations [J]. Journal of International Money and Finance, 2004, 23 (4): 673 - 699.

[63] BARTRAM, S. M., G. W. BROWN and B. A. MINTON. Resolving the Exposure Puzzle: The Many Facets of Exchange Rate Exposure [J]. Journal of Financial Economics, 2010, 95 (2): 148 - 173.

[64] BEATTY, A., R. PETACCHI and H. ZHANG. Hedge Commitments and Agency Costs of Debt: Evidence from Interest Rate Protection Covenants and Accounting Conservatism [J]. Review of Accounting Studies, 2012, 17 (3): 700 - 738.

[65] BENMELECH, E. and N. K. BERGMAN. Bankruptcy and the Collateral Channel [J]. The Journal of Finance, 2011, 66 (2): 337 - 378.

[66] BERGER, A. N. and G. F. UDELL. Relationship Lending and Lines of Credit in Small Firm Finance [J]. Journal of Business, 1995: 351 - 381.

[67] BHARATH, S. T., S. DAHIYA, A. SAUNDERS and A. SRINIVASAN. Lending Relationships and Loan Contract Terms [J]. The Review of Financial Studies, 2011, 24 (4): 1141 - 1203.

[68] BHARATH, S. T. and T. SHUMWAY. Forecasting Default with the Merton Distance to Default Model [J]. The Review of Financial Studies, 2008, 21 (3): 1339 - 1369.

[69] BHATTACHARJEE, A. and J. HAN. Financial Distress of Chinese

Firms: Microeconomic, Macroeconomic and Institutional Influences [J]. China Economic Review, 2014, 30: 244-262.

[70] BIDDLE, G. C., G. HILARY and R. S. VERDI. How does Financial Reporting Quality Relate to Investment Efficiency? [J]. Journal of Accounting and Economics, 2009, 48 (2-3): 112-131.

[71] BLOUIN, J. L., L. K. KRULL and L. A. ROBINSON. Is US Multinational Dividend Repatriation Policy Influenced by Reporting Incentives? [J]. The Accounting Review, 2012, 87 (5): 1463-1491.

[72] BO, H., Z. HUANG and C. WANG. Understanding Seasoned Equity Offerings of Chinese Firms [J]. Journal of Banking & Finance, 2011: 35 (5): 1143-1157.

[73] BODNAR, G. M. and M. F. WONG. Estimating Exchange Rate Exposures: Issues in Model Structure [J]. Financial management, 2003: 35-67.

[74] BOLTON, P. and X. FREIXAS. Equity, Bonds, and Bank Debt: Capital Structure and Financial Market Equilibrium Under Asymmetric Information [J]. Journal of Political Economy, 2000, 108 (2): 324-351.

[75] BOONE, A. L., L. C. FIELD, J. M. KARPOFF and C. G. RAHEJA. The Determinants of Corporate Board Size and Composition: An Empirical Analysis [J]. Journal of Financial Economics, 2007, 85 (1): 66-101.

[76] BORISOVA, G., V. FOTAK, K. HOLLAND and W. L. MEGGINSON. Government Ownership and the Cost of Debt: Evidence from Government Investments in Publicly Traded Firms [J]. Journal of Financial Economics, 2015, 118 (1): 168-191.

[77] BOUBAKRI, N. and H. GHOUMA. Control Ownership Structure, Creditor Rights Protection, and the Cost of Debt Financing: International Evidence [J]. Journal of Banking & Finance, 2010, 34 (10): 2481-2499.

[78] BOUDT, K., F. LIU and P. SERCU. Exporters' Exposures to Currencies: Beyond the Loglinear Model [J]. Review of Finance, 2016, 20 (4):

1631 – 1657.

[79] BRADLEY, D. , C. PANTZALIS and X. YUAN. Policy Risk, Corporate Political Strategies, and the Cost of Debt [J] . Journal of Corporate Finance, 2016, 40: 254 – 275.

[80] BRADLEY, M. and M. R. ROBERTS. The Structure and Pricing of Corporate Debt Covenants [J] . The Quarterly Journal of Finance, 2015, 5 (2) .

[81] BROWN, G. W.. Managing Foreign Exchange Risk with Derivatives [J] . Journal of Financial Economics, 2001, 60 (2 – 3): 401 – 448.

[82] BURASCHI, A. , F. TROJANI and A. VEDOLIN. Economic Uncertainty, Disagreement, and Credit Markets [J] . Management Science, 2014, 60 (5): 1281 – 1296.

[83] BYUN, H. , S. CHOI , L. HWANG and R. G. KIM. Business Group Affiliation, Ownership Structure, and the Cost of Debt [J] . Journal of Corporate Finance, 2013, 23: 311 – 331.

[84] CAI, N. , J. HELWEGE and A. WARGA. Underpricing in the Corporate Bond Market [J] . The Review of Financial Studies, 2007, 20 (6): 2021 – 2046.

[85] CASSAR, G. , C. D. ITTNER and K. S. CAVALLUZZO. Alternative Information Sources and Information Asymmetry Reduction: Evidence from Small Business Debt [J] . Journal of Accounting and Economics, 2015, 59 (2 – 3): 242 – 263.

[86] CENNI, S. , et al. Credit Rationing and Relationship Lending. Does Firm Size Matter? [J] . Journal of Banking & Finance, 2015, 53: 249 – 265.

[87] CERQUEIRO, G. , S. ONGENA and K. ROSZBACH. Collateralization, Bank Loan Rates, and Monitoring [J] . The Journal of Finance, 2016, 71 (3): 1295 – 1322.

[88] CHAIEB, I. and S. MAZZOTTA. Unconditional and Conditional Exchange Rate Exposure [J] . Journal of International Money and Finance, 2013, 32: 781 – 808.

[89] CHAKRABORTY, I. , S. CHAVA and R. GANDURI. Credit Default Swaps and Lender Incentives in Renegotiations of Bank Debt [R]. Working Paper, 2021.

[90] CHAKRAVARTY, S. and L. G. RUTHERFORD. Do Busy Directors Influence the Cost of Debt? An Examination through the Lens of Takeover Vulnerability [J]. Journal of Corporate Finance, 2017, 43: 429 -443.

[91] CHAN, K. and Y. CHAN. Price Informativeness and Stock Return Synchronicity: Evidence from the Pricing of Seasoned Equity Offerings [J]. Journal of Financial Economics, 2014, 114 (1): 36 -53.

[92] CHAN, Y. , W. SAFFAR and K. J. WEI. How Economic Policy Uncertainty Affects the Cost of Raising Equity Capital: Evidence from Seasoned Equity Offerings [J]. Journal of Financial Stability, 2021, 53.

[93] CHANEY, T. , D. SRAER and D. THESMAR. The Collateral Channel: How Real Estate Shocks Affect Corporate Investment [J]. American Economic Review, 2012, 102 (6): 2381 -2409.

[94] CHANG, E. C. , Y. LUO and J. REN. Short - selling, Margin - trading, and Price Efficiency: Evidence from the Chinese Market [J]. Journal of Banking & Finance, 2014, 48: 411 -424.

[95] CHAVA, S. , D. LIVDAN and A. PURNANANDAM. Do Shareholder Rights Affect the Cost of Bank Loans? [J]. The Review of Financial Studies, 2009, 22 (8): 2973 -3004.

[96] CHEMMANUR, T. J. and X. TIAN. Communicating Private Information to the Equity Market before a Dividend Cut: An Empirical Analysis [J]. Journal of Financial and Quantitative Analysis, 2014: 1167 - 1199.

[97] CHEN, C. , B. F. HEPFER , P. J. QUINN and R. J. WILSON. The Effect of Tax - Motivated Income Shifting on Information Asymmetry [J]. Review of Accounting Studies, 2018, 23 (3): 958 - 1004.

[98] CHEN, L. H. , E. A. DYL , G. J. JIANG and J. A. JUNEJA. Risk,

Illiquidity or Marketability: What Matters for the Discounts on Private Equity Placements? [J]. Journal of Banking & Finance, 2015, 57: 41 -50.

[99] CHEN, Y. and N. QIN. The Behavior of Investor Flows in Corporate Bond Mutual Funds [J]. Management Science, 2017, 63 (5): 1365 -1381.

[100] CHEN, Z., Z. HE and C. LIU. The Financing of Local Government in China: Stimulus Loan Wanes and Shadow Banking Waxes [J]. Journal of Financial Economics, 2020, 137 (1): 42 -71.

[101] CHEUNG, Y., P. R. RAU, A. STOURAITIS and W. TAN. Does the Market Understand the Ex - ante Risk of Expropriation by Controlling Shareholders? [J]. Journal of Corporate Finance, 2021, 68.

[102] CHEUNG, Y., W. TAN and W. WANG. National Stakeholder Orientation, Corporate Social Responsibility, and Bank Loan Cost [J]. Journal of Business Ethics, 2018, 150 (2): 505 -524.

[103] CHIU, J. and M. MOLICO. Uncertainty, Inflation, and Welfare [J]. Journal of Money, Credit and Banking, 2011, 43: 487 -512.

[104] CHOI, J. J. and C. JIANG. Does Multinationality Matter? Implications of Operational Hedging for the Exchange Risk Exposure [J]. Journal of Banking & Finance, 2009, 33 (11): 1973 -1982.

[105] CHORDIA, T., et al. Are Capital Market Anomalies Common to Equity and Corporate Bond Markets? An Empirical Investigation [J]. Journal of Financial and Quantitative Analysis, 2017, 52 (4): 1301 -1342.

[106] CHU, Y. Shareholder - creditor Conflict and Payout Policy: Evidence from Mergers between Lenders and Shareholders [J]. The Review of Financial Studies, 2018, 31 (8): 3098 -3121.

[107] CHU, Y. Shareholder Litigation, Shareholder - Creditor Conflict, and the Cost of Bank Loans [J]. Journal of Corporate Finance, 2017, 45: 318 -332.

[108] CLAESSENS, S., S. DJANKOV, J. P. FAN and L. H. LANG. Disentangling the Incentive and Entrenchment Effects of Large Shareholdings

[J]. The Journal of Finance, 2002, 57 (6): 2741-2771.

[109] CLEARY, S. The Relationship Between Firm Investment and Financial Status [J]. The Journal of Finance, 1999, 54 (2): 673-692.

[110] COHEN, D. A. and P. ZAROWIN. Accrual-based and Real Earnings Management Activities Around Seasoned Equity Offerings [J]. Journal of Accounting and Economics, 2010, 50 (1): 2-19.

[111] CORWIN, S. A. The Determinants of Underpricing for Seasoned Equity Offers [J]. The Journal of Finance, 2003, 58 (5): 2249-2279.

[112] COSTELLO, A. M. The Value of Collateral in Trade Finance [J]. Journal of Financial Economics, 2019, 134 (1): 70-90.

[113] CRAVINO, J. and A. A. LEVCHENKO. Multinational Firms and International Business Cycle Transmission [J]. The Quarterly Journal of Economics, 2017, 132 (2): 921-962.

[114] DEMARZO, P. M. and D. DUFFIE. Corporate Incentives for Hedging and Hedge Accounting [J]. The Review of Financial Studies, 1995, 8 (3): 743-771.

[115] DENG, Z. Foreign Exchange Risk, Hedging, and Tax-Motivated Outbound Income Shifting [J]. Journal of Accounting Research, 2020, 58 (4): 953-987.

[116] DERRIEN, F., A. KECSKÉS and S. A. MANSI. Information Asymmetry, the Cost of Debt, and Credit Events: Evidence from Quasi-random Analyst Disappearances [J]. Journal of Corporate Finance, 2016, 39: 295-311.

[117] DESHMUKH, S. D., S. I. GREENBAUM and G. KANATAS. Interest Rate Uncertainty and the Financial Intermediary's Choice of Exposure [J]. The Journal of Finance, 1983, 38 (1): 141-147.

[118] DESHMUKH, S., K. J. GAMBLE and K. M. HOWE. Informed Short Selling Around SEO Announcements [J]. Journal of Corporate Finance, 2017, 46: 121-138.

[119] DIAMOND, D. W. Financial Intermediation and Delegated Monitoring [J]. The Review of Economic Studies, 1984, 51 (3): 393 -414.

[120] DIAMOND, D. W. and R. E. VERRECCHIA. Constraints on Short - selling and Asset Price Adjustment to Private Information [J]. Journal of Financial Economics, 1987, 18 (2): 277 -311.

[121] DISATNIK, D., R. DUCHIN and B. SCHMIDT. Cash Flow Hedging and Liquidity Choices [J]. Review of Finance, 2013, 18 (2): 715 -748.

[122] DITTMAR, A., R. DUCHIN and S. ZHANG. The Timing and Consequences of Seasoned Equity Offerings: A Regression Discontinuity Approach [J]. Journal of Financial Economics, 2020, 138 (1): 254 -276.

[123] DOIDGE, C., J. GRIFFIN and R. WILLIAMSON. Measuring the Economic Importance of Exchange Rate Exposure [J]. Journal of Empirical Finance, 2006, 13 (4 -5): 550 -576.

[124] DOMINGUEZ, K. M. and L. L. TESAR. Exchange Rate Exposure [J]. Journal of International Economics, 2006, 68 (1): 188 -218.

[125] DOOLEY, M. P., J. S. LIZONDO and D. J. MATHIESON. The Currency Composition of Foreign Exchange Reserves [J]. Staff Papers, 1989, 36 (2): 385 -434.

[126] DROBETZ, W., S. EI GHOUL, O. GUEDHAMI and M. JANZEN. Policy Uncertainty, Investment, and the Cost of Capital [J]. Journal of Financial Stability, 2018, 39: 28 -45.

[127] DUFFIE, D. and K. J. SINGLETON. Modeling Term Structures of Defaultable Bonds [J]. The Review of Financial Studies, 1999, 12 (4): 687 -720.

[128] DYRENG, S. D., M. HANLON and E. L. MAYDEW. Where do Firms Manage Earnings? [J]. Review of Accounting Studies, 2012, 17 (3): 649 -687.

[129] EDERINGTON, L. H. The Yield Spread on New Issues of Corporate Bonds [J]. The Journal of Finance, 1974, 29 (5): 1531 -1543.

[130] EICHENGREEN, B. , R. HAUSMANN and U. PANIZZA. The Pain of Original Sin [J] . Emerging Market Economies, 2005: 13 -47.

[131] EICHENGREEN, B. and D. J. MATHIESON. The Currency Composition of Foreign Exchange Reserves: Retrospect and Prospect [R] . Working Paper, 2000.

[132] EICHHOLTZ, P. , R. HOLTERMANS , N. KOK and E. YÖNDER. Environmental Performance and the Cost of Debt: Evidence from Commercial Mortgages and REIT Bonds [J] . Journal of Banking & Finance, 2019, 102: 19 -32.

[133] EISDORFER, A. Empirical Evidence of Risk Shifting in Financially Distressed Firms [J] . The Journal of Finance, 2008, 63 (2): 609 -637.

[134] ELLUL, A. and M. PANAYIDES. Do Financial Analysts Restrain Insiders' Informational Advantage? [J] . Journal of Financial and Quantitative Analysis, 2018, 53 (1): 203 -241.

[135] ERICSSON, J. Asset Substitution, Debt Pricing, Optimal Leverage and Maturity [R] . Working Paper, 2000.

[136] ERTUGRUL, M. , J. LEI , J. QIU and C. WAN. Annual Report Readability, Tone Ambiguity, and the Cost of Borrowing [J] . Journal of Financial and Quantitative Analysis, 2017, 52 (2): 811 -836.

[137] FAUVER, L. , G. LOUREIRO and A. G. TABOADA. The Impact of Regulation on Information Quality and Performance Around Seasoned Equity Offerings: International Evidence [J] . Journal of Corporate Finance, 2017 (4) .

[138] FENG, Z. , C. R. CHEN and Y. TSENG. Do Capital Markets Value Corporate Social Responsibility? Evidence from Seasoned Equity Offerings [J] . Journal of Banking & Finance, 2018, 94: 54 -74.

[139] FILLAT, J. L. and S. GARETTO. Risk, Returns, and Multinational Production [J] . The Quarterly Journal of Economics, 2015, 130 (4): 2027 -2073.

[140] FRANCIS, B. B. , I. HASAN , D. M. HUNTER and Y. ZHU. Do

Managerial Risk - taking Incentives Influence Firms' Exchange Rate Exposure? [J]. Journal of Corporate Finance, 2017, 46: 154-169.

[141] FRANCIS, B. B., I. HASAN and Y. ZHU. Political Uncertainty and Bank Loan Contracting [J]. Journal of Empirical Finance, 2014, 29: 281-286.

[142] FRANCIS, B. B. and D. M. HUNTER. Exchange Rate Exposure and the Cost of Debt: Evidence from Bank Loans [R]. Working Paper, 2012.

[143] FRIED, J. M. and H. SPAMANN. Cheap - stock Tunneling around Preemptive Rights [J]. Journal of Financial Economics, 2020, 137 (2): 353-370.

[144] FRIEWALD, N. and F. NAGLER. Over - the - counter Market Frictions and Yield Spread Changes [J]. The Journal of Finance, 2019, 74 (6): 3217-3257.

[145] FRISCH, R. and F. V. WAUGH. Partial Time Regressions as Compared with Individual Trends [J]. Econometrica: Journal of the Econometric Society, 1933, 1 (4): 387-401.

[146] GAO, H., et al. Media Coverage and the Cost of Debt [J]. Journal of Financial and Quantitative Analysis, 2020, 55 (2): 429-471.

[147] GE, W., J. KIM, T. LI and Y. LI. Offshore Operations and Bank Loan Contracting: Evidence from Firms that Set Up Subsidiaries in Offshore Financial Centers [J]. Journal of Corporate Finance, 2016, 37: 335-355.

[148] GIESECKE, K., F. A. LONGSTAFF, S. SCHAEFER and I. STREBULAEV. Corporate Bond Default Risk: A 150 - year Perspective [J]. Journal of Financial Economics, 2011, 102 (2): 233-250.

[149] GILCHRIST, S., J. W. SIM and E. ZAKRAJŠEK. Uncertainty, Financial Frictions, and Investment Dynamics [R]. NBER Working Paper, 2014.

[150] GONG, G., S. XU and X. GONG. On the Value of Corporate Social Responsibility Disclosure: An Empirical Investigation of Corporate Bond Issues in China [J]. Journal of Business Ethics, 2018, 150 (1): 227-258.

[151] GOODMAN, T. H., M. NEAMTIU, N. SHROFF and H. D.

WHITE. Management Forecast Quality and Capital Investment Decisions [J]. The Accounting Review, 2014, 89 (1): 331-365.

[152] GOPINATH, G., O. ITSKHOKI and R. RIGOBON. Currency Choice and Exchange Rate Pass-through [J]. American Economic Review, 2010, 100 (1): 304-336.

[153] GOSWAMI, G. and M. M. SHRIKHANDE. Economic Exposure and Debt Financing Choice [J]. Journal of Multinational Financial Management, 2001, 11 (1): 39-58.

[154] GREEN, R. C. and E. TALMOR. Asset Substitution and the Agency Costs of Debt Financing [J]. Journal of Banking & Finance, 1986, 10 (3): 391-399.

[155] GRUNERT, J. and M. WEBER. Recovery Rates of Commercial Lending: Empirical Evidence for German Companies [J]. Journal of Banking & Finance, 2009, 33 (3): 505-513.

[156] GULEN, H. and M. ION. Policy Uncertainty and Corporate Investment [J]. The Review of Financial Studies, 2016, 29 (3): 523-564.

[157] GÜNTAY, L. and D. HACKBARTH. Corporate Bond Credit Spreads and Forecast Dispersion [J]. Journal of Banking & Finance, 2010, 34 (10): 2328-2345.

[158] GUSTAFSON, M. T. Price Pressure and Overnight Seasoned Equity Offerings [J]. Journal of Financial and Quantitative Analysis, 2018, 53 (2): 837-866.

[159] HADLOCK, C. J. and J. R. PIERCE. New Evidence on Measuring Financial Constraints: Moving Beyond the KZ Index [J]. The Review of Financial Studies, 2010, 23 (5): 1909-1940.

[160] HAN, S. and X. ZHOU. Informed Bond Trading, Corporate Yield Spreads, and Corporate Default Prediction [J]. Management Science, 2014, 60 (3): 675-694.

[161] HARRIS, M. and A. RAVIV. The Theory of Capital Structure [J]. The Journal of Finance, 1991, 46 (1): 297-355.

[162] HASAN, I., C. K. S. HOI, Q. WU and H. ZHANG. Beauty is in the Eye of the Beholder: The Effect of Corporate Tax Avoidance on the Cost of Bank Loans [J]. Journal of Financial Economics, 2014, 113 (1): 109-130.

[163] HE, J. and L. K. NG. The Foreign Exchange Exposure of Japanese Multinational Corporations [J]. The Journal of Finance, 1998, 53 (2): 733-753.

[164] HE, Q., C. XUE and C. ZHU. Financial Development and Patterns of Industrial Specialization: Evidence from China [J]. Review of Finance, 2017, 21 (4): 1593-1638.

[165] HE, Q., J. LIU and C. ZHANG. Exchange Rate Exposure and International Competition: Evidence from Chinese Industries [J]. Journal of Contemporary China, 2021: 1-21.

[166] HE, Q., J. LIU and C. ZHANG. Exchange Rate Exposure and Its Determinants in China [J]. China Economic Review, 2021.

[167] HEALY, P. M. and K. G. PALEPU. Information Asymmetry, Corporate Disclosure, and the Capital Markets: A Review of the Empirical Disclosure Literature [J]. Journal of Accounting and Economics, 2001, 31 (1-3): 405-440.

[168] HECKMAN, J. J. Sample Selection Bias as a Specification Error [J]. Econometrica: Journal of the Econometric Society, 1979: 153-161.

[169] HEKMAN, C. R. A Financial Model of Foreign Exchange Exposure [J]. Journal of International Business Studies, 1985, 16 (2): 83-99.

[170] HENRY, T. R. and J. L. KOSKI. Short Selling Around Seasoned Equity Offerings [J]. The Review of Financial Studies, 2010, 23 (12): 4389-4418.

[171] HO, T. S. and A. SAUNDERS. The Determinants of Bank Interest Margins: Theory and Empirical Evidence [J]. Journal of Financial and Quantitative Analysis, 1981, 16 (4): 581-600.

[172] HOBERG, G. and S. K. MOON. Offshore Activities and Financial vs Operational Hedging [J]. Journal of Financial Economics, 2017, 125 (2): 217 - 244.

[173] HODDER, J. E. Exposure to Exchange - Rate Movements [J]. Journal of International Economics, 1982, 13 (3 - 4): 375 - 386.

[174] HOLDERNESS, C. G. Equity Issuances and Agency Costs: The Telling Story of Shareholder Approval Around the World [J]. Journal of Financial Economics, 2018, 129 (3): 415 - 439.

[175] HOLDERNESS, C. G. and J. PONTIFF. Shareholder Nonparticipation in Valuable Rights Offerings: New Findings for an Old Puzzle [J]. Journal of Financial Economics, 2016, 120 (2): 252 - 268.

[176] HOLLANDER, H. and G. LIU. Credit Spread Variability in the US Business Cycle: The Great Moderation versus the Great Recession [J]. Journal of Banking & Finance, 2016, 67: 37 - 52.

[177] HOLMSTROM, B. and J. TIROLE. Financial Intermediation, Loanable Funds, and the Real Sector [J]. The Quarterly Journal of Economics, 1997, 112 (3): 663 - 691.

[178] HOVAKIMIAN, A. and H. HU. Anchoring on Historical High Prices and Seasoned Equity Offerings [J]. Journal of Financial and Quantitative Analysis, 2020, 55 (8): 2588 - 2612.

[179] HU, X., H. HUANG, Z. PAN and J. SHI. Information Asymmetry and Credit Rating: A Quasi - Natural Experiment from China [J]. Journal of Banking & Finance, 2019, 106: 132 - 152.

[180] HUANG, A. H., A. Y. ZANG and R. ZHENG. Evidence on the Information Content of Text in Analyst Reports [J]. The Accounting Review, 2014, 89 (6): 2151 - 2180.

[181] HUANG, K. and A. PETKEVICH. Corporate Bond Pricing and Ownership Heterogeneity [J]. Journal of Corporate Finance, 2016, 36: 54 - 74.

[182] HUANG, R. and D. ZHANG. Managing Underwriters and the Marketing of Seasoned Equity Offerings [J] . Journal of Financial and Quantitative Analysis, 2011: 141 - 170.

[183] HUANG, Y. , K. UCHIDA and D. ZHA. Market Timing of Seasoned Equity Offerings with Long Regulative Process [J] . Journal of Corporate Finance, 2016, 39: 278 - 294.

[184] HUIZINGA, J. Inflation Uncertainty, Relative Price Uncertainty, and Investment in US Manufacturing [J] . Journal of Money, Credit and Banking, 1993, 25 (3): 521 - 549.

[185] HUTSON, E. and E. LAING. Foreign Exchange Exposure and Multinationality [J] . Journal of Banking & Finance, 2014, 43: 97 - 113.

[186] ISIN, A. A. Tax Avoidance and Cost of Debt: The Case for Loan - specific Risk Mitigation and Public Debt Financing [J] . Journal of Corporate Finance, 2018, 49: 344 - 378.

[187] ISTREFI, K. and S. MOUABBI. Subjective Interest Rate Uncertainty and the Macroeconomy: A Cross - country Analysis [J] . Journal of International Money and Finance, 2018, 88: 296 - 313.

[188] ITO, H. and R. N. McCAULEY. Currency Composition of Foreign Exchange Reserves [J] . Journal of International Money and Finance, 2020.

[189] IVASHINA, V. Asymmetric Information Effects on Loan Spreads [J] . Journal of Financial Economics, 2009, 92 (2): 300 - 319.

[190] JENSEN, M. C. and W. H. MECKLING. Theory of the Firm: Managerial Behavior, Agency Costs and Ownership Structure [J] . Journal of Financial Economics, 1976, 3 (4): 305 - 360.

[191] JIANG, F. , W. CAI , X. WANG and B. ZHU. Multiple Large Shareholders and Corporate Investment: Evidence from China [J] . Journal of Corporate Finance, 2018, 50: 66 - 83.

[192] JIANG, G. , C. M. LEE and H. YUE. Tunneling through Intercorpo-

rate Loans: The China Experience [J]. Journal of Financial Economics, 2010, 98 (1): 1-20.

[193] JIANG, W., K. LI and P. SHAO. When Shareholders are Creditors: Effects of the Simultaneous Holding of Equity and Debt by Non-Commercial Banking Institutions [J]. The Review of Financial Studies, 2010, 23 (10): 3595-3637.

[194] JORION, P. The Exchange-rate Exposure of US Multinationals [J]. Journal of Business, 1990, 63 (3): 331-345.

[195] KANG, J., I. LEE and H. S. NA. Economic Shock, Owner-manager Incentives, and Corporate Restructuring: Evidence from the Financial Crisis in Korea [J]. Journal of Corporate Finance, 2010, 16 (3): 333-351.

[196] KANG, S., E. H. KIM and Y. LU. Does Independent Directors' CEO Experience Matter? [J]. Review of Finance, 2018, 22 (3): 905-949.

[197] KAPLAN, S. N. and L. ZINGALES. Do Investment-cash Flow Sensitivities Provide Useful Measures of Financing Constraints? [J]. The Quarterly Journal of Economics, 1997, 112 (1): 169-215.

[198] KERR, J. N. and N. B. OZEL. Earnings Announcements, Information Asymmetry, and Timing of Debt Offerings [J]. The Accounting Review, 2015, 90 (6): 2375-2410.

[199] KIM, J., B. Y. SONG and L. ZHANG. Internal Control Weakness and Bank Loan Contracting: Evidence from SOX Section 404 Disclosures [J]. The Accounting Review, 2011, 86 (4): 1157-1188.

[200] KIM, J., L. Y. LU and Y. YU. Analyst Coverage and Expected Crash Risk: Evidence from Exogenous Changes in Analyst Coverage [J]. The Accounting Review, 2019, 94 (4): 345-364.

[201] KIM, M., D. NAM, J. WANG and J. WU. International Trade Price Stickiness and Exchange Rate Pass-through in Micro Data: A Case Study on US-China Trade [R]. Working Papers, 2013.

[202] KIM, Y. S., I. MATHUR and J. NAM. Is Operational Hedging a Sub-

stitute for or a Complement to Financial Hedging? [J]. Journal of Corporate Finance, 2006, 12 (4): 834 - 853.

[203] KNIGHT, F. H. Risk, Uncertainty and profit [J]. Houghton Mifflin, 1921.

[204] KOTHARI, S. P., N. MIZIK and S. ROYCHOWDHURY. Managing for the Moment: The Role of Earnings Management Via Real Activities versus Accruals in SEO Valuation [J]. The Accounting Review, 2016, 91 (2): 559 - 586.

[205] KOUTMOS, G. and A. D. MARTIN. Asymmetric Exchange Rate Exposure: Theory and Evidence [J]. Journal of International Money and Finance, 2003, 22 (3): 365 - 383.

[206] KRAPL, A. A. The Time - varying Diversifiability of Corporate Foreign Exchange Exposure [J]. Journal of Corporate Finance, 2019.

[207] KRUGMAN, P. Pricing to Market When the Exchange Rate Changes [R]. NBER Working Paper, 1986.

[208] LA PORTA, R., F. LOPEZ De SILANES and A. SHLEIFER. Corporate Ownership Around the World [J]. The Journal of Finance, 1999, 54 (2): 471 - 517.

[209] LA PORTA, R., F. LOPEZ - DE - SILANES, A. SHLEIFER and R. VISHNY. Investor Protection and Corporate Governance [J]. Journal of Financial Economics, 2000, 58 (1 - 2): 3 - 27.

[210] LARRAIN, B. and F. URZÚA. Controlling Shareholders and Market Timing in Share Issuance [J]. Journal of Financial Economics, 2013, 109 (3): 661 - 681.

[211] LEE, G. and R. W. MASULIS. Seasoned Equity Offerings: Quality of Accounting Information and Expected Flotation Costs [J]. Journal of Financial Economics, 2009, 92 (3): 443 - 469.

[212] LEMMON, M. L. and K. V. LINS. Ownership Structure, Corporate Governance, and Firm Value: Evidence from the East Asian Financial Crisis [J].

The Journal of Finance, 2003, 58 (4): 1445 - 1468.

[213] LEVIS, M. , M. MEOLI and K. MIGLIORATI. The Rise of UK Seasoned Equity Offerings (SEOs) Fees during the Financial Crisis: The Role of Institutional Shareholders and Underwriters [J]. Journal of Banking & Finance, 2014, 48: 13 - 28.

[214] LI, H. , H. MA and Y. XU. How do Exchange Rate Movements Affect Chinese Exports? —A Firm - Level Investigation [J]. Journal of International Economics, 2015, 97 (1): 148 - 161.

[215] LI, X. , C. LIN and X. ZHAN. Does Change in the Information Environment Affect Financing Choices? [J]. Management Science, 2019, 65 (12): 5676 - 5696.

[216] LIAO, H. , T. CHEN and C. LU. Bank Credit Risk and Structural Credit Models: Agency and Information Asymmetry Perspectives [J]. Journal of Banking & Finance, 2009, 33 (8): 1520 - 1530.

[217] LIN, C. , M. S. OFFICER , R. WANG and H. ZOU. Directors' and Officers' Liability Insurance and Loan Spreads [J]. Journal of Financial Economics, 2013, 110 (1): 37 - 60.

[218] LIN, C. , W. TSAI and I. HASAN. Private Benefits of Control and Bank Loan Contracts [J]. Journal of Corporate Finance, 2018, 49: 324 - 343.

[219] LIN, C. , Y. MA , P. MALATESTA and Y. XUAN. Ownership Structure and the Cost of Corporate Borrowing [J]. Journal of Financial Economics, 2011, 100 (1): 1 - 23.

[220] LOVELL, M. C. Seasonal Adjustment of Economic Time Series and Multiple Regression Analysis [J]. Journal of the American Statistical Association, 1963, 58 (304): 993 - 1010.

[221] LU, C. , T. CHEN and H. LIAO. Information Uncertainty, Information Asymmetry and Corporate Bond Yield Spreads [J]. Journal of Banking & Finance, 2010, 34 (9): 2265 - 2279.

[222] MANSI, S. A. , W. F. MAXWELL and D. P. MILLER. Analyst Forecast Characteristics and the Cost of Debt [J] . Review of Accounting Studies, 2011, 16 (1): 116 -142.

[223] McCAULEY, R. N. and T. CHAN. Currency Movements Drive Reserve Composition [J] . BIS Quarterly Review, December 2014.

[224] MENG, Q. , X. LI , K. C. CHAN and S. GAO. Does Short Selling Affect a Firm's Financial Constraints? [J] . Journal of Corporate Finance, 2020.

[225] MERTON, R. C. On the Pricing of Corporate Debt: The Risk Structure of Interest Rates [J] . The Journal of Finance, 1974, 29 (2): 449 -470.

[226] MILLER, S. Information and Default in Consumer Credit Markets: Evidence from a Natural Experiment [J] . Journal of Financial Intermediation, 2015, 24 (1): 45 -70.

[227] MORA, N. , S. NEAIME and S. AINTABLIAN. Foreign Currency Borrowing by Small Firms in Emerging Markets: When Domestic Banks Intermediate Dollars [J] . Journal of Banking & Finance, 2013, 37 (3): 1093 -1107.

[228] MYERS, S. C. and N. S. MAJLUF. Corporate Financing and Investment Decisions When Firms Have Information that Investors do not Have [J] . Journal of Financial Economics, 1984, 13 (2): 187 -221.

[229] NANCE, D. R. , C. W. SMITH JR and C. W. SMITHSON. On the Determinants of Corporate Hedging [J] . The Journal of Finance, 1993, 48 (1): 267 -284.

[230] NIKOLOV, B. , L. SCHMID and R. STERI. The Sources of Financing Constraints [J] . Journal of Financial Economics, 2021, 139 (2): 478 -501.

[231] O'DONNELL, S. W. Managing Foreign Subsidiaries: Agents of Headquarters, or an Interdependent Network? [J] . Strategic Management Journal, 2000, 21 (5): 525 -548.

[232] PAGANO, M. , F. PANETTA and L. ZINGALES. Why do Companies Go Public? An Empirical Analysis [J] . The Journal of Finance, 1998, 53 (1):

27 - 64.

[233] PARLOUR, C. A. and A. WINTON. Laying Off Credit Risk: Loan Sales versus Credit Default Swaps [J]. Journal of Financial Economics, 2013, 107 (1): 25 - 45.

[234] PLUMLEE, M., Y. XIE, M. YAN and J. J. YU. Bank Loan Spread and Private Information: Pending Approval Patents [J]. Review of Accounting Studies, 2015, 20 (2): 593 - 638.

[235] RAJAN, R. G. Insiders and outsiders: The Choice Between Informed and Arm's - length Debt [J]. The Journal of Finance, 1992, 47 (4): 1367 - 1400.

[236] RICE, T. and P. E. STRAHAN. Does Credit Competition Affect Small - Firm Finance? [J]. The Journal of Finance, 2010, 65 (3): 861 - 889.

[237] RICHARDSON, G., G. TAYLOR and I. OBAYDIN. Does the Use of Tax Haven Subsidiaries by US Multinational Corporations Affect the Cost of Bank Loans? [J]. Journal of Corporate Finance, 2020, 64.

[238] RICHARDSON, S. Over - investment of Free Cash Flow [J]. Review of Accounting Studies, 2006, 11 (2 - 3): 159 - 189.

[239] SHAPIRO, A. C., A. SARIN and A. L. DEMASKEY, Foundations of Multinational Financial Management [M]. Allyn and Bacon Boston, 1991.

[240] SHEN, C. H. and H. ZHANG. What's Good for you is Good for Me: The Effect of CEO Inside Debt on the Cost of Equity [J]. Journal of Corporate Finance, 2020, 64.

[241] SLOAN, R. G. and H. YOU. Wealth Transfers via Equity Transactions [J]. Journal of Financial Economics, 2015, 118 (1): 93 - 112.

[242] SMITH Jr, C. W. and J. B. WARNER. On Financial Contracting: An Analysis of Bond Covenants [J]. Journal of Financial Economics, 1979, 7 (2): 117 - 161.

[243] STULZ, R. M. Optimal Hedging Policies [J]. Journal of Financial and

Quantitative Analysis, 1984, 19 (2): 127 - 140.

[244] VALTA, P. Competition and the Cost of Debt [J]. Journal of Financial Economics, 2012, 105 (3): 661 - 682.

[245] WAISMAN, M., P. YE and Y. ZHU. The Effect of Political Uncertainty on the Cost of Corporate Debt [J]. Journal of Financial Stability, 2015, 16 (1): 106 - 117.

[246] WANG, A. W. and G. ZHANG. Institutional Ownership and Credit Spreads: An Information Asymmetry Perspective [J]. Journal of Empirical Finance, 2009, 16 (4): 597 - 612.

[247] WEI, K. D. and L. T. STARKS. Foreign Exchange Exposure Elasticity and Financial Distress [J]. Financial Management, 2013, 42 (4): 709 - 735.

[248] WHITED, T. M. and G. WU. Financial Constraints Risk [J]. The Review of Financial Studies, 2006, 19 (2): 531 - 559.

[249] WINDMEIJER, F. A Finite Sample Correction for the Variance of Linear Efficient Two - step GMM Estimators [J]. Journal of Econometrics, 2005, 126 (1): 25 - 51.

[250] YOUNG, M. N., et al. Corporate Governance in Emerging Economies: A Review of the Principal - Principal Perspective [J]. Journal of Management Studies, 2008, 45 (1): 196 - 220.

[251] ZHANG, B. Y., H. ZHOU and H. ZHU. Explaining Credit Default Swap Spreads with the Equity Volatility and Jump Risks of Individual Firms [J]. The Review of Financial Studies, 2009, 22 (12): 5099 - 5131.

[252] ZHANG, X. F. Information Uncertainty and Stock Returns [J]. The Journal of Finance, 2006, 61 (1): 105 - 137.